THE 核のボタン BUTTON

新たな核開発競争と
トルーマンからトランプまでの大統領権力

ウィリアム・ペリー、トム・コリーナ 著
田井中雅人 訳　吉田文彦 監修・解題

朝日新聞出版

核のボタン◎目次

装幀　渋澤　弾（弾デザイン事務所）

THE BUTTON
THE NEW NUCLEAR ARMS RACE AND PRESIDENTIAL POWER
FROM TRUMAN TO TRUMP

核のボタン

新たな核開発競争とトルーマンからトランプまでの大統領権力

12人の孫・曽孫たちへ。
君たちは、核の大惨事を回避しようと私が働き続ける最も重要な理由を与えてくれている。

――ウィリアム・J・ペリー

サラ、ジャレッド、ナタリー、ルー、そして家族のみんなへ。
君たちはこうして、世界を救う価値のあるものにしてくれている。

――トム・Z・コリーナ

序章　「あなたの番です、大統領」[1]

秋晴れのゴルフコースに強風が吹き、空には白い雲が流れていく。午後の日差しが木立を突き抜け、あらゆるものの輪郭をくっきりと映し出す中で、米国大統領が次のショットを考えている。ボールはグリーンまで約１００ヤードのラフにあり、木立でグリーンがほとんど見えない。本来はこんなことをしている暇はないのだが、彼にはどうしても気晴らしが必要だった。数年前の脱税疑惑〔２０１８年秋、トランプ米大統領が長年にわたり、両親の代からニューヨークで営む不動産業の資産について、家族ぐるみで脱税が疑われる課税対策を行っていた問題が浮上した＝訳注。以下同様〕で、議会が大統領の弾劾公聴会開催に向けて動くなど、内政の政治課題が山積していたのだ。

戦争になるほど悪化はしないだろうが、ロシアもベラルーシ国境に軍を動かして威嚇《いかく》していた。ベラルーシの親欧米政権は北大西洋条約機構（ＮＡＴＯ）加盟に向けて協議中であり、ロシア大統領はその朝、ベラルーシが西側陣営に入ることは「私の目の黒いうちは絶対にさせない」し、２０１４年に米国がウクライナをめぐって同様のゲームをした際に「悪い結果になった」〔旧ソ連のウクライナで、親ロシア政権が2014年春に崩壊し、親欧米の政権が誕生した」ことを思い出させると述べた。

再選をめざした米国大統領選挙のちょうど1カ月前、大統領は次の3つのことをやると決めた。議会の弾劾騒ぎから世間の関心をそらすこと、自分がベラルーシを救うことで、ウクライナを「失った」民主党の弱さ〔オバマ米民主党政権期の2014年春、ロシアによるウクライナ南部クリミア半島の併合に呼応した親ロシア派武装勢力が、ウクライナ東部の一部を占拠した〕を浮き彫りにすること、そして、自分を「大統領らしく」見せること、である。

「あなたの番です、大統領」

大統領が草むらから、いかにしてボールをグリーンに載せるかを考えていると、携帯電話が鳴り、想像上のボールの軌道を遮断した。国家安全保障担当大統領補佐官がこわばって、次のような一連の言葉を発した。「エレン・バンクスです。チャーリー（C）、デルタ（D）、3、3、9、7」

「何が起きているのだ?」。大統領はゴルフが中断させられることを心配しながら尋ねると、バンクスは答えた。「早期警戒衛星がロシアからの複数のミサイル発射を探知しました」。さらに彼女は、大統領がそれまで聞いたことがないような鋭い声で「上空にミサイル200発が飛来中です」と告げた。

「何！　間違いだろう。ロシアもそこまで馬鹿じゃない。ベラルーシをめぐって核戦争だと?」

「新たな情報によると、ロシア軍がベラルーシ国境を越えて〔ベラルーシの首都〕ミンスクに向かっています。砲撃がありました」

「大統領、戦略軍から連絡が入りました。スピーカーを取りつけます」

「大統領、こちらはブラッドレー将軍です。お邪魔してすみません。私の目の前のスクリーンによると、ロシアのＩＣＢＭ（大陸間弾道ミサイル）４００発が米本土に向かっており、約10分で着弾します」

「なんてこった。確認したのか。誤警報かもしれないのか？」

「ロンドンとアラスカ〔のレーダー〕で確認済みです。誤警報だという兆候はありません」

「コンピューターがハッキングされたとか？」

「ありえません。すべての兆候によれば、我々は攻撃にさらされています」

「大統領、ただちに戦略爆撃機を緊急発進させて、発射手順をとらせてください。さあ、ヘリで安全な場所へ行きましょう」

「そうしよう」

大統領はヘリコプターに駆け込みながら、「少佐、フットボールを開け」と命じた。

自身初めての指示を出しながら、大統領の背筋に冷たいものが流れた。ほぼ4年前に大統領に就任して以来、軍の側近が「フットボール」を携えて、いつでもどこでもついてきていた。それは、セキュリティー防護された電話や認証コード、核攻撃オプションの他、大統領が核攻撃を実施する際に必要となる、あらゆるものを収めたブリーフケースだ。

「よし、諸君、ゲームの時間だ。どんなオプションがあるのだ？」

「主要攻撃オプション3は、ロシアのすべての軍事施設をたたきつぶし、民間人の被害を抑えられます」と補佐官は言った。「ただ、軍全体を無力化することはできないかもしれません」と付け加えた。

国防長官は「大統領、私は主要攻撃オプション1を強くお勧めします。完全なる報復です。それ以外では、より多くの米国民を殺すロシア側の第2波を招くでしょう」と懇願した。

「大統領、私も同意します」と補佐官。「もう時間がありません。ロシアのミサイルが着弾する前に発射しないと、我が方のミサイル格納サイロがつぶされ、著しく報復能力をそがれてしまいます。米軍核戦略の3本柱の1本を失うことになるでしょう」

ここで科学顧問が突っ込んだ。「ちょっと待ってください。もっといいオプションがあるはずです。ロシアの攻撃だけでも核の冬〔核戦争の後に起こるとされる全地球的な気温低下現象〕を招き、この星の生物のほとんどすべてを殺してしまいます。ロシア人自身も含めてです。どうしてさらに被害を積み重ねるのですか？　忘れないでください。これは依然として誤警報かもしれません。こんなことは前にもありました。あなたは誤って第3次世界大戦を始めた大統領として歴史に名を刻みたいのですか」

「彼女の言う通りです、大統領」とバンクス補佐官。「はばかりながら、ロシアのミサイルが着弾するのを待った方がいいでしょう。少なくともそれが実際の攻撃かどうかが分かりますし、そうであれば、海中の潜水艦から報復することも可能です」

「おいおい、君たち、しっかりしてくれよ！　核の冬だと？」。国防長官が軽蔑気味に怒鳴った。「そんなのはただの理論じゃないか。SFだよ。我々はこの時に備えて何十年も計画立案してきたのだ。その基準によれば、大統領、あなたが合衆国憲法の義務を満たす道は一つだけです。主要攻撃オプション1です」

大統領が顔を上げて言った。「反対の者はいるか？」

ブーン、ブーン、ブーン。ヘリコプターの羽根の回転音だけが響いている。

補佐官が差し迫った様子で言った。「大統領、約4分でミサイルが着弾します。しかし、新たな情報もあります。すべてのレーダーがこの攻撃をとらえているわけではありません。探知機ごとに違いがあるようです」

「誤警報です。確信が持てるまでは反応してはなりません」と科学顧問。

「いや、今、発射しないと手遅れになります」

「私はこの国を率いるために選ばれたのだ。核攻撃にさらされて座視しているわけにはいかない」と大統領が憤慨した。「主要攻撃オプション1を命じる。作戦室につなげ」

「ネルソン将軍です、大統領。核発射コードの認証準備はできています」

補佐官が割り込んだ。「お待ちください、大統領。モスクワとのホットラインに緊急テレックスが入りました。我々の爆撃機の緊急発進を見て心配し、ロシアは核攻撃をしていないと念を押してきています」

科学顧問が言った。「通常なら、そんなことは信用しませんが、ミサイルが飛んでいるという、人間の目撃情報が確認されていないのですよ。ミサイル攻撃のすべての兆候は間違いやすいコンピューターネットワークからだけです。正しいとは思えません。確信が持てるまでは核攻撃を開始できません」

国防長官の口調が変わった。「私のカウンターパートであるロシアのユーコフ将軍からのメモを受け取った。彼は攻撃していないと言っている。私は疑い深いが、この男は信用できる」

「着弾まで2分です、大統領」

大統領が腕を振りながら言った。「みんな腰抜けだな。ロシアはベラルーシに軍を送り込んでいるし、新たな核兵器に巨費を投じている。それ以上にいったい何を知る必要があるのだ？　攻撃していないとウソをついていることくらい、どんな馬鹿でもわかる。あいつらに対して使わずして、なぜ我々はこんな兵器を持っているのだ。もう発射を決めたし、だれの承認もいらない。議会も国防総省もだれも、だ。さあ、ネルソン将軍、まだつながっているか？」

「はい、閣下」

「主要攻撃オプション1、今だ！」

「了解しました、大統領。認証の準備はできていますか。デルタ、ズールー（Z）、6、エコー（E）、フォックストロット（F）、5」

補佐官が「ビスケット」として知られる小さなカードを手渡した。

「ズールー、エコー、6、2、5、8。繰り返す。ズールー、エコー、6、2、5、8」

「了解しました、大統領。幸運を」

大統領が宣言した。「鳥を羽ばたかせろ」

大統領の命令を確認したネルソン将軍は、国防総省内の国家軍事指揮センターからすべてのＩＣＢＭ発射管理所と弾道ミサイル搭載原子力潜水艦、そして戦略爆撃機基地に、暗号化したメッセージを送る。それから1分以内に４００発の弾道ミサイルがサイロから発射され、10分以内には潜水艦から発射されたミサイルも合わせて約1千発になる。いったん発射されると、呼び戻すことはできない。

そして、何も起こらなかった。爆発も、キノコ雲もない。ヘリコプターの羽根の音だけだ。永遠にも思える5分間を経て、ロシアの攻撃などなかったことが明らかになった。米国大統領とそのスタッフは、恐ろしいことを始めたのだ。

「どうしたんだ」。大統領が叫んだ。

「戦略軍の報告によると、誤警報でした」

「ならば攻撃は中止だ」

「大統領、ミサイルはすでに発射してしまいました」

「呼び戻せ！」

「不可能です、閣下」

「どういう意味だ？　自爆させるとか何とかできないのか」

「できません。ずいぶん前に遠隔自爆装置はやめる決定をしました。敵がハッキングして我々の兵器を破壊しかねないとのことで、安全策をとったのです」

「うーむ、ロシア側にこれは全部誤りだったと警告できるか。そうすれば、悪い気を起こさせないだろうし、たぶん撃ち落とすこともできるだろう」

「やってみることはできますが、我々が新兵器開発に投資していることを思えば、こちらの言うことを相手が信じるかどうかは分かりません。あちらのミサイル防衛システムはモスクワを守るだけですので、結局は効果がないでしょう」

「それでは、今できることは？」

「ロシア側に誤警報だと告げて、最善を祈りましょう。そして、報復に備えるのです」

約10分後、ロシアの監視要員が米国からの大規模攻撃の兆候を探知した。それは上司、またその上司へ、そしてロシア大統領に伝えられた。ちょうど米国大統領から、何を見聞きしようが米国は攻撃などしていないというメッセージを受け取ったところだった。ロシア大統領はつぶやいた。「その手は食わないぞ」

ロシアの攻撃が本当に始まった。ロシア大統領が「大量報復」を命じたのだ。計1千発の核弾頭が発射され、30分以内にすべてが終わりになる。

被害は甚大になるだろう。米ロ両国のすべての主要都市が消え、爆発と放射線で数千万人が一瞬のうちに死ぬ。幸運であっても、数億人が重傷を負う。しかし、生存者の手当てをする病院も医師もない。市民社会は崩壊し、大規模な無秩序状態が起こる。米国の科学顧問の言う通り、燃えさかる都市からの煙や煤《すす》が地球を包み込み、何年にもわたって日光を遮って、核の冬がやってくる。日光も、熱も、食糧もない。2～3年以内に70億の人類のほとんどすべてが飢餓に陥る。核攻撃を免れた南半球でも、核の飢饉を生き延びることはできない。

直接標的とされない非核保有国であっても、核戦争に巻き込まれることは分かっている。こうした国々が何十年も国連などで核軍縮を訴え、ついに２０１７年に核兵器の保有や使用を禁止する条約が国連で採択された。しかし、核保有国は一つとして条約に署名していない。時には核兵器廃絶を積極的に支持した米国でさえ、核兵器禁止条約を支持しなかった。歴代米政権は、それは正しいアプローチではないと主張してきたのである。

ロシアによる最初の「攻撃」については実際には誤警報だった。何者かが米戦略軍のコンピュータをハッキングし、大規模なミサイル攻撃があったかのように見せかけたのだった。米国大統領のヘリコプターは安全な場所にたどり着けなかった。ロシアの弾頭が近くで爆発し、炎がヘリコプターを包み込んだ。大統領の最後の行動は、自分の携帯電話〔スマートフォン〕で「ロシアが核戦争を始め、報復するしかない」とツイートすることだったが、携帯電話サービスは機能していなかった。

著者（トム）による説明：この架空の物語は、これまでに起き、これからも起きうることであり、現在の米国の政策や手順と整合性がある。例えば、

1. 現在の米国の政策では、まず大統領に核兵器を発射する権限があり、報復を制限されることがない。攻撃を事前警告したり、攻撃があった証拠を待ったりする必要がなく、彼（または彼女）の命令だけで核兵器を発射できる。
2. 米国の核兵器は高度警戒態勢に置かれ、地上発射型であれば数分以内に発射できる。
3. 核弾頭搭載弾道ミサイルはいったん発射されたら、それを取り消せない。
4. 米ロ両国は、新たな核兵器開発に数兆ドルを費やしている。
5. 誤警報はこれまでに何度も起きているし、これからも起こりうる。例えば、１９８０年に国家安全保障担当大統領補佐官がカーター大統領にまで本当の攻撃だと報告を上げかけたが、ぎりぎりの

ところで幸運にも誤警報だと判明した。

6．最近の国防総省報告によると、サイバー攻撃によって、大統領が攻撃の誤警報にさらされたり、核兵器をコントロールできなくなったりすることが分かった。

核による滅亡の恐れは、多くの人にとって関係ないと思われるだろうが、ここに示したシナリオの多くはこれまでに起きたし、今日起きるかもしれない。大統領は米国の核兵器を発射する専権を握っている。本書では、この危険な政策の深い歴史と核兵器による悲劇的な結末を避けるために、責任ある変化を促すための見解を明らかにする。

我々、トム・コリーナとビル（ウィリアム）・ペリーは、全く異なったバックグラウンドからこの問題に取り組んでいる。私（トム）はビル・ペリーが〔国防長官として〕クリントン政権にいた時から彼の仕事を見守り、２０１５年の彼の回顧録『核戦争の瀬戸際で』で一緒に仕事に取り組んだ。ビルは核戦争の危険性が続いていることについて国民を教育する有名な〔ウィリアム・J・ペリー〕プロジェクトを始めた。私も30年にわたり、政府の外でそれをやってきた。ビル・ペリーは究極のインサイダーであり、核兵器の歴史を最前列で見てきた。彼の経歴はまず第２次世界大戦直後に日本に進駐した若き兵士として始まり、そこで原爆がもたらした破壊を思い知らされた。キューバ・ミサイル危機では中央情報局（ＣＩＡ）の技術コンサルタントとして働き、冷戦期のカーター政権では国防総省の幹部、クリントン政権では国防長官に上り詰めた。元カリフォルニア州知事のジェリー・ブラウンはこう語る。「ウィリアム・ペリーほど現代兵器の科学と政治を理解している人物を、私は他に知らない」

ビルがユニークなのは〔核の問題を〕一周して戻ってきたことである。冷戦期にはMXミサイル〔1986年配備の大型核ミサイル〕やB－2爆撃機、空中発射型巡航ミサイルといった破滅的な核兵器を支持したが、その当時でさえ、米ソ間の戦略兵器削減条約や核実験禁止を強く支持してもいた。これが、トランプ大統領が提案する新たな核兵器に反対するビルの議論に強い信頼性をもたらしている。今日では、進歩的な核政策をつくろうとする連邦議員らが彼の賢明な助言を求めてくる。なぜなら、彼はそこ〔破滅の危機〕にいたからだ。核戦争の瀬戸際に近づき、奈落の底を見て、そこから引き返す英知を持ってきたのだ。

ビルが2016年に書いているように「ロシアと米国はすでに核開発競争を一度経験した。巨費を投じて誤った安全保障を求め、信じられないリスクを冒した。私はこの最前線にいた。一度で十分だ。今回、我々は英知と自制を示さなければならない。手遅れになる前に、米ロ双方が新プログラムから撤退する。兵器開発競争に勝つ唯一の道は、踏みとどまることだ」。

ビルと私が一致した核心の問題は、核戦争に陥ってしまうリスクだった。二人がそれぞれの立場から気づいたのは、ロシアが意図的に米国に対して核攻撃を仕掛ける脅威はほとんどないと言ってよいほど少ない。実際に、我々米国の方が誤って核戦争を始めてしまうリスクより少ない。そのように思考を転換すれば、戦争に陥る真の脅威とは、米国のとても危険な既存の核政策であると分かる。大統領が自分の権限で核戦争を命じることができる。米国の兵器を最初に使える。高度警戒態勢に置かれている兵器はすぐに使える。兵器はサイバー攻撃を受けやすく、そういう脆弱な地上発射型のミサイルを何百発と持っている。こうした核心的事実が、誤って破滅を起こす危険性を増している。

軍当局は、この危険性をわかっていない。冷戦期の核政策を維持すべきだと考え、当時のようなシステムと政策を再興するために倍増の2兆ドル〔約214兆円〕を費やそうというのだ。だが、そうしたシステムは核戦争に陥る危険性を増やすのである。

今日の軍の指導者たちは冷戦期から誤った教訓を学び、もはや不要となった米国の核政策の最も危険な側面を維持している。それに加えて、衝動的なトランプ大統領の指が核のボタンにかかっているという一触即発状態だ。この重要な問題をビルとともに取り上げられることに私は感激し、光栄に思う。彼はその時代において、核問題に精通した専門家であり、その特別な人生経験と英知、性格によって第一人者となった。

私〔ビル〕の闘いは大統領との間や、国防総省の内部で行った。トムは〔民間の立場で〕民衆の面前で戦った。核のような複雑な問題であっても、政策を変えるための重要な議論においては民衆とつながることが大切であるとトムは早くから気づいていた。プラウシェアズ基金の政策ディレクターとして、あるいは他の非政府組織で、トムは30年にわたり、核兵器削減や他国への拡散防止、核リスクの低減を政府の外から働きかけてきた。数十年の仕事の後で私が信じるようになったのは、国民は核の危険を理解して初めて、核政策の変更を求めるようになるだろうということだった。こうした複雑な問題や政治状況についての深く実践的な知識に基づいて、トムが長年にわたり民衆に訴えてきた経験に意義があると思う。我々はこれまでの共同作業で効果的かつ本質を突いた仕事をして、相互信頼を築いてきた。本書を彼とともに著し、より健全で安全な世界をつくるために戦略を共有することを光栄に思う。私は核の危険についての仕事の終幕にいるが、トムは次世代のリーダーの一人であり、この仕事をなんとしても前に進める必要がある。我々はともに、核兵器がもたらす危険についての包括的な考えを持っている。核兵器の力を核の既得権益層は維持しているが、その力をどうやって乗り越え、米国を別の方向へ向かわせることができるかという見解だ。

しかし、いかにして核兵器製造を支持した元国防長官と民衆を鼓舞する政策家が同じ考えとなったのか？

我々の道は交わることなく、むしろ離れていたが、クリントン政権初期になって、米国の核実験を止めて世界的な禁止を実現するためにともに働くようになった。ビルは国防次官そして長官に、トムは憂慮する科学者同盟の国際安全保障プログラムディレクターだった。クリントン大統領が１９９６年に包括的核実験禁止条約（ＣＴＢＴ）に署名できるようになるまで、我々は政府の内と外で何年も尽力した。

ビルは政権を去ってすぐに、メディアや連邦議員が、最新の核危機について理解するための主要人物と位置づけられ、居住地のカリフォルニア州パロアルトとワシントンを定期的に旅するようになった。トムは、（ビルの娘でプロジェクトの仲間であるロビン・ペリーとともに）ビルが報道陣や連邦議会スタッフにブリーフィング〔説明〕したり、議員らと１対１の会合をしたりするのを手伝うようになった。

まもなく、我々は共著プロジェクトを始め、ビルは２０１６年、〔トムが勤める〕プラウシェアズ基金の報告書に「次期大統領のための核の10大アイデア」と題するエッセイを寄稿した。それは、米国の地上配備型弾道ミサイルを段階的に撤去するというもので、元職であれ、現職であれ、国防長官としては急進的な考えだった。大統領選挙後には、トランプ大統領が提案した新たな「低出力」の核弾頭に反対する論考をともに著した。２０１８年にはトランプ大統領が核兵器を発射する専権を持っていることに国民の懸念が高まっていると感じたので、本書を書こうと決めた。冷戦期の危険な遺物について、最も経験のある人たちの洞察に基づいた、核のボタンの歴史についての本である。

本書『核のボタン』には、我々自身の意見に加えて、多くの核専門家の意見を盛り込んだ。元大統領ビル・クリントン、元国防長官ジム・マティス、２０１７年のノーベル平和賞を受賞した核兵器廃絶国際キャンペーン（ＩＣＡＮ）事務局長のベアトリス・フィン、現職の下院軍事委員長のアダム・スミスといった、核の歴史の目撃者や創造者らであり、彼らが時間や識見を寄せてくれたことに感謝している。

米国の西と東の海岸に離れている二人の著者が一冊の本を書くのは大変で、書き手がトムからビルに移ったり戻ったりするのに読者は気づくかもしれない。個人的な話や逸話も盛り込みたいので、時には「我々」から「私」に代えて、だれがその話をしているのかを明確にした。しかしながら、我々二人合わせて１００年の核兵器についての経験を基にした考え方は一つである。これほど大切な話はないし、今がそれを話す最善の時である。

第1部

誤った脅威

第1章　大統領の兵器

私が執務室に戻って電話をとれば、25分以内に7千万人が死ぬのだ。
――大統領リチャード・ニクソン[1]

そのかんしゃく持ちぶりから考えて、ドナルド・トランプ大統領は、核兵器を発射する権限を最も持たせてはいけない人物であると信じる人もいるだろう。実際には、彼こそが、その権限を持つ唯一の人物である。

２０１7年1月20日、トランプ大統領は、史上最強の殺人兵器である米国の核兵器のカギを持った。大統領曰く、それは「とても神妙な瞬間だった。うん、それはある意味で、とても、とても恐ろしい」[2]。この声明は安心感を与えたかもしれないが、別の機会にはこんなことも言っている。「我々は核兵器を持っているのに、なぜそれが使えないのか？」[3]

トランプ大統領がホワイトハウスにいる限り、１９４5年から１９５3年まで大統領を務めたハリー・トルーマン以降の歴代大統領と同じような恐ろしい力を持つことになる。トランプ大統領は電話1本で、数分以内に、1千発もの核兵器を発射できる。それぞれが広島型原爆の何倍もの破壊力を持つ。文明の終わりになるだろう。抵抗手段が足りず、だれも彼を止めることはできない。ミサイルはいったん発射されれば、取り消せない。トランプ大統領にとって、核戦争を始めることは、ツイートを1つ送信するのと同じくらい簡単だ。

元国家情報長官ジェームズ・クラッパーは2017年にこう言った。「大統領が行使できる手段を理解すると、核のコードにアクセスすることは、率直に言って心配だ。もし、立腹した輩（トランプ）が金正恩《キムジョンウン》に何かをすると決めたら、ほとんど彼を止めることはできない。必要となれば、すべてのシステムが迅速に対応できるようにつくられているからだ。核のオプションを行使するのをコントロールする手段はほとんどない。それはとても恐ろしいことだ」[4]

米国民はほとんどこの現実に気づいていないが、我々はこれを深刻で危険な状況だと見ている。〔米公共ラジオNPRの世論調査によると〕大統領が核兵器使用の専権を握っていることを知っているのは25パーセントだけで[5]、より多くの国民（約44パーセント）は、大統領は議会の承認を得なければならないと思っている。または、国防長官（20パーセント）か統合参謀本部議長（12パーセント）に相談しなければならないと考えている。実際には、大統領は顧問らと相談することを選択できるのであって、義務づけられてはいない。

一人の手にこれほどの軍事的権限を与えるのは、合衆国憲法の精神にすべて反している。歴史家マイケル・ベスクロスが『戦争の大統領』で書いたように、「建国の父たちは議会に宣戦布告の専権を与え、戦争にまつわる責任を大統領と立法府に分けた。1848年にエイブラハム・リンカーンが議員として友人のウィリアム・ハーンドンに書き送った文章によると、「初期の米国人たちは、国家を戦争に導くような『権限を**だれにも**〔太字はリンカーンによる強調〕』与えなかった」[6]。

建国の父たちは大統領の権限を抑えようとしたが、核爆弾の発見とそれが大統領職の性質をいかに変えるかまでは予期できなかっただろう。今日、人類を滅亡させられる核兵器の発射権限を大統領だけが持っていると知ったら、建国の父たちはショックを受けるだろう。

バラク・オバマ大統領の副補佐官（国家安全保障担当）を務めたベン・ローズはこう語る。「ドナルド・トランプの脳以外、核戦争を止められるものはない。それは人々にとって心配だろう。少なくとも何らかのチェックやプロセス、指揮系統、議会通知といった、たとえ短時間であっても人々が止めたり考慮したりできるようなブレーキ機能があってしかるべきだ。自分たちは本当に核戦争をしたいのか、と。とりわけ、核兵器の先制使用において、ドナルド・トランプのような振る舞いの人物に、独断で地球上の生命を滅亡させる能力を持たせておいて、それを座視できる人はいないであろう。しかし、我々は再び、そのような人物を大統領に選びうるのだ」[7]

本書のために、我々は元大統領ビル・クリントンと話した。かつて核のボタンを持ち、今はそれを考え直すことができる。彼曰く、「憲法上の審議プロセスのようなものを立ち上げて、見識や経験、生の知識のある一人、二人、三人あるいは機関の意見を聞かなくてはならないようにすれば、核攻撃を実施する前に、どうして長きにわたってだれも核兵器を使用しなかったのかを、大統領に思い出させることができるだろう。それはよいことだと思う」[8]。

顧問らがクリントンに即時の軍事行動をして「弱腰」と見られないようにするよう促したことがあった。彼の答えは「明日でもそいつらを殺せるのか？　できるのなら、我々は弱くない。しかし、明日、そいつらを生き返らせるのは無理なことだ。だったら、あなたが言ったことをやるのに、もう1日かけたらどうだ。……もし核兵器を落としたら、神は決して許さない。犠牲者の大半は、巻き込まれた無辜《むこ》の民だろう」。

相談する時間づくりについて、クリントンはこう言った。「大切なのは、それによって、みんなが落ち着いて、本当にこの賭けに出て全人類の未来をリスクにさらしたいのかどうかを確かめられることだ」

核兵器が誤って、あるいは権限のない人物によって発射されないようにする多くの管理システムが備わってはいるが、核戦争を始めると決意した大統領を止める手段は今のところ、ない。大統領の専権において核兵器が数分以内に発射できることのリスクは、考えられている利益よりもはるかに大きいと我々は強く信じている。このシステムは違憲かつ危険であり、時代遅れで、不要である。

トランプだけの問題ではない

かんしゃく持ちのトランプ大統領が絶大な権限を持っているのは特に心配であるが、かといって、彼がそういう心配を引き起こした初めての大統領というわけではないし、最後というわけでもないだろう。１９７４年のウォーターゲート事件のさなか、大統領リチャード・ニクソンはこう豪語したことで有名だ。「私が執務室に戻って電話をとれば、25分以内に7千万人が死ぬのだ」

元国防長官ジェームズ・シュレシンジャーは、落ち込んで酒浸りとなっていたニクソンが深刻な結末を引き起こすのではないかと恐れていた。上院議員アラン・クランストンは電話でシュレシンジャーに「逆上した大統領が我々をホロコーストに突き落とさぬように」と警告した。シュレシンジャーは軍の指揮官たちに、もし大統領が核兵器の発射を命じたら、自分か国務長官のヘンリー・キッシンジャーにまず確認するようにと話した。だが、シュレシンジャーの真の懸念は、自分にできることがほとんどないことだった。指揮官らが彼の要望を尊重する保証はないし、何ら法的根拠もないのだ。[9]

ニクソンに加えて、大統領ジョン・F・ケネディも鎮痛剤を常用しており、危機においても思考がもうろうとすることがあったという。[10] レーガンも大統領退任5年後にアルツハイマー病と診断されたと公式には発表されているが、まだホワイトハウスにいた時からその病気の兆候が始まっていたという。[11] 合理的な決定者だと見られたり言われたりした大統領たちも、実際にはそうではなかった。彼らはみな、人間である。

米国大統領は、単独で、いつでも、だれにも邪魔されずに、核兵器を発射できる。もちろん大統領も含めて、誤りやすい人間の性質を考えれば、これは深刻な懸念を生じさせる。感情が高ぶり、決断する時間が短い危機的状況で大統領がどうするかは、さらに心配である。

例えば、序章で述べた誤警報のシナリオを取り上げてみよう。不完全な情報で、たった数分以内に世界の運命を決めなくてはいけない大統領などありえない。だが、現在の米国の政策は、大統領を危険な窮地に追い詰める。それは、攻撃を受けているとか地上の兵器を失ったとかいう警報があって、大統領に圧力が強まり、高度警戒態勢にある兵器を先に撃つというオプションである。冷戦末期に米国の核部隊を指揮した将軍ジョージ・リー・バトラーによれば、米国の核政策は「攻撃にさらされた大統領が、不可避的に発射する決定を促すように構築されている」という。[12]

ほかにも、大統領が核戦争に陥る道がある。２０１７年夏、トランプと北朝鮮の指導者である金正恩は、北朝鮮の核兵器をめぐって、緊迫した政治的膠着状態に陥った。8月、トランプは北朝鮮側をこう脅した。「北朝鮮はこれ以上、米国を脅すべきではない。世界がかつて見たことのないような炎と怒りに直面することになるだろう」。それは、核の脅しとしか解釈のしようがない。

２０１７年10月、プエルトリコにいたトランプは、「核のフットボール」（核攻撃を承認するためのブリーフケース）を指さして、いつでも使えると金に主張したと報じられた。トランプは「これは金のためのものだ」と言った。[13]

そして、２０１８年1月、金正恩は核発射ボタンが「常に自分のテーブルにある」と言った。それに対してトランプはこうツイートした。「やせ衰えて飢えた体制にいるだれか、彼に伝えてやってくれ。私も核のボタンを持っていて、彼のよりもずっと大きく、強力だ。そして、私のボタンは機能する！」[14]

その直後の1月13日、ハワイ緊急事態管理庁が公式メッセージを放送した。「弾道ミサイルの脅威がハワイに向かっています。近くのシェルターを探してください。これは訓練ではありません」。ハワイの人たちは40分ほど核攻撃の恐怖の中で待ったが、それは来なかった。人的ミスによる誤警報だった。しかし、米朝首脳の挑発合戦を思えば、攻撃があったと信じてもおかしくはない。

この事件は、警報システムが技術的、人的に、いかにもろいものであるかを強調している。特に、政治圧力が強まっている時の誤警報と、二人の予測不能な核武装した指導者が核のボタンについて自慢し合っている時であれば、なおさらではないだろうか。

強まる国民の懸念

核のボタンの大きさについてトランプがツイートした直後のワシントン・ポスト紙とＡＢＣニュースの世論調査によると、米国人の半分以上が、トランプ大統領が正当性なしに核攻撃をするかもしれないとの懸念を示した。ポスト紙によると、「結局、38パーセントの米国人がトランプは他国への核攻撃を命じる権限を使えると答え、60パーセントはできないと答えた。トランプを信用しない人たちの10人中9人は、大統領が攻撃を始めることに、とても、または、何らかの懸念を示した」[15]。

核攻撃の専権を大統領が握っていることを伝えられると、80パーセント近くはトランプ大統領がこのノーチェックの権限を持っていることに懸念を示し、そのグループの70パーセント以上が大統領の核についての権限を制限することを支持した。間違いやすい一人の人間の手に大きすぎる権限を与えているとみなしたのである[16]。

議会もこれに気づいている。トランプが北朝鮮に対する「炎と怒り」に言及した後の２０１７年11月、米上院外交委員会は41年ぶりに核兵器発射の大統領権限をめぐる審議をした。上院議員クリス・マーフィー（民主党、コネチカット州）はこう述べた。米国人はトランプが「あまりに不安定で、気まぐれ」なために、わが国の安全保障上の利益を「大きく踏み外して」核攻撃を命じるかもしれないと心配している。「今日、我々がこんな議論をしていることが異常だと認識しましょう」と彼は言った。[17]

珍しく超党派で意見が一致したのは、当時の上院外交委員長ボブ・コーカー（共和党、テネシー州）と重鎮議員のベン・カーディン（民主党、メリーランド州）が、大統領は自分の権限で米国の核兵器を発射できるという点においてだ。コーカーは「核攻撃であれ非核攻撃に対してであれ、大統領はその命令を出す唯一の権限を持つ。その命令がいったん出てしまえば、取り消すことはできない」[18]と言い、カーディンも「核の指揮管制手順についての私の理解に基づけば、大統領の権限にはチェック機能がない、ノーチェックだ。今日確立されているシステムは、大統領に核兵器を使う唯一かつ究極の権限を与えている」と述べた。[19]

つかの間ではあったが、この超党派の著名人らによってノーチェックの大統領権限に関心が向けられたことで、議会がこの権限を制限する動機づけとなるかもしれなかった。しかし、年間５００億ドル〔約５・35兆円〕と数万人の雇用を生む産業である核の既得権益の守護者たちには、憲法に適応させるように現在のシステムを変えることに何ら利益がない。だから、彼らは、米国の核兵器管理システムは、本当に正当化されない限りは大統領が核兵器を発射できないようになっているということを示唆して、国民の懸念を払拭しようとした。元戦略軍指揮官ロバート・ケラーは上院で「軍はやみくもに命令に従わない」とし、違法な命令は実行されないということを再確認しようとした。

しかしながら、大統領の発射命令は、それが実に愚かなものであっても合法である。軍人たちは、命令に疑問を挟まずに従うよう訓練されている。大統領のこの種の命令に疑問を挟もうとする軍人たちはハロルド・ヘリングのことを思い出すかもしれない。１９７３年、ヘリングは空軍の核ミサイル発射訓練中だった。彼がインストラクターに「イカれた大統領から受けた発射命令をどうやって確かなものだと知ることができますか」と尋ねたところ、空軍はその質問に答えることなく、彼をただクビにした。[20] 現実の、あるいは差し迫った攻撃から国を守るため、最高司令官としての大統領が出した核についての命令は合法で従わなくてはならない。デューク大学のピーター・フィーバーは、軍人の世界について「(核発射）命令は合法だと想定している」と記す。

外交委員会の議員テッド・ルーは、空軍従軍時代に核ミサイル発射担当官と話したことを振り返り、我々とのインタビューでこう語った。「命令が出たら、彼が発射することは明らかだった。それが非合法かどうかなどと尋ねることはありえない。それが起きたら、単に発射するよう訓練されていた」。その経験によって彼は「たった一人の人物が多くの人々と世界の運命を決する。その構造的問題を直す必要があると常に考えていた」[21]。

まとめておこう。現在の政策では、核攻撃を決意した大統領を止めることはできない。核時代のすべての大統領のように、トランプ大統領は核による世界の終わり、文明の終わりを招く唯一の権限を持つ。数分以内に、広島原爆1万発以上の破壊力を持つ核爆弾を発射できる。

米国大統領の選出過程で、この恐ろしい権限にふさわしくない人物は省かれると思う人もいるかもしれない。元統合参謀本部議長マクスウェル・テイラーはこう記した。「不適当な米国大統領が出現するのを防ぐ唯一の方法は、そういう人物を選ばないことである」[22]

だが、もしも究極の管理メカニズムである選挙プロセスが機能しなかったら、どうすればいいのか。ただ降参して最善を祈るだけでは、もたらしうる結果はあまりにも重大である。合衆国憲法の精神に照らせば、だれを我々が選ぼうとも、大統領の権限に対する真のチェック・アンド・バランスが必要である。

専権を制限する

報復する場合を除いて、核兵器使用の決定に連邦議会は関与すべきであり、管理もするべきである。合衆国憲法においては、大統領ではなく連邦議会に宣戦布告する権限を与えている。

建国の父たちは核兵器のことを予見できなかったのだから、彼らの意図は推測できないと思われるかもしれない。そうだとしても、一人にそれだけ大きな権限を与えることは避けたかったのは明らかだ。原子力科学者会報の元ディレクター、ケネット・ベネディクトが論じるように、そうした権力は建国の父たちがつくった憲法のチェック・アンド・バランスと矛盾する。「米政府が下しうる最も重大な決定、すなわち、大量破壊兵器で他の社会を破壊するかどうかという決定に、我々は何ら口出しできないのである[23]」

１９５０年代に核兵器の使用を検討した大統領アイゼンハワーは、単独行動は違憲であると認識していた。「議会の承認が得られなければ、罷免されても仕方がない。何をするにも、憲法に従って行わなくてはならない[24]」。しかし、それ以降、宣戦布告する議会の役割はますます軽んじられてきている。

だが、ここに来て、議員たちが自らの憲法上の権限を再認識している。長年、核のリスク低減を先頭に立って訴えてきた上院議員エド・マーキー（民主党、マサチューセッツ州）は、下院議員テッド・ルー（民主党、カリフォルニア州）とともに、大統領が議会の同意なしに核兵器を先制使用することを禁止する法案を打ち出した。最近の世論調査によると、60パーセントの共和党支持者を含む米国民の3分の2が、そのようにして大統領の専権を制限することを支持している。[25]

ルーが「トランプと言えば、予測不能でせっかち。核のフットボールを最も持たせたくない人物」と言えば、マーキーも「トランプであれ、他の大統領であれ、核兵器による攻撃に対しての報復だけに、核兵器の使用が許されるべきだ。核兵器の先制使用を制限するこの法案は、単なる原則を法制化する」と訴える。[26] たとえこの法案が議会を通過しなくても、マーキー、ルーの両議員のおかげで、権限を一人だけに持たせる危険性に国民が気づいたのである。

こうした動きに見られるように、トランプ大統領への信頼は欠けているものの、少なくとも民主党側には、トランプ政権にも「大人」がいるはずだとの思いがある。トランプのいらいらを和らげる国防長官ジム・マティス〔当時〕のような人物だ。上院議員マーク・ウォーナー（民主党、バージニア州）はマティスのことを「トランプ政権のカオスに囲まれている安定の島」と称した。[27] 上院議員ジェフ・フレイク（共和党、アリゾナ州、当時）も「今と比べて、マティスがいたころは大いに安心感があった」とワシントン・ポスト紙に語った。[28]

２０１８年12月末に国防長官を辞したマティスは、大統領に核攻撃警報が伝わりそうなことがあったら自分に伝えるようにと戦略軍スタッフに言っていたといわれる。「自分が知らないうちに、コーヒーポットを置かないように」と。[29] だが、国防長官といえども、ニクソンを抑える正式な術がなかったシュレシンジャーと同じく、マティスにもトランプを抑える術はなかった。

トランプが持つ核の権限に対する懸念が高まるにつれて、核の先制不使用の提案が、より広範な関心を集め始めた。先制使用の禁止（報復する選択肢は残しながら）は専権を奪うものではないが、大統領が核戦争を始める力を著しく制限するものである。

上院議員エリザベス・ウォーレン（民主党、マサチューセッツ州）は2018年11月のアメリカン大学での講演で、核兵器の先制不使用政策をとるよう訴えた。「誤解や事故の可能性を減らし、世界における米国の道徳的かつ外交的なリーダーシップを維持するために、米国の核兵器の唯一の目的が抑止にあることを明確にしなければならない[30]」

その後まもなく、ウォーレンは下院軍事委員長のアダム・スミス（民主党、ワシントン州）とともに、核兵器の先制不使用を法制化するための法案を提案した。共同声明で「わが国の現在の核戦略は時代遅れであるだけでなく、危険である」と訴え、米国は核戦争を主導しないという、大半の米国人の信念を法律によって成文化するものだと述べた[31]。

この国は恐るべき現実に目覚めたのである。核兵器に関しては、大統領が何のチェックを受けることもなく、ほぼすべての権限を手にしている。その権限は、憲法が与えたものでもなければ、議会が法制化したものでもない[32]。核時代の始まりの大統領に与えられたのではなく、もたらされたものであった。今日において、核兵器を使用する権限は、大統領の権力と威信のカギを握る部分である。それは比類なき特権となった。あらゆる特権同様、奪い取ることができるのだ。

いかにしてここに到達したか

大統領が核兵器の使用を管理するという根拠は、それらを即座に使う必要性とは何ら関係がなく、それらを再び使わないことにあった。

1945年、核時代の夜明けにおいて、米国は核兵器を独占していた。米国による日本への核攻撃の後、日本が核を使って報復してくるリスクはなかった。それに続く約10年間に、ソ連による1949年の核実験と1957年の長距離ミサイル発射があっても、米国が報復できないような形で核攻撃にさらされるリスクはなかった。大統領トルーマンの懸念は核兵器がすぐに発射できるかどうかではなく、あまりに熱心な将軍たちが核兵器を使わないように抑えることが最優先事項であった。

トルーマンは広島と長崎への原爆攻撃を完全に掌握していたと思われがちである。実際のところ、トルーマンは、原爆がいつ使われるかを知らなかった（天候に左右された）し、長崎に2発目が落とされたことは、全く知らなかったかもしれない。歴史家アレックス・ウェラーステインによると、「トルーマンは指揮系統から外れた大統領であり、政治的な重荷を背負わされていた。軍が優先順位や計画を決め、〔大統領を含む〕文民は日々の作戦をほとんど監督できなかった[33]」。

しかし、原爆投下後になってトルーマンは、軍に委ねるにはあまりに重大すぎると気づいた。将軍レスリー・グローブスが1週間以内に3発目の原爆が準備できると将軍ジョージ・マーシャルに書き伝えると、マーシャルは、原爆は「大統領の承認なしには日本に対して放てない」と即答している[34]。3発目の原爆は使われることがなかった。大統領の専権がここに生まれ、それ以来、核兵器は「大統領の兵器」として知られるようになる。

トルーマンは「威勢のいい陸軍中佐に、原爆をいつ使うのが適当かを決めて」ほしくはないと国防長官ジェームズ・フォレスタルに話した。[35] 商務長官ヘンリー・ウォレスも、3発目の原爆による犠牲者が「さらに10万人とは恐ろしすぎる」とトルーマンが考えていたことを日記に記している。[36]

まもなく連邦議会は1946年に原子力法を通過させて、原子力兵器の文民統制を確立した。トルーマンの言葉を借りれば、「自由な社会においては、文民が軍人よりも超越し、適切な原子力の管理は文民の手にある」[37]。他のあらゆる兵器とは異なり、原子力法は核兵器の研究や製造を、軍ではなく大統領と文民の官僚機構の管理下に置いた。ただし、核兵器の使用権限については議論しなかった。

1945年末までに、トルーマンは核兵器の国際管理を考えるようになった。「どこか一国の手には余りある原子力の危険性を国連で管理し、戦争手段としての原子力兵器を廃止したい」。トルーマンがこれに成功していたら、現在の世界は全く違ったものになっていただろう。だが、そうはいかなかった。トルーマンの提案は、高まる米ソ間の不信によってむしばまれ、独自に核兵器をつくるソ連の計画によって阻止された（第9章参照）。

1948年7月、トルーマンは顧問らとの会議で、核兵器の権限を自分が維持することを明確にしている。

極限状況でない限りは、こういうものを使うべきではないと私は思う。恐ろしく破壊的な、かつて手にしたことがないような破壊的なものを使うようにと命じるのは、恐ろしいことである。みなさんも、それは軍事兵器ではないと理解したはずだ。女性や子どもや非武装の人々を殺すために使われるのであって、軍事施設に対してではない。だから、ライフルや大砲といった普通のものとは別の扱いをしなければならないのだ。[38]

1948年9月に国家安全保障会議が「戦時における原子力兵器の使用決定は、大統領がそうした決定が求められると考える時に下される」と宣言するまで、米国には、だれが核使用を管理するかの公的な政策がなかった。[39]

冷戦最初の主要な危機であった1948年から49年にかけてのベルリン封鎖〔旧ソ連と米英仏がそれぞれ占領した旧東西ドイツで同じ時期に実施した通貨改革がきっかけ。両方の新マルクが流通するベルリンで西の通貨が実質優勢となったことに対し、旧ソ連軍当局が1948年6月末、西ベルリンへ旧西独から通じる交通機関を全面的に止めた。米英仏はソ連が譲歩して封鎖を解除するまでの長期にわたり、生活物資を空輸した〕で、トルーマンは当時50発ほど保有していた核兵器の管理を文民の原子力委員会から国防総省に移すことを拒否した。彼はまた自身が持つ核兵器使用権限の移譲も拒んだ。と同時に、トルーマンは、ベルリンを守るために「この政府は、必要であれば、いかなる手段でも使う用意がある」と宣言した。[40]

朝鮮戦争（1950～53年）では、大統領トルーマンと将軍ダグラス・マッカーサーの間で核兵器の管理をめぐる権力闘争があった。ホワイトハウスは「大統領のみが原爆使用を承認できるのであり、〔大統領は〕そういう承認をしていない」との声明を出して、大統領だけに核兵器の管理権があることを明確にした。この政策は、アイゼンハワー政権に引き継がれた。

現在、この権限は広く認識されている。２０１３年の国防総省報告書は「数十年の慣習に照らして、米軍最高司令官としての大統領が核戦力の使用を命じる専権を持つ」と記した。[41]

この専権については、今や一般的に認められているが、それが不可欠だとか合理的だということとは別の話である。大統領ケネディは１９６２年の機密扱いのメモにこう記している。「理詰めで考えれば、米国大統領が核兵器を使うかどうかの決定をしなければならない理由はない」[42]

事前権限移譲

このように核時代の初期には、核兵器を管理する文民と軍の間には明確な一線が引かれていた。当時、核爆弾の成分（プルトニウムと高濃縮ウラン）はその他の非核のパーツとは別に保管されていた。原子力法によって設立された、文民機関である原子力委員会（現在はエネルギー省に吸収されている）が核の部品を、軍はその他の部品を管理した。大統領だけが核部品を軍に移し、その使用を命じる権限を持つという二段構えのプロセスだった。

時がたつにつれて、この明確な線がぼやけ始めた。原爆が大量生産され、複雑化するのに伴い、その使用直前に手動で核部品を爆弾に挿入するのは非現実的になった。１９５０年代に弾道ミサイルが地上のサイロや海中の潜水艦に導入され、さらに熱核（水素）爆弾の誕生によって核部品を切り離しておくことが不可能になった。核弾頭は今やさらに軽量化、小型化しており、いったんミサイルに搭載されると、簡単には近寄れない。もはや粗雑なおもちゃの爆弾ではないのである。

１９６０年代にソ連が長距離ミサイルに核弾頭を搭載するようになって、すべてが変わり始めた。

少なくとも理論的には、ソ連の「先制攻撃」を米国は心配しなければならなくなった。もしワシントンで原爆が爆発し、大統領と全閣僚が殺された場合、理論的には米国は報復できなくなる。文民統制はご都合主義に破れた。ソ連の奇襲を恐れた米国大統領アイゼンハワーは、核兵器の物理的な管理権を軍に与え、戦時にすぐに使えるようにした。またアイゼンハワーは、ソ連の西ドイツ侵攻といった特定の状況に限り、核兵器の使用権限を軍に「事前移譲」した。

だが、アイゼンハワーは、軍が望んだほどには権限を譲らなかった。軍の指揮官が不意打ちにあって大統領の指示をあおぐ時間がない場合をのぞいては、核兵器使用を承認する専権を持ち続けた。ケネディ政権の国家安全保障担当大統領補佐官だったマクジョージ・バンディによると、「アイゼンハワー政権期の軍の指揮官たちはみな、大統領が核兵器を使ってもよいと言わない限りは、それはできないものだと理解していた」。

事前の権限移譲が出現してほどなく、大統領ジョン・F・ケネディはそこから引き返した。ケネディ政権が最優先にしたのは、大統領による管理の維持と偶発的な核戦争防止だった。下級指揮官に権限を与えて、第3次世界大戦を始めてしまう兆しが問題なのであった。核兵器使用寸前となった1962年のキューバ・ミサイル危機や、1964年の映画「博士の異常な愛情」によって、悪い将軍が核攻撃をしてしまうのではないかとの国民の懸念が高まっていた。ケネディ政権は核兵器にカギをかけて（permissive action linksとして知られる）、最高レベルの承認がないと、使えないようにしたのである。

実際には、アイゼンハワーからレーガンまでの歴代大統領すべてが、軍の指揮官らに何らかの権限を移譲していた。核作戦を監督する各軍の最高指揮官や4つ星の将軍とその後継者らであり、nuclear CINCsとして知られる。いかなる時でも、8人かそれ以上に権限移譲されていた。

冷戦後、大統領クリントンと国防長官だった私（ペリー）は、軍に事前移譲されていた権限を取り戻した。核の歴史の中ではユニークな時代だった。クリントンもロシア大統領のエリツィンも相手が核攻撃を仕掛けてくるとは信じていなかった。米ロはまるで同盟国であるかのように協力して、8千発の核兵器を解体した。その半数は旧ソ連のものだった。私は個人的にウクライナで2千発以上の核兵器の解体に立ち会い、ロシアの国防相をホイットマン米空軍基地に呼んで、大陸間弾道ミサイル用サイロの破壊を見せた。しかし、これから見ていくように、こうした協力関係は長くは続かなかった。

核兵器管理をめぐる官僚的な争いは、現在あるような形で落ち着いた。軍は核兵器を連邦議会に要求する。連邦議会はエネルギー省の文民ら（厳密には国家核安全保障局）に核弾頭の製造を承認する。そして、軍は核兵器を保有し、配備する。大統領はその使用を命じる専権を持つ。

核のフットボール

実を言えば、「核のボタン」などない。それはものの例えであって、大統領が簡単に手早く発射命令を出すことを理解するのに役立つものである。本当に大統領が押すボタンがあったら、誤って押してしまうとか、その上にソーダをこぼしてしまうとかいった、様々な問題が起きうるだろう。「フットボール」として知られるブリーフケースが、核のボタンに最も近いものである。公式には、大統領の緊急対応カバンと呼ばれている。

ケネディが心配したのは、自分がホワイトハウスにいない時に、すぐに核攻撃する命令を出さねばならないような情報を受けることだった。世界のどこにいても、緊急通信システムによって発射命令が出せたらどうか？　国防総省の作戦室を呼んでそうした命令ができたら、なんと言うか？　そして、担当将校はどうやって本当に大統領からだと確かめるだろうか？　ケネディの質問に答えて、統合参謀本部が核のフットボールを設計した。[43]　1962年、ケネディはいかなる時でもフットボールがついてくるとの大統領令を出して、大統領の専権を正式なものにした。[44]

核のフットボール、すなわちカバンは、1日24時間、週7日、1年365日、大統領に随行できる軍の側近が携えている。中には、核攻撃オプションのメニューや、認証コード入りのカード、防護電話が入っている。これらのコードによって、大統領は、国防総省の国家軍事指揮センターに命令を出せる。コードは「ビスケット」と呼ばれる特別なカードに印刷されていて、大統領が常時携帯することになっている（カーター、クリントン両大統領は、カードを2回紛失している）。

大統領に随行する軍人は各軍が交代制で務め、ホワイトハウスの地下室などで眠る。常に数分以内に大統領のもとに駆けつけられるようにしており、大統領と同じエレベーターにも乗り込む。大統領が写っている写真の背景には、彼らがフットボールを持つ姿がよく見られる。

大統領が死亡したり、機能不全に陥ったりした場合、発射権限はまず副大統領に移る。1963年11月22日、このプロセスが試された。ダラスでケネディが狙撃された時、緊急対応カバンを携えた陸軍将校のアイラ・ゲルハルトは車列の後ろにいた。その時、国防総省はゲルハルトがどこにいるのか分からなかった。だが、リンドン・ジョンソンが大統領に就任した時には、カバンを持ったゲルハルトも大統領専用機エアフォースワンにいた。[45]

1981年に大統領レーガンが暗殺されかけた時、フットボールを携えた軍人は大統領から離れていて、搬送されたジョージ・ワシントン大学病院に同行しなかった。手術するためレーガンの着衣は脱がされ、のちに病院のポリ袋にビスケットが捨てられているのが見つかった。[46]

副大統領も無理な場合の発射権限は、下院議長、上院議長代行、国務長官、財務長官、そして国防長官へと降りてゆく。さらに、省庁の設立順に残りの閣僚が続く。[47] 国防長官が6番目というのは、注目に値する。

大統領の一般教書演説を見れば、常に閣僚の一人が欠席していることに気づくだろう。この「指定生存者」は離れたところにいて、おそらくテレビで大統領演説を見ており、攻撃を受けて他の全員が機能不全となった場合に備えている。この閣僚に、核のフットボールを携えた軍人が付き添う。クリントンの大統領再選後の就任式で、私（ペリー）は指定生存者だった。私は国防総省にとどまって、私の家族はワシントンのモール〔米連邦議会議事堂などがある国立公園一帯〕で他の閣僚たちとともに大統領就任式に出席した。幸いにも私は、核の緊急手順を行使せずに済んだ。

冷戦終結以来、米ロ〔ソ〕両首脳は、大統領に核のフットボールが四六時中ついてくる必要があるのか疑問を投げかけた。ソ連大統領ゴルバチョフがフットボール（ロシア語では「チェマダーンチク」、小さなスーツケースの意）を管理できなくなったクーデター未遂事件〔1991年8月〕の後、大統領ジョージ・H・W・ブッシュは91年10月、国家安全保障担当大統領補佐官のブレント・スコウクロフトに緊急対応カバンについてこう尋ねた。「今も、私がどんなささいな場所に行く時でも、軍人が黒いケースを持ってくる必要があるのか」[48]。ブッシュは「冷戦が終わり、どこにでも『フットボール』が私についてくる必要があるとは思わなくなった」と振り返った[49]。だが、スコウクロフトらは、まだ必要だと彼を説得した。

最近になって機密解除された文書によると、米国大統領クリントンとロシア大統領ボリス・エリツィンは1994年と97年の2回、核のフットボールについて議論している。クリントンが驚いたのは、エリツィンが「核のフットボールをやめ」て、側近がいつも自分たちのまわりに「引きずっている」必要はもはやないと提案したことだった。エリツィンは、米国のフットボールもロシアのそれも時代遅れだと見ており、「私が核の部隊と通信する必要があれば、どの電話番号にもつながる」と言った[50]。

クリントンは最初、「私の軍の側近ならどうする?」と冗談めかして答えたが、エリツィンが真剣なのを見て、「この仕事について理解したのは、軍の決定に文民統制が効いているというフットボールの象徴的な重要性だ。あなたとは関係がない。選挙で選ばれた文民だけが、この決定を下せるという念押しなのだ」と付け加えた。

クリントンの応答はすばらしい。フットボールはロシアへの核攻撃のためにあるのではなく、単なる文民統制の象徴だと言ったのである。脅威ではなく念押し。これには、ロシアとの核戦争など起きそうにないというクリントンの見方が反映されていたのだろう。

1997年、ヘルシンキでの2回目の首脳会談でエリツィンは再び提案した。自身の心臓手術の際にロシアの核のフットボールを首相ビクトル・チェルノムイルジンに移譲したことを説明し、こう促した。「我々はもう核のボタンの横にいつも指を置いておくことをやめようじゃないか。お互いに連絡をとる手段はいくらでもある。どこに我々がいるのかを周囲は分かっている。もう小さなスーツケースを持ち歩く必要はないと合意できるだろう」

クリントンはこう答えた。「検討しよう。もちろん我々が持ち歩いているのは、コードと防護電話だけだから」。国務副長官ストローブ・タルボットは「どこかにあるコンピューターやだれか別の人に任せるよりは、これらの機器を常に」大統領が持っておく方がよいと進言した。

しかし、なぜエリツィンがこうした機能を他者に移そうと提案したのかは明確でない。即時発射のオプションをやめようと提案したのかもしれない。これは核戦争の瀬戸際から遠のく重要な機会だったかもしれないが、クリントンの反応は鈍かった。

オプション

大統領の核攻撃オプションは、フットボールに収められた「黒本」に詳しく書かれている。さらに1ページの漫画のようなメニューに要約されている。長文を数分で理解するには複雑すぎるという大統領ジミー・カーターの求めに応じてつくられた。

大統領にはどんな核攻撃オプションがあるのか？ 日常的に、米軍は数百発の核弾頭を世界中の標的に撃つことができ、さらに数日でそれは1千発以上になる。どちらの場合でも、敵の核戦力や軍需産業、重要な政治・軍事指導者の居場所にも拡大攻撃できる。[51]

いったん大統領が命令を出せば、よく整備された軍事機構がそれを引き継ぐ。命令は指揮系統を下って、この瞬間に備えて訓練してきた格納サイロや潜水艦のミサイル発射担当官に伝わる。残酷な結末に至るプロセスを止めるには、軍が一斉に決起して反乱を起こすしかない。すべてのプロセスは数分で終わってしまうのだ。

大統領は、国防・国務長官や統合参謀本部議長、副大統領らの意見や同意なしに核兵器の使用を命令できる。大統領が顧問らに事前承認を求めない限り、だれも決定に関与できない。[52]

スピードの必要性

今や米国では文民指導者が核兵器の使用を管理し、軍はそれをしないことが確立されている。これはよいことではあるが、別の疑問も出てくる。なぜ大統領だけなのか？　連邦議員など他の文民指導者らをどうして関与させないのか？

一つの答えは、核攻撃の冷徹で厳しい論理である。ロシアの核ミサイルは発射から30分以内に米国に届くので、連邦議会や委員会、あるいは大統領最側近の顧問らにさえ諮《はか》る時間はないかもしれない。大統領にできるだけ相談するよう促すことはできても、現在の政策を考えると、相談を要求するのは非現実的だと思われる。

１９６０年代以降、我々はこの「原子力の真珠湾（奇襲）攻撃」ともたとえられるような、理論的には即時破壊の脅威を生き抜いてきた。だが、これから見ていくように、敵を抑止するためには米国の核による報復が即時に行われる必要はない。核戦争に陥るのを避けようと思えば、大統領に決定するための時間をより多く与える方がよい。

大統領が核兵器使用の専権を握っていることに加え、ロシアが発射した核弾頭が米国に着弾する前に米国が核弾頭を発射する必要があるとされていることも、別の危険な政策を生み出している。その最たるものが、サイロが破壊される前に大陸間弾道ミサイル（ＩＣＢＭ）を発射できるというものである。米軍のＩＣＢＭの配備地点はよく知られており、ロシアのＩＣＢＭの精度が向上していることを考えると、米軍のＩＣＢＭは極めて脆弱である。対照的に、米軍の潜水艦は、1回のロシアの攻撃で破壊されることはない（居場所は秘密なので）。米軍の戦略爆撃機も危機を察知した当初に出撃すれば破壊されないだろう。攻撃を受けた後も、潜水艦は数週間か数カ月は海中を航行できるし、爆撃機も自身が攻撃するまで数時間は飛行できる。

米軍のＩＣＢＭは、ロシアからの第一撃を受ける前に発射しなければ破壊を免れないので、1日24時間、週7日、いつでも発射できる警戒態勢を敷かなくてはならない。それだけでなく、ロシアのミサイル発射を確実に探知できる警報システムを備え、その警報に基づいてＩＣＢＭを発射できるようにしなくてはならないのである。

ここに問題が生じる。大統領には4種類の核攻撃の方法がある。それは、正当な理由のない先制攻撃（国際的危機がない）、予防的先制攻撃（危機において、敵が攻撃しそうな場合）、攻撃警報下の発射（ミサイルが向かってきているとの情報）、報復攻撃（敵の弾頭が着弾後）である。予防するには、敵が発射しそうだが、まだしていないという確度の高い情報がなければならない。警報下でＩＣＢＭを発射するには、その警報が本当で、まだ着弾していない状態でなければならない。もし米軍がＩＣＢＭを発射した後で誤警報だったと判明したら、米国は誤って核戦争を始めたことになる（序章のシナリオで述べた通り)。発射は取り消せないし、手違いだと伝えられたロシアの指導者が報復しないで踏みとどまることはないだろう。つまり、文明の終わりは、いとも簡単に起きるのである。

米国はニクソン政権期の1970年代初めに、警報下発射能力を構築した。[53] カーターによる大統領令第59号は、こう定めている。「攻撃が始まったとの警報によっては核兵器を発射しないようにするとの政策を残しながら、特にICBMは先制攻撃に対して脆弱なので、大統領に発射のオプションを与える適切な事前計画が立案されるだろう」。同様に、レーガン大統領の政策は「米国は抑止力の信頼性を確保するために、警報下発射や攻撃下発射といった能力には依存しない。と同時に、そうしたことを実行できる我々の能力は、戦争の結果をめぐるソ連の評価を混乱させ、抑止力を強化する。[54]

この危なっかしい政策文書には、攻撃を受けた後ではなく、予防的であれ警報下であれ、先に核兵器を発射したいという米国の戦争立案者たちに深く根ざした志向が隠れている。将軍カーティス・ルメイと戦略空軍の時代にさかのぼれば、軍人たちは警報を求め、予防的攻撃によって「敵をたたいて引き分けに」持ち込もうとした。[55]

戦争立案者から見れば、先制攻撃は率直な行為である。事前に計画した戦争プランを実行するものだ。しかし、攻撃を受けた後の報復は立案者にとっての悪夢である。すべてか大半のICBMは破壊され、通信手段もほとんど使えず、軍の間での調整はほぼ不可能であろう。幸い、核戦争時のコミュニケーション訓練をした者はいないので、何が起きるかをだれも知らないのである。

元戦略軍司令官のジョージ・リー・バトラーはこう語る。「どれだけ抜き打ち訓練をしようとも、実際の核攻撃のような阿鼻叫喚の状況は再現できなかった。想像しうる最悪の状況で人間や機械をテストしたのだが」[56]

しかし、大統領から見れば、警報下発射では誤って核戦争を始めてしまう可能性がある。ケネディ政権の国防長官だったロバート・マクナマラは警報下発射を「狂気の沙汰」と呼び、「そこには軍事的要請などない」と論じた。[57]

こうした状況が非常に危険なのは、米軍の早期警戒システムが間違いやすいことが分かっているからである。米国は少なくとも3回、ロシアも少なくとも2回の誤警報を経験している。そして大統領自身も間違いやすいことが知られている。人間は間違いやすく、機械も故障する（最後の点は第3章でさらに記す）。

核時代において、すべての大統領が3度目の核兵器使用にとらわれたとしても不思議ではない。兵器は強力になればなるほど、役に立たなくなる。

バトラーは真の核戦争について、こう記している。「核兵器が雨のように降り注ぎ始めたら、結局は丸裸だということだ。この無慈悲な応酬に勝者はいない。いったん抑止が外れると、何ら戦う術は残らず、報復が行われる。確かなことは、完全なる荒涼を前に、生き残った者が死者をうらやむことになろう」[58]

最近の二人の大統領、ジョージ・W・ブッシュ（子）とバラク・オバマが、誤警報のリスクや核兵器の高度警戒態勢解除の必要性を選挙中に訴えたのは興味深いことである。ブッシュは「米国はできるだけ多くの兵器の高度警戒態勢を解除すべきである」と述べ、「警報から数分以内の即時発射」は「冷戦期の遺物」だとした。さらに、「それほどまで多くの兵器を高度警戒態勢に置いておくと、偶発的あるいは未承認で発射する、受け入れられないリスクを生む」と付け加えた。[59] オバマもミニットマン・ミサイルの警戒態勢を解除すると約束した。警報下発射のような政策は「壊滅的な事故や誤解のリスクを高める」と警告した。

残念ながら、彼らはこうした政策を変える権限や機会があったのに、そうしなかった。核弾頭を搭載したミニットマン・ミサイルは今日もサイロに配備されたまま、米軍最高司令官（大統領）の命令から数分以内に発射できる態勢にある。

大統領の専権や先制使用、警報下発射といった時代遅れの冷戦期の政策が極めて危険で、米国の安全を損なっていることを議論してきた。そうしたものはない方が、我々は安全になるだろう。こうした誤った政策はすべて、ロシアが先制攻撃を計画しているという想定で立案されている。次章で説明するように、この想定には何ら根拠がない。そして、この根拠がなければ、米国の核政策の根幹の構想が崩れるのである。

第2章　青天の霹靂

共産主義者がクレムリンを失うリスクをかけてまで求めるものなどない。
——大統領ドワイト・アイゼンハワー[1]

１９６２年10月14日、ケネディ政権は、米東海岸を射程に収める核搭載型ミサイルをソ連がキューバに密かに搬入したことを発見した。当時、米国は約５千発の核弾頭を保有し、ソ連は３００発だった。しかし、この17対１の数的優位をもってしても、ケネディ政権には先制攻撃を成功させられる確信がなかった。ソ連には反撃して核兵器を発射するリスクがあり、それは米国にとって受け入れられるものではなかった。ほんの２～３発であっても、米国にとっては相当な大打撃となり、ニューヨーク、ワシントン、シカゴ、ロサンゼルスといった大都市を閃光とともに消滅させかねない。よって、こうした圧倒的に優位な状況であっても、米政府はモスクワを攻撃するのを思いとどまっていた。[2]

その後まもなく、ソ連が軍備を増強してこのギャップを埋めたことで、米国はなおさら先制攻撃を検討することができなくなった。とはいえ、核戦力でソ連が米国より優位に立つことはなかったことを思えば、ソ連もワシントンに奇襲核攻撃を仕掛けたうえで生き延びることができるという自信は持てなかっただろう。

機密解除された1995年の米国防総省報告書によると、ソ連軍の指導者たちは「核戦争の壊滅的な結果を理解しており」、核兵器の使用は「なんとしてでも」避けなければならないと信じていた。1968年のソ連国防省の研究によると、ソ連が先制攻撃をしても核戦争には勝てないことを示していた。1981年にソ連軍の参謀幕僚も「核使用は破局的である」と結論づけた。[3]

今日の気象研究によると、どちらか一方による大規模な核攻撃があれば、たとえ反撃がなかったとしても、自殺行為となる。一方的な攻撃が地球の気候に及ぼす衝撃はあまりにも大きく、攻撃側にもやがて破滅をもたらすことになるのである。[4]

それでも、ロシアからの「青天の霹靂《へきれき》」である奇襲攻撃があれば、米国大統領には数分以内に核兵器を発射できる専権が与えられている。だが、ロシアにそうした意図がなかったとしたら？　もしロシアの指導者たちには勝ち目のない核戦争を始めることに関心がなかったとしたら？　つまり我々米国人と同じようにロシア人も合理的だったとしたら？

何十年にもわたって、米国はソ連（ロシア）からの奇襲核攻撃に備えてきたのだが、それはなかったし、これからもないであろう。

冷戦期には、米軍を無力化するような奇襲核攻撃をソ連が計画していると米国人の多くが信じていた。このため米国は、そうした攻撃に耐え、圧倒的な力で報復できるような規模の核戦力を備えた。

ミサイルはいつでも発射できるように高度警戒態勢に置かれ、奇襲攻撃を仕掛けられても米軍は無力化できないようにしていた。この戦略では多数の兵器を配備しなければならず、高くついた。だが米国防総省当局者らは、ソ連が計画していると想定した奇襲攻撃を抑止するためには、この戦略が必要だと信じていた。同時にソ連も、米国側にそうした計画があると想定していた。

冷戦を振り返ると、米ソのいずれかがそうした奇襲攻撃を仕掛けようとしたという説得力のある証拠は見つからない。アイゼンハワー大統領は1955年、ジュネーブでソ連の指導者たちと会った後、こう結論づけていた。「核による戦闘とは、突き詰めると、事実上の民族自滅であるとの認識が、みなに広がってきているようだ」[5]。元CIA長官ボブ(ロバート)・ゲーツも1996年にこう記している。「実際のところ、ソ連がそんなふうに自殺的にサイコロを投げる可能性が少しでもあるなどと考える者は、ワシントンにはほとんどいなかった」[6]

ソ連の戦略に対する米国の想定がおかしいと懐疑的に思っている人であっても、大規模な抑止力を配備するためのコストは良い保険のようなものだと信じている。金銭的な問題であれば、そうした保険のコストはおそらく割に合うものとなろう。しかし、米国の核戦力と政策はそうした金銭的問題の次元を超えている。これらの冷戦期の恐ろしい兵器は、政治的であれ技術的な誤算であれ、使われてしまう恐れがあり、自らの危機を生んでいるのだ。

将軍ジョージ・リー・バトラーは2016年にこう記している。「こうした兵器の存在によって、米国とソ連が世界を核のホロコーストの瀬戸際に引き込む恐れがあった。米ソ双方の高官たちは、互いの意図や動機、行動を絶えず読み違え、その後継者たちも今なお、そうしているのである。私見では……冷戦の核抑止とは、見ることが不自由な人と、話す・聞くことの不自由な人とが対話するような、一筋縄ではいかない困難なものであった。それはほとんど、我々西側の人間が自分自身と行う取引のようなものであった」[7]

冷戦期を通じて、奇襲核攻撃への恐れが米ソの核政策を促した。どちらも、自らがそうした攻撃をするのではなく、相手がそれを計画していると信じていた。奇襲攻撃のリスクは、誤って核戦争に陥るリスクに比べれば、極めて小さいものだと我々は強く信じている。

我々が正しいとすれば、二大超大国は冷戦期も今日も、誤った脅威に焦点を当てていることになる。自らの安全保障を損なっているのだ。ミハイル・ゴルバチョフの言葉によれば、「我々がしてきたあらゆることが誤りであった」[8]。

核の真珠湾攻撃

原爆以前にも、米国とソ連には奇襲攻撃の悪い記憶があった。1941年6月22日、ヒトラーのドイツは、〔ユダヤ人のみならずロシア人を大量に殺そうとした〕バルバロッサ作戦によりソ連に侵攻した。その年の暮れ、12月7日〔米時間〕には、米国が日本軍による真珠湾攻撃にあった。これらの攻撃は米ソ両国民の心理に根深い印象を与え、「青天の霹靂」に対する強い恐怖感を抱かせた。

核兵器の出現によって、奇襲攻撃の見通しはさらに恐ろしいものになった。1960年代、弾道ミサイルに核弾頭が搭載され、米ソ両国は30分以内に相手を灰燼《かいじん》に帰す技術力を持った。両国は数兆ドルを費やして十分な核兵器を備え、決定権者や軍部らが奇襲攻撃に耐え、強力で壊滅的な報復ができるようにした。
報復能力はかつても今も、核兵器に対する唯一の防御である〔我々のミサイル防衛は大規模攻撃に対する防御にはならない。これについては第8章で論ずる〕。我々が恐れたのは、ソ連が米国を攻撃してすべての核兵器を破壊できると信じ、そうしようとの誘惑に駆られることであった。と同時に、もしも先制攻撃をした後で核による報復を止められる有効な手段がないのであれば、先に発射する意味がない。核戦争においては、比較的小規模の報復であっても数千万人の死を意味する。それは国家の自殺であり、その影響は国境をはるかに越えてゆく。
冷戦初期、両国の軍事立案者たちは先制攻撃を検討した。1940年代後半、米国内には、ソ連が報復用の核兵器を保有する前に攻撃せよという要望があった。1948年、米統合参謀本部はソ連に対して「核の猛攻撃」をかける最初の戦争計画を承認した。もし米国が通常兵器による戦闘で劣勢になれば、ソ連の17の都市に100発以上の原爆を落とすというものだった。トルーマン大統領はその計画を嫌い、核兵器を使わない新たな計画を準備するよう軍に命じた。だがソ連がベルリンを封鎖すると〔37ページの訳注参照〕、核兵器はソ連の西ヨーロッパ侵攻に備えた米国の対応策の一部となった。[9]
1950年代にソ連が核兵器を保有すると、米ソ間の戦略的バランスが不安定化し、攻撃が差し迫った時には先制攻撃を仕掛けることに双方が利益を見いだすようになった。例えば、戦略空軍司令官カーティス・ルメイは1954年に「米国がいよいよ追い詰められた場合には、先に攻撃することを躊躇してはならない」と述べ、将軍トーマス・パワーも1961年に「原子力の〔核兵器による〕戦争が不可避であれば、米国は先に攻撃すべきだ」と論じた。[10] 1962年に米空軍は先制攻撃能力を持って、核戦争に勝利することを模索したが、国防長官マクナマラがそれに反対して、打ち勝った[11]。

1962年以降、ソ連が先制攻撃をして米国の軍備を無力化することは期待できなくなった。米国は強固なICBM格納用サイロを構築して防御し、そこから発射するICBMによって数千発のソ連のICBMを破壊できるようになった。より重要なことには、米国が潜水艦発射型のポラリス・ミサイルを配備したことで、ソ連のICBM攻撃にさらされなくなった。

キューバ・ミサイル危機のころまでには、核戦争に勝者はおらず、すべての関係者にとっての大惨事になることが、米ソ双方とも分かっていた。米国は戦略兵器で明らかに数的優位にあったが、意味がなかった。「当時、ソ連の核戦力について我々が知っていたことは、いかなる核の応酬であれ、それが米国人にとっても明らかに大惨事になるということだった」と、ケネディ政権の国家安全保障担当大統領補佐官だったマクジョージ・バンディは記している。「どちらが始めようとも、核の応酬になれば、メガトン級の破壊力を持つ爆弾を搭載するミサイルや爆撃機のいくつかは着弾することを想定しなければならなかった。たとえ1発でも大惨事である。我が方の戦略兵器が圧倒的に上回っているといっても、全く安心できなかった」[12]

マクナマラも1962年の後半にこう言った。「特に先制攻撃能力があっての危機的状況においては、戦術的に驚くようなことは何もできないと確信していた。我々がソ連の基地を破壊する前に、ソ連は報復兵器を発射できるからである」[13]

こうして、相互確証破壊(MAD)としてより知られる核抑止が生まれた。

新たな戦争計画である1962会計年度の単一統合作戦計画(SIOP－62)が、1961年4月

15日に発効した。ライマン・レムニッツァー統合参謀本部議長は、SIOP－62の実行は「核戦争で米国に勝利をもたらすはずである」とケネディ大統領に説明し、「いかなる状況であれ、たとえ米国による予防的攻撃であったとしても、ソ連の長距離核戦力が米国を攻撃することが予想される」とも警告した。[14] すなわち、たとえ「勝利をもたらし」ても、数千万人の米国人が死ぬことになるのである。

1963年までにマクナマラはこう結論づけた。「米ソ双方が敵の攻撃に耐えうるミサイルを増やしているのが現実である。今日、核の応酬から国を守れるような戦力は、どちらにもない。予見しうる将来において、現実的に、いずれもそうした戦力は確立できないだろう」[15]

ロシアは平時においては先制攻撃をしないとしても、危機においてはするかもしれないと考える冷戦戦士もいるだろう。ロシアが攻撃しそうだと米国の指導者たちが思えば、米国は先制攻撃をできるようにすべきだと主張する人もいるだろう。予防的で「被害を限定した」攻撃を道徳的だとみなし、それによってロシアの攻撃で米国が受ける被害も少なくなると思う人もいるだろう。だがもちろん、ロシアが攻撃しそうだという我々の認識が誤りであるかもしれないし、その場合、先制攻撃の「道徳性」なるものが途方もなく不道徳なものになるのである。

たとえ「被害を限定した」攻撃であっても、その犠牲者の規模に気づけば、それを行うことは正気の沙汰ではない。ヘンリー・キッシンジャーが1976年に「核戦争において我々が先制攻撃しなかった場合の死者は1億2500万人、した場合は1億1千万人との予測がある」との恐ろしい選択肢を挙げたように、明らかに最良の道は核戦争の瀬戸際に陥らないことである。[16]

統合参謀本部議長の海軍提督トーマス・ムーアは1971年、こう説明した。米国が圧倒的な破壊をもたらすような余剰核戦力を持つ限り、「相手方は、攻撃を仕掛けてみようとは思わないものである」。ムーアは「米国が予防的な先制攻撃をすることはほとんどありえない」と言い、先制攻撃をするとすれば、差し迫った攻撃があると米政府が「明確な保証」を得た時だが、「そうした保証はどうやって得られるのか分からない」と付け加えた。[17]

ルメイの後任の戦略空軍司令官トーマス・パワーは、米国による先制攻撃の後、「彼ら〔ソ連〕の爆撃機やミサイルのいくらかは破壊を免れて報復に成功し、高価な核弾頭の爆発力を〔米国に〕課すだろう」と記した。パワーは、米国による予防的攻撃はありそうにないと信じていた。「外交手段や強固な抑止力によってソ連の攻撃が避けられるとの一縷《いちる》の望みがある限り、私見では、大多数の米国民の支持を受けた政府は、より強烈な手段をとることに反対する」からである。[18]

ルメイとパワーの後任のリチャード・エリスは1979年、全面核戦争の影響についてこう述べた。「それはあまりにも大規模な大惨事であり、人間の頭では理解できない……勝者と敗者の区別が困難であろう」[19]

「正気の指導者はロシアンルーレットに興じない」

1960年代までに米国の政策立案者たちにとっては、核戦争に勝者はおらず、そうした戦争を行ってはならないことが明らかになっていた。米国大統領が核の脅しをほのめかしたかもしれないが、報復以外に実際に核兵器を使うつもりはなかった。肝心なことは、ソ連が攻撃を仕掛けようと思わないような十分な核戦力を維持することだった。マクナマラは1968年に「米国が自国や同盟国への核攻撃を抑止するためには、実際に信頼しうる破壊力を持たなければならない」とした。マクナマラにとってそうした能力とは「侵略者にとって〔核攻撃が〕自軍だけでなくその社会全体にとっての自殺行為となることの確実性」を意味した。[20]

「自殺行為となることの確実性」というマクナマラの要求に難癖をつける人もいるかもしれない。バンディは、自殺行為となるようなゆるやかなリスクが適当な抑止になると信じていた。我々も同意する。バンディが記すように、「正気の指導者はロシアンルーレットに興じない」からである。[21]

しかし、第二撃による報復という目標にはすべての人が満足しないだろうし、何発のどんな種類の核兵器があればソ連の侵略を抑止できるのかと質問することだろう。冷戦期の緊張とソ連の政策決定の不透明性により、ソ連の核戦力やその計画を正確に評価するのは難しかった。冷戦期、米国の情報機関は最大限の推測に努めたが、その多くが誤りだった。

敵が何を持っているのかを正確に評価できないのであれば、「用心深く」最悪の場合を想定することになる。敵の方が自分よりたくさん持っていて、それに追いつくと、敵も同じように積み上げる。誤った情報と最悪の想定によるこの軍拡競争によって、1945年以降、米ソは7万発を優に超える核弾頭をつくった。[22]今日、二国間あるいは一方的な削減によって、両国合わせて1万3千発未満まで減らしたが、まだ地球全体を破壊するのに十分である。

いわゆるミサイルギャップ

このように誤って誘導された軍拡競争の力学のよい例が、いわゆるミサイルギャップである。19

57年10月4日、ソ連は初の人工衛星を発射し、軌道に乗せた。これは、ソ連の長距離弾道ミサイルが人工衛星を宇宙に打ち上げるのに十分な威力を持つことを示した。この出来事は米国の政治機構にも、米国の技術的優位について広まっていた想定にも、衝撃だった。米国はソ連の科学技術力を過小評価し、米国は圧倒的に進んでいるので深刻な競争相手などいないと思っていた。もはやそうではなかった。

ソ連の人工衛星打ち上げ後、ワシントン・ポスト紙は息を切らしてこう宣言した。米国は全力を挙げなければ「現在のミサイルギャップを埋め、世界中の共産主義者たちによるあらゆる分野や場所で行われている攻勢に対抗できない」[23]。1959年、上院議員スチュアート・サイミントンも「ソ連は3年以内に3千発のICBMを保有することを我々に証明するだろう」と述べた[24]。ソ連最高指導者ニキータ・フルシチョフ〔ソ連共産党第一書記、首相〕はミサイルを「ソーセージのように」「大量生産」していると語った。ジョン・F・ケネディはリチャード・ニクソンとの1960年の大統領選挙戦でこのミサイルギャップを取り上げ、「ミサイルギャップを埋める費用がわが国にはあったし、今もあるのだ」と言った[25]。

1961年に若き日のヘンリー・キッシンジャーも「1961年から1965年の期間のミサイルギャップは今や避けられない」と記し、「我々の報復戦力の脆弱性により、ソ連は米国への直接攻撃にも及ぶような核の脅しをする絶好の機会を得ることだろう」と続けた[26]。政治課題となった核の脅しの誇張は、その後も時代遅れにはならなかった。ジョージ・W・ブッシュ政権は2003年のイラク侵攻を正当化するのにそれをフル活用したのである。その戦争は米国と中東にとって戦略的大失敗であり、そして核兵器は見つからなかった。

アイゼンハワー大統領はキッシンジャーの警告的予言を信じなかった。バンディによると、アイゼンハワーは「ソ連政府があえて核戦争を選ぶとは一瞬たりとも信じなかったし、米国大統領がソ連による核の脅しに動揺する必要などないと見ていた」のである。[27] アイゼンハワーの言葉によれば、「共産主義者がクレムリンを失うリスクをかけてまで求めるものなどない」。

後に明らかになったように、フルシチョフは、はったりをかけていたのだ。ミサイルギャップとは神話であった。

1959年8月、中央情報局（CIA）長官アレン・ダレスは特別委員会を開き、私（ビル）を招いた。ヒューズ航空会長のパット・ハイランドが議長を務め、入手可能なあらゆる情報を再検討し、CIA、国家安全保障局（NSA）、陸海空軍からの説明を受けた。我々は、ソ連のICBM計画において実際に配備されていたミサイルはわずかであり、急速に拡大してはいなかったと結論づけた。ミサイルギャップはあったが、それは我が方に優位であった。しかしながらこの報告書は、数十年間にわたり厳重な機密扱いとなって、当時の米国民が抱いていた懸念を払拭するためには使われなかった。

ハイランド委員会が開かれていたころ、米国は新しく画期的な情報収集能力を備えた。コロナ衛星〔CIAの主導で米空軍が技術・運用面で補助し、ソ連や中国などの写真監視に使われた〕である。ソ連上空の軌道にある人工衛星が毎日パノラマ写真を撮り、米国は上空から鉄のカーテンの内側に入り込んだ。この人工衛星計画がフル稼働するようになると、ソ連が配備するICBMの数についての米国の情報はほぼ正確になった。

大統領選挙からまもない1961年2月、国防長官ロバート・マクナマラは、ソ連が大規模にICBMを製造している証拠はないと述べた。人工衛星が見つけた稼働中の発射基地は少数であり、9月までには国家情報評価が、ソ連は25を超える長距離弾道ミサイルを保有しておらず、近い将来も保有しないだろうと結論づけた。当時、米国はその2倍以上を保有していた。

国防長官就任後初めての記者会見で、ミサイルギャップについて聞かれたマクナマラは、「ああ、それはないということだ。あるとしても、我が方が優位だ」と答えた。[28] そうだとしても、ソ連が核戦争に勝つ準備をしているのではないかとの懸念が広がっていた。マクナマラによると「1960年代半ばまで、ソ連軍は一貫して超大国間で起こりうる戦闘は全面核戦争だけだと文書に記し続けていたし、それどころか、そうした紛争に勝利できると断言して、いかなる核紛争であってもソ連が勝者となるのに必要な準備を軍や社会に促していた[29]」。

バンディも全く同様に、ミサイルギャップなるものがあったとしても、それはソ連の奇襲攻撃のリスク増大につながるものではなかったとした。「米軍の生存能力によって、完全なる、受け入れがたい報復を招くことが避けようのないリスクを依然としてもたらしていた。ソ連の指導者たちも人間であり、差し迫った壊滅的危機がない時に、そうしたリスクはとらないだろう。[30]」

架空のミサイルギャップは1974年、「脆弱性の窓」〔相手の先制攻撃で自国の都市や核戦力が壊滅的被害を被る可能性が高い状況〕として再び現れた。推進したのはシカゴ大学教授のアルバート・ウォルステッターで、ソ連のICBM配備をCIAが組織的に過小評価していると批判していた。197

6年、軍備管理交渉者だったポール・ニッツェがこの問題を取り上げ、ソ連は米国と核の均衡を図ろうとはしていないが、「核の優越性を追求している」。単に数のうえにおいてではなく、理論的に戦争に勝利する能力の構築を意図している」とした。[31]

当時、ソ連が核戦争を始めて勝利する計画があるとの主張は証明も否定もできなかった。だが多くの事情通にとって、それは冷戦期であってもつじつまが合わないことだった。合理的なソ連の指導者たちが、双方が明らかに敗者となる核戦争を始めることに利益があると信じるものだろうか？　この問いに答えるため、CIAは1976年にソ連の意図についての特別調査チームを組織し、CIA内部者による「チームA」と外部専門家からなる「チームB」に同じ情報を分析させた。外部専門家を率いたのは長年のロシアウォッチャーでハーバード大学教授のリチャード・パイプスである。チームB報告の結論によると、ソ連の指導者たちは「核の安定性や相互確証破壊や戦略的充足ではなく、効果的な核戦闘能力を考えている」。[32]パイプスのような者にとっては、ソ連は核戦争を始めて勝利すべく準備しているのだった。

CIA側はそれに同意せず、ソ連は「将来の米国の行動や米国と比較した自身の将来の戦略的能力について確信が持てない」と分析した。つまり、ソ連は戦略的優位性があるかどうか、分かっていなかった。国務省の主任情報分析官によると、ソ連の指導者たちは「予見しうる将来の現実目標として、『戦争に勝つ』とか『戦争を生き残る』態勢として、合理的にどんなことが実現できるのかを描けていない」。[33]このように、ソ連は核戦争に勝つとか、生き残るということでさえ自信がなかったというのである。

１９７７年までに、ソ連最高指導者レオニード・ブレジネフ〔ソ連共産党書記長〕は、東西間で核兵器を使わない大規模戦争が起きる可能性を認めた。１９８２年、ソ連は核兵器を先に使わないと初めて宣言した。ブレジネフは国連で、ソ連は「核兵器を先制使用しない義務を前提と」し、またソ連はこの時までには「核戦争に勝者はいない」と断言していた。

論争は盛り上がった。パイプスは１９７７年、「ソ連はなぜ、核戦争を闘い勝利できるのか」と題した論文を書いた。ニッツェとパイプスらは現在の危機に関する委員会（ＣＰＤ）と呼ばれる運動団体をつくり、ソ連の核増強に対する米国民の懸念を高め、当時のカーター政権による第２次戦略兵器制限交渉を打破しようとした。委員会の役員には前カリフォルニア州知事のロナルド・レーガンが就いた。

カーター政権期、私（ビル）は国防次官（研究・エンジニアリング担当）だった。私の仕事は科学技術によって米国の通常兵器の能力を向上させること、すなわち、ソ連軍の数的優位を米軍の質的優位で相殺することだった。相殺戦略の主要３要素はスマート兵器とスマート情報システムとステルス航空機だった。この取り組みは我々の通常兵器に特化し、１９７０年代後半に最優先事項として進められ、１９８０年代のレーガン政権期にも優先事項であり続けた。湾岸戦争で米軍が大規模なイラク軍を４日で打ち砕いたように、非常にうまくいった。相殺戦略はソ連共産党軍を破るためにつくられたものだが、幸いにもロシア人に使われることはなく、代わりにイラク軍に対して使われた。イラク軍の大半は〔ソ連〕共産党軍によって装備され、訓練されていた。

核の近代化

米軍の通常戦力を強化したのに加えて、カーター政権は核戦力の近代化も追求した。私（ビル）は米軍の潜水艦をポラリスからトライデントに更新するのを支援した。潜水艦は不死身の核戦力にとってのカギだと信じていたからだ。そして、通常兵器でありながら核爆弾も搭載できる新型のステルス爆撃機B－2のプログラムも立ち上げた。だが、ソ連に後れをとっているとの議論に対応するために、私はMXミサイルだけは渋々続けた。

ミニットマン〔米空軍の大陸間弾道ミサイル〕と交代させたMXミサイルは10発の弾頭を搭載できる巨大なICBMである。サイロに格納したミサイルに10発の弾頭を搭載すると、敵の先制攻撃の標的となるため、MXがより生き残れるような設置様式を見つけようとした。この問題を解決しようとすることは、疑いなく、次官時代の最も悩ましい経験であった。

均衡の必要性を満たそうとすると、抑止の必要性よりも軍拡競争を促した。我々は均衡なしでも抑止を達成できた。だが、両者が常に均衡状態であろうとするために、どんどん増強していくのである。陸、海、空の兵器の「3本柱」の必要性とは、かつても今も、抑止よりも政治についてのものである。強固な潜水艦が、通常兵器あるいは核兵器の任務を実施できる爆撃機による保証つきの政策に支えられて初めて、米国はその抑止力に信頼が置けると我々は信じている。

だが政権は兵器の大きさに加えて、米軍の兵器が敵の先制攻撃に耐えて圧倒的な報復ができることも確認しなければならない。ICBMを生き残らせるのは無理だとわかったが、残りの核戦力にはかなりの生存性を構築した。

私はソ連が米軍を無力化する先制攻撃を実際に計画しているとは信じていなかったが、米軍の核戦力のこうした部分を近代化するための手を打った。トライデント潜水艦計画を進め、(ソ連の防空に効果的でなかったために私がやめた)B―1に代わるB―52爆撃機用の空中発射型巡航ミサイルを開発し、B―2「ステルス」爆撃機の開発を始めた。

現在の危機に関する委員会(CPD)はソ連の先制攻撃によって米軍サイロ内のミニットマンⅢ(ICBM)が破壊されると懸念を示したが、非常に誇張されていることが判明した。第一に、直撃あるいは直撃に近いものでなければ、サイロはICBMを守る。だが我々の情報によれば、ソ連のICBMが正確で、サイロ内の米軍のミサイルを破壊するとソ連の指導者たちが確信していたとは信じられない。第二に、ソ連がそうした高い正確性を打ち立てたとしても、彼らのICBMが着弾する前に米軍が警報下発射と呼ばれる対応でミサイルを発射することまでは排除できない。米軍の警報システムはかつても(今も)10～15分の余裕があり、ミニットマン・ミサイルは2～3分で発射できる。警報下発射の危険性について私は大きな懸念を抱いており、誤警報に伴う個人的な体験がその懸念を増幅しているのである。当時はリスクを冒してでも警報下発射すべきだと信じていた。冷戦が終わってかなりの時が過ぎた今、誤警報の可能性があることを考えれば、警報下発射するリスクを冒すべきではないと私は信じる(第3章参照)。

航空機や列車やトラックや海中にMXミサイルが設置されるのを我々は見てきたが、すべてが複雑で高価だった。最終的に、ネバダ州とユタ州の4600のサイロを200のMXミサイルに巡回させることで、どこにあるのかがソ連に分からないようにしようと計画した。驚くまでもないが、ネバダとユタの住民らはこの計画を拒否した。悪運の預言者が押し寄せて、この賢明ではないプロジェクトを支持したことを私は後悔した。

レーガン政権も奇抜な設置法の導入に失敗し、固定されたサイロにＭＸミサイルを配備することにした。これによって米国の抑止力全体が損なわれるわけではなく、潜水艦や爆撃機には弾頭が残っている。ここに官僚政治が見られるのだが、米国が脆弱な固定型サイロに10発の弾頭搭載ミサイルを配備しているのをソ連が見たら、先制攻撃用兵器だとしか思えないだろう。ＭＸミサイルの脆弱性は（実際に、それはソ連の先制攻撃を招くようなものだった）、我々がそれを先に使うかどうかには無関係だった（第１次ブッシュ政権はソ連との削減交渉後に賢明にもＭＸミサイルを退役させた。当時としては最新鋭のＩＣＢＭだったのだが）。

１９８０年の大統領選挙戦でレーガンは、第２次戦略兵器制限条約（ＳＡＬＴⅡ）を模索するカーター大統領を批判し、米ソ双方の攻撃用核兵器の数が制限されるとした。ＣＰＤは、条約によって米国はソ連の奇襲攻撃に対してより脆弱になると論じた。これはすべて全米にテレビ放映されたＳＡＬＴⅡに関するディベートであり、私はＳＡＬＴⅡの批准を支持する三人のチームの一人だった。ポール・ニッツェは条約に反対するチームを率いた。それは信じられないくらい卑劣なディベートであり、しかも大接戦だった大統領選挙の最中であった。上院議員ジョン・カルバー（民主党、レーガンの地滑り的勝利でまもなく敗退）が条約を熱心に支持して議論を始めると、ポール・ニッツェはこう反論し始めた。「カルバー上院議員は条約を支持するいくつかのすばらしい理由を挙げました。唯一の問題は、それらが全部うそだったことです」。ディベートはそこから転がり落ちていった。

ディベートの後、カーターは私に、上院議員たちと一人ずつ会って、条約について説明するよう頼んだ。半分くらい説明が終わり、うまくいきそうだったが、1979年末にソ連がアフガニスタンに侵攻し、カーターは上院で条約を審議するのをやめた。条約は批准されなかった。

「悪の帝国」

1981年1月に大統領に就任したレーガンは行動によって、モスクワに核先制攻撃をするかもしれないとソ連に確信させた。レーガンはソ連を「悪の帝国」と呼んで、米国の国防支出を増やし、核戦力を増強した。1983年、彼は弾道ミサイルに対する全米規模の防衛、「スター・ウォーズ」計画とも揶揄される戦略防衛構想（SDI）を発表した。ソ連はこれを先制攻撃の一部とみなし、米国は攻撃したうえでより威力の小さいソ連の報復を鈍らせるためにミサイル防衛を使うだろうと考えた。

ソ連最高指導者のユーリー・アンドロポフ〔ソ連共産党書記長〕は、レーガンについて「新たな計画をつくって、最上の方法で核戦争を始め、勝利しようとしている」と言い[34]、一方レーガンは「我々と違ってソ連は核戦争が可能で、勝てると信じており……」と述べた[35]。

この信念の裏にある信じがたい理論とは次のようなものである。ソ連が奇襲攻撃をして大半の米国のICBMを破壊しても、残った米国の潜水艦や爆撃機で報復できるが、そうはしない。米国の指導者たちはソ連による米国の都市への報復を恐れているからだ。こうして米国はソ連の要求に譲歩せざるをえない。そうした攻撃をすると脅すだけで、ソ連は米国の政策に指図できるのである。

もちろんこれは、でたらめであった。「先制攻撃シナリオを受け入れている者は、ソ連のICBM

とそれを指揮する者たちを、現実世界から切り離された宇宙の物体だと見ているのだ」。マクナマラは１９８６年にそう記している。複雑な兵器システムが戦時に試されたことはなくともソ連はそれに完全なる自信を持っており、米国の衛星や他の情報収集源はソ連の攻撃準備をすべて見逃し、攻撃を発見しても米国はミサイルを発射することがないと、この理論は想定している。そして極めつけが、米国は数百の潜水艦や爆撃機搭載の兵器で報復し、数百万人のソ連の市民を殺すようなことはしない、といった想定である。この理論は、ソ連の指導者たちを論理的ではないと見ているのだ。

「正気でない人だけがそんな賭けを考える」とマクナマラは記す。「他の何であるかはわからないが、ソ連の指導者たちは、そういった人々ではない」[36]

マクジョージ・バンディはこう述べた。「シンクタンクの分析者らは受け入れ可能な犠牲は数百万人の命だと設定することができるし、12の大都市を失うことも、判断力のある人たちによる現実的な選択肢だとみなせる。彼らは非現実世界にいる。政治指導者らの現実世界においては、ここであれソ連であれ、１発の水爆であっても、それが自国の１都市にもたらされるような決定は、まずもって、壊滅的な大失敗とみなされる。10都市に10発なら空前絶後の大惨事であり、数百都市に１００発となると問題外である」[37]

一方で、アンドロポフは欧州から15分以内にモスクワに届く米国の中距離核ミサイル計画をとりわけ懸念し、機能不全となったソ連の指導部が核による報復をできなくなることを恐れた（これは、欧州の北大西洋条約機構〈ＮＡＴＯ〉諸国に対してソ連がＳＳ－20中距離ミサイルを配備したことへの対抗手段であった）。ソ連の妄想症は１９８３年11月、ＮＡＴＯがエイブル・アーチャーと呼ばれる軍事演習を実施した時に頂点に達した。この演習は欧州での核戦争をシミュレーションしたもので、ソ連にとっては実際の攻撃の準備と映ったことだろう。

「脆弱性の窓」については、ブレント・スコウクロフトが率いた1983年の大統領戦略兵器委員会の報告書が、そんなものはないと結論づけた。私（ビル）はこの委員会にいたが、スコウクロフトのリーダーシップのおかげで、議論は興味深く、集中したものになった。委員会は超党派の部門横断的な安全保障専門家によって構成されていたが、米国は「脆弱性の窓」には直面していないとの結論に、容易に全会一致でたどり着いた。ソ連の潜水艦と地上発射型ICBMのいかなる組み合わせであっても米国の爆撃機やミサイルや潜水艦を破壊できないと委員会にはわかった。委員会はソ連がそうした能力をつくろうとしたのかどうか調べなかったが、今日我々が入手可能な証拠によれば、そもそもソ連にその気はなかった。つまり、「脆弱性の窓」という架空のものをめぐって、大きな政治騒動が起きたのであった。

「ミサイルギャップや『脆弱性の窓』といった誤解は、実際にとても高くつく」とマクナマラは結論づけた。「国防予算を高騰させ、東西間の疑念を高め、政治的あるいは軍事的危機において、軍事力の使用について誤った判断をさせる」と。[38]

元CIA長官のゲーツは「1980年代前半までに、（ソ連は）戦略兵器の配備を見ており、それに基づく新たな計画が米国に先制攻撃能力を与えうると信じた」と記し、情報源に基づいて、1983年から1984年に、米国による先制攻撃の脅威を「とても深刻に」ソ連は受け止めたと結論づけた。ゲーツの関係者によると「西側で暮らしたことのあるソ連の官僚は、米国の先制攻撃の脅威をあまり深刻に受け止めなかった。しかし、共産党幹部の間では、そうしたこともありうると受け止められていた」[39]。

後にレーガン大統領は回顧録で、ソ連の指導者たちが米国の先制攻撃を恐れていることに驚き、そうした恐怖心が米国の安全を損なっている、と記した。

「ワシントンに来た当初、我が政権内の多くは、ロシア人も我々と同じように、米国がソ連に対して先制攻撃をするなどとは当然考えていないと思っていた。だがソ連の指導者たちや彼らを知る他国の国家元首たちと付き合うようになって、ソ連高官たちは我々を敵としてだけでなく、核兵器で先制攻撃を仕掛けてくるかもしれない潜在的侵略者として恐れているのだと分かった。このため、おそらくはナポレオンやヒトラーによるロシア侵攻にまでさかのぼる不安定性や妄想症の感覚によって、彼らは我々に対して大規模な核兵器を持ちたいのだろう」[40]。

現在の危機に関する委員会に促されたレーガン大統領は、米国の核のレトリックとポーズを調整し、米国が先制攻撃することはないとした。それでも、(SDI、NATOへの核配備、先制攻撃オプションを含む戦争計画といった)レーガンの行動は、米国は核戦争の準備をしているとソ連側に思わせた。この誤解が、そうした大惨事のリスクを増やす。攻撃の予兆を見たソ連が攻撃は近いと誤解して、自分から先制攻撃をしてしまうかもしれない。

米国の核活動を観察していたソ連にとっては、核による先制攻撃の準備だと映る。レーガン大統領にそのつもりがなくてもだ。米国側も実際、ソ連からの先制攻撃の脅威があると読み違えたことはあっただろうか?

あった。

壁が崩れる

相手方の情報がほとんどなかった冷戦期に、ソ連の核の意図を議論するのは、よくあることの一つだった。政治家たちが自身の目的に合わせて核の脅威をあおりたてたり、国防のタカ派や保守的な学者たちが、生煮えの情報を都合よく解釈したりするのは簡単なことだ。

しかしながら、冷戦が終わって長らくたった今でもロシアが核の先制攻撃を検討していると論じるのは、全く別のことである。ロシアと関わるにあたり、推測はもはや不要だ。彼らの記録文書を読もう。

歴史家のデービッド・ホロウェイは1994年にこう記した。

> 個人や組織や出来事の相互作用の文脈で米国や英国の政策を研究するように、ソ連の政策を分析することはできない。その結果、ソ連の核兵器政策とはソ連のシステム、つまりマルクス・レーニン主義、個人的な指導者の政策目標の産物であるとよく言われる。冷戦終結とソ連の崩壊を受けた今、ソ連の核政策について、これまでとは異なる記述によって、ソ連の歴史や冷戦の歴史の文脈に位置づけられるようになっているだろうか。[41]

例えばホロウェイの説明によると、スターリンは第2次世界大戦から20年以内に別の世界戦争が起き、この大規模紛争で社会主義が資本主義を打ち破ると予測した。だが核兵器の出現はソ連のイデオロギーにとって悩みの種となった。核戦争になれば、いかにしてソ連は生き残り、それに打ち勝つのか？　まずソ連軍は核兵器を戦争の道具とみなし、先制攻撃やソ連には広大な国土があることによって、西側より有利だと考えた。だが、そうした考え方は長くは続かなかった。

スターリンが1953年に死去するまで、ソ連の政策を劇的に転換させるのは難しかった。しばらくすると、ソ連の声明に「平和共存」という言葉が現れ始めた。

長期的には資本主義と社会主義が共存できると認めることで、新たなソ連の指導者たちはスターリンの「避けられない戦争」というビジョンを拒絶し、核のホロコーストという代替物をつくった。

この転換はなぜ起きたのか？　新たなソ連の指導者たちは、壊滅的な核戦争がどんなものかという明確なイメージを持っていた。ソ連は1953年に初の水爆実験をした。それまでにソ連の科学者たちは約100発の大規模な水爆を使用すれば「地球全体で生物が住めなくなる」と結論づけた。「人類だけでなく、地球のあらゆる生命が危機に陥る」ことが分かっていたのだ。[42]

スターリンの後継者、ニキータ・フルシチョフは1953年、核兵器の危険性についての説明を受けた。後年、次のように話している。「核の威力についてのあらゆる事実を学んで、数日間眠れなかった。これらの兵器は使えないと確信して、再び眠れるようになった。だが同時に、我々は準備しなければならない。我々の理解は、帝国主義者の傲慢さに対する十分な答えではない[43]」

この概念は、過去と現在における米国とロシアの核政策について、多くのことを説明している。核爆弾を使うな、しかし、敵を抑止するために常に使えるようにしておけ。1953年のソ連初の水爆実験の後にフルシチョフはこう述べた。「核爆弾は眠らせておけ。戦争を引き起こしたい連中の神経を逆なでせよ。戦争は引き起こせないことを連中に知らしめよ。戦争を始めたものは、それにふさわしい報復を受けるからだ[44]」

1955年までにホロウェイは、アイゼンハワーの見解を反映して、こう記した。両陣営の指導者たちには「ある種の現実的な抑止が効いている。核戦争がいかに恐ろしいもので、相手もそれが分かっているはずだとお互いに信じているのだ。この基本的な認識によって、どちらからも核戦争を始めることはないとの確信を共有しているのである[45]」。

この確信があるからといって、大統領たちが核兵器開発をやめたわけではなかった。ロシアの指導者や米国の有権者たちの目に強いと映る政策をとり続け、戦争が起きたら勝つ感覚を求め続けた。軍拡競争や軍事的優位の追求、核の脅しの使用といったこともなくならなかった。にもかかわらず、核戦争は何としても避けるべきだという米ソの共通理解が、冷戦期のライバル関係の大前提となった[46]。

「目の対話」

米国とソ連がどちらも核戦争を始めないと公式に合意するまで、我々は30年も待たされた。1985年11月19日、レーガン米大統領とソ連のゴルバチョフ書記長がジュネーブで初めて会った。当時、両首脳は合わせて約6万発の核兵器を管理しており、軍拡競争は最高潮であった。

相まみえた両首脳は文字通り、共通する言語を持たなかったが、何とか情報交換した。ゴルバチョフは「お互いに手を伸ばして話し始めた。彼は英語、私はロシア語。彼も私もちんぷんかんぷんだったが、ある種の対話、目の対話でつながった」と振り返った。

首脳会談で二人は「核戦争に勝者はいない。戦ってはならない」と合意した。

「どういう意味か想像できますか?」。ゴルバチョフはベテランジャーナリストのデービッド・ホフマンに尋ねた。「つまり、我々がしてきたことのすべてが誤りだった。自分たちがどんな兵器を持っているのか、我々はだれよりも知っていた。まさに大量の核兵器の山だ。政治決定ではなく、何らかの技術的欠陥で戦争が始まってしまうのだ[47]」

両国が互いに攻撃しないと合意すると、冷戦の核政策の論理が崩れ始めた。軍備を無力化するような先制攻撃が来る目立ったリスクがないのなら、撃たれる前に迅速に核兵器を先に発射する必要はないし、報復以外には大統領に専権を与える必要もないし、高度警戒態勢に兵器を置く必要もないし、攻撃の警報下発射をする必要もない。そして実際のところ、地上発射型の弾道ミサイルは全く必要ない。

首脳会談後、国務長官ジョージ・シュルツはこの点を強調し始めた。彼はレーガンに「国防総省やCIAの見方とは正反対で、ソ連は我々を追い込んで消し去るような全能の力を持ってはいない」と説き[48]、弾道ミサイルを削減し、SDIに関する取引上の制限を検討するようレーガンに求めた。しかし、国防長官キャスパー・ワインバーガーはSDIへのいかなる制限にも反対した。そして、1986年6月、ワインバーガーが「米国とソ連はすべての弾道ミサイルをなくすべきだ」との急進的な提案をして、「みな驚いた」とシュルツは振り返った。

だが、そうした希望は、１９８６年のレイキャビク〔アイスランドの首都〕での首脳会談で打ち砕かれた。この会談では核兵器を全廃できそうになったのだが、レーガンが国家ミサイル防衛システムについて、実現可能だという誤った信念を持っていたために、阻害された。ゴルバチョフはミサイル防衛研究を実験室にとどめるよう求めたが、レーガンがそれを拒否した。

とはいえ、ゴルバチョフとレーガンは冷戦の危険な一章を閉じた。二人の指導者は、どちらも相手に対して核兵器では攻撃しないことを明確にしたのである。それらを全廃することも受け入れていた。外交の勢いが１９８７年の中距離核戦力〔ＩＮＦ＝地上配備型で射程が５００～５千５００キロのミサイル〕全廃条約の実現でさらに強まった。それは、欧州からの中距離核および通常ミサイルを全廃する条約で、現実に核兵器を削減するのは初めてだった。これはトランプ大統領が離脱し、２０１９年８月に失効した合意である。

そして１９９１年、ジョージ・Ｈ・Ｗ・ブッシュ大統領とゴルバチョフは、戦略核〔６千４００キロ以上離れた目標に対して直接、核攻撃を加える能力を持つＩＣＢＭ、ＳＬＢＭなど〕の約３割を削減する戦略兵器削減条約（ＳＴＡＲＴ）に署名した。この合意は、米ソの戦略〔長距離〕核戦力に上限を設け、どちらかの戦略的優位にはならないような転換を表した。

冷戦のことを知れば知るほど、ソ連による核攻撃などありそうもないと言える。オバマ大統領の核政策担当特別補佐官ジョン・ウォルフスタールとのインタビューによると、米国かロシアが核攻撃をすることなど考えもしなかったという。「いかなる演習、議論、情報を見ても、月曜の夜に平穏だったロシアが火曜の朝目覚めて、やるぞと決める、などということはなかったし、米国側もそうだ。[49] 正副大統領は、過剰殺傷力、過剰システム化、時間的切迫、そして時代遅れで現実離れしたプロセスといったことを明らかに見ていた」

ロシアは先制攻撃を計画していたのかと尋ねられたウォルフスタールはこう説明する。「全くしていなかった。ロシアは青天の霹靂のようなことは何も計画したり演習したりしていなかったと私は信じる。たとえそれがうまくいったとしても、権力の座にあるものが国の富を食い物にするような政治、寡頭制、国土管理、世界経済といった、彼らが価値を置くものすべてをも失ってしまう。だから、そんなことは思いつきもしないのだ。我々と同じく、彼らもそれがよく分かっている」

とはいえ、先制使用、専権、警報下発射、高度警戒態勢下の弾道ミサイルといった冷戦期からの核心的な核政策は変わらずに残っている。すべては変わり、そして、まだ何も変わってはいない。冷戦とソ連ははるかかなたへ去った。だが、米国大統領はまだ、ピザを注文する程度の時間で、一方的に核戦争を始められるのだ。

なぜか？　核による既得権益層の多くは、ロシアが先制攻撃をしてくるなどとは信じていない。しかし、そうするだけの能力はある。元戦略軍司令官ケラーは２０１９年にこう言った。「ロシアが米国に対して無警告で大規模な核攻撃をするとは思わない。しかし、彼らにはそれをする能力がある。そうである限り、私の考えでは、それが必要な決定なのであれば、その種の攻撃にすばやく対処できるようにしておかなくてはならない」[50]

米国の核計画はなおロシアの能力に基づいているし、ロシアのそれは米国の能力に基づいている。モスクワとワシントンの指導者たちに、その能力を使うつもりがないとしてもだ。この保守的なアプローチでは、迅速に核で報復するための不必要な能力を維持するために、事故によって核戦争を始めてしまうリスクを高めていることが認識できない。こうした立案者たちは安全にやっていると思っているだろうが、現実的には、我々みなにとって、永続する恐ろしいリスクとなっているのだ。次章でそれを見よう。

第3章　核戦争に陥る

意図的な行為よりも重大なミスや誤算が、核の大惨事の契機となりそうな時代に我々は生きている。

——核脅威イニシアティブ会長ジョアン・ロルフィング[1]

２０１８年１月13日、美しい日の出とともに、ハワイはいつも通りの土曜日を迎えた。だがそれは、午前８時７分に劇的に変わった。ハワイ緊急事態管理庁は、１００万人以上の住民に公式メッセージを放送した。「弾道ミサイルの脅威がハワイに向かっています。近くのシェルターを探してください。これは訓練ではありません」。核の発射ボタンは「常に自分のテーブルにある」と金正恩が言い、自分のボタンの方が「ずっと大きく、強力だ」とトランプがツイートした数日後のことだったので、北朝鮮から無警告での核攻撃があってもおかしくはなかったのだ。

ハワイの人々は恐怖と混乱でパニックとなった。親たちはマンホールのふたを開け、泣き叫ぶ子どもたちを守ろうと下水管に押し込んだ。いろいろな場所にいる親戚のうち、まずだれのもとへ駆けつけようかと悩み、店では見知らぬ人の横で客らが床に伏せた。車を運転していた人たちは、避難シェルターや愛する人を探して、時速90マイル〔時速約145キロ〕でぶっ飛ばした。

ミサイルが着弾するまでどれくらいかかるのか？　どこに着弾するのか？　核弾頭を搭載しているのか？　だれにも分からなかった。備えをしていた人はいなかった。

38分もの間、絶望的になりながらハワイの人たちは核攻撃を待ち構えたが、それはやってこなかった。誤警報だった。ハワイ緊急事態管理庁の職員が「ミサイルの脅威が本当だと信じて」、間違ったボタンを押したのだった。連邦通信委員会の調査によると、同庁には「人が誤って誤警報を伝えないようにする防護手段がなかった」という。[2]

その時、カウアイ島在住の〔ドキュメンタリー映画監督〕シンシア・ラザロフは「どうしていまだに核兵器を持っているのか、なければ恐怖が和らぐのに、だれも子どもたちにきちんと説明できない」と記した。[3]

ハワイの民主党下院議員トゥルシ・ギャバードは「核戦争や核攻撃の脅威はゲームではない。現実だ。ハワイの人々はそれを経験したのだ」と語った。[4]

ハワイの誤警報は目覚ましとなった。機械は誤作動するし、人間も間違える。そのハワイの誤警報が国の警報システムの一部だったとしたら、大統領も誤警報を受けて核による報復をすることになったかもしれない。

〔ミサイル担当将校だった〕ブルース・ブレアは「(ハワイの一件は) 中央の核システムでも起こりうることを痛感させた。こうしたシステムが、いかに人間的、技術的な誤りを受けやすいかを思い出させた。誤警報は冷戦期より今の方が多いのだ」と言う。[5]

米国もロシアも意図的に核戦争を始めるつもりはなくても、先制攻撃や、奇襲攻撃に迅速に報復するという発射オプションを双方が持っている。だが、迅速な報復オプションは、解決するよりもむしろ問題を生み出す。今日の真の脅威は、ロシアが米国を意図的に攻撃することではなく、ハワイで起きたように間違いや誤警報で核戦争が始まることである。

号砲を待つランナーのように、我々は奇襲攻撃に備えているが、はるかかなたのことだ。存在しない危機とのシャドーボクシングによって、我々はますます自分の首を絞めている。真の脅威とは、核の大惨事に自分から陥るかもしれないということなのだ。先制攻撃にすばやく報復しようとして、危険な政策をとる。それは、大統領に発射の専権を与えたり、先制攻撃のオプションを残したり、兵器を高度警戒態勢に置き続けたりすると、ますます核の大失敗から抜け出しにくくなるということなのだ。

事故や間違いによる核戦争は、意図的に起こされるのと同様に致命的だ。どんな理由で始まろうが、米ロの核戦力の規模と致死性により、我々の文明は終わりを迎えうる。単に理論的可能性を挙げているのではない。冷戦期には核の大惨事に陥りそうになったことが何度もあった。ゴルバチョフはモスクワのオフィスに野鳥の雁《がん》の彫刻を置いていた。米国のレーダーがかつて、雁の群れをソ連の爆撃機攻撃と勘違いしたことを覚えておくためだ。[6]

奇襲攻撃に備える中でおそらく最も危険なのは、大統領に発射の専権を与えることであろう。序章のシナリオで示したように、先制使用と警報装置を伴って発射の専権を持った大統領は、独自かつ迅速に動ける。十分な情報を得られないまま、大統領は時間的制約がある警報下発射をすることになる。

先制使用の専権をなくせば、報復発射決定までの時間が稼げる。奇襲攻撃を受けるリスクがなさそうなのに、警報下発射できるよう兵器を警戒態勢に置く必要はない。そして、連邦議会のような民主的に選ばれたグループと核兵器使用決定権限を共有すれば、そのプロセスのスピードは落ち、核兵器の先制使用について熱心に議論されるだろう。核使用の専権をその始まりとしたい。

大統領が専権を持っていることで核紛争が起きるリスクは、次の3つのような形で高まることになろう。

第一に、不十分な情報で大統領が動いてしまえば大惨事につながるだろう。10分かそれ以内に発射するかどうかを決めなくてはならないため、情報を十分に精査できない。レーガンはこう語った。「そのような危機ではすべてが速すぎて、どれだけの計画や理由が考えられるものだろうか。米東海岸沖に展開するソ連の潜水艦から発射される一群の核弾頭は6~8分でホワイトハウスに届く。レーダースクリーンに映る点を見ながら、最終戦争を引き起こす核兵器を放つかどうかを6分で決める。理由なんて考えていられるだろうか?[7]」

第二に、大統領が情緒不安定だったり、薬や酒の影響を受けていたりしたら、いつでも衝動的に核戦争を起こしてしまう。

第三に、誤警報やサイバー攻撃などの技術的誤算による情報によって、大統領が核兵器を発射してしまう。

いずれにせよ、大統領の顧問たちが問題を認識していても、大統領の決定は覆せない。大統領が「核のボタン」を持っているというのは本当であり、だれも、彼女か彼がそれを使うのを止められない。これは受け入れられないリスクである。核戦争を始める大統領の権限を抑えれば済むことだ。マクナマラはこう記す。「善意かつ冷静沈着な政治あるいは軍事指導者が、核兵器使用に走ることはないというのは正しい。だが、重大危機の瞬間に、彼らが十分な情報を与えられたり、冷静沈着でいられたりしそうにはない」[8]

悪い情報

核爆弾にまつわる大統領の誤りは、核兵器の黎明《れいめい》期にさかのぼる。1945年、トルーマン大統領は、広島が市井の人々が大勢暮らす都市であり、単なる軍事施設ではないことを全く認識していなかった。日本に原爆攻撃をするほんの2週間前、7月25日の日記にはこう書かれている。第一目標は「純軍事的なもの」であって、犠牲になるのは「陸軍や海軍の兵士」であり「女性や子どもではない」。これは明らかに誤りである。広島には陸軍の司令部があったが、民間人（兵士ではなく）が暮らす都市であり、それが犠牲者の大半を占めた。トルーマンが広島を「純軍事的」としたのはとんでもない誤解であり、それが数万人もの予期せぬ犠牲につながったのかもしれない。長崎への原爆攻撃後にさらなる原爆攻撃をやめる決定をしたのは、この誤解に気づいたからで、「こうしたすべての子どもたち」を殺したくはないと主張したのかもしれない[9]。

1962年のキューバ・ミサイル危機は、ソ連が核搭載型弾道ミサイルをキューバに搬入したのを見つけたことで始まった。当時、米国はソ連よりも圧倒的に大きな規模の核戦力を備えていたが、ケネディ政権は、数のうえで優位にあるからといって、ソ連に対してうまく先制攻撃できるとは限らないと考えていた。しかし、数的格差によって米国が極めて優位にあると心配して、フルシチョフは米国に届く兵器をキューバに置いたのかもしれない。

ケネディ政権はキューバに置かれた新たなミサイルが軍事バランスを変えたとは見ていなかった。米ソが互いに核攻撃しない抑止がすでに効いていると考えていたからだ。だが、ミサイルは実際に政治的な挑戦となって、こうした見方をひっくり返した。

ケネディ政権の上級顧問らの大半は、キューバにあるミサイルを破壊するため、通常爆弾による空爆を訴えた。それに地上攻撃が続き、核紛争へとエスカレートする危機となりそうだった。当時は分からなかったのだが、実はソ連は、地上攻撃を撃退するために戦術（短距離）核兵器をキューバに置いていたのである。空爆に反対した国防長官ロバート・マクナマラたちは、ミサイルがキューバから撤去されるまで海上を封鎖するよう勧告した。幸いにも大統領は二番目のオプションをとった。

キューバ危機当時、私（ビル）はカリフォルニアで電子防衛実験室を運営し、無償でＣＩＡのコンサルタントもしていた。ソ連がキューバにミサイルを配備したことをＵ－２偵察機が示すと、ＣＩＡ副長官は国家的重大事について相談したいので、すぐにワシントンに来るよう私に求めた。翌朝、彼のオフィスに着くと、Ｕ－２偵察機が撮影した写真を見せられ、重大な安全保障上の危機に直面しているとすぐに分かった。壊滅的な核戦争につながる危機であり、私ができることは何でもした。

私は少人数のチームとともに情報分析し、ソ連の核配備状況を大統領に毎朝説明するための報告書作成にあたった。ケネディ大統領は軍事攻撃でなく外交を選んだが、ソ連がキューバに置いたミサイルが使える状態になれば、外交をやめる準備もしていた。大きな問題は、外交にどれだけの時間がかけられるか？　大統領はその答えを毎朝更新するよう求めた。我々のチームの仕事は彼が外交に割ける日数をできるだけ稼ぐことだった。一方、ソ連の軍人たちはミサイルを使える状態にしようと必死に働いていた。状況は深刻で、米ソが全面核戦争をする真のリスクがあった。毎日分析室に向かいながら、これが人生最後の日になるかもしれないと私は思っていた。

　二人の指導者による決定と創造的な外交によって破滅は避けられたが、実は失敗寸前だったことが今では明らかになっている。危機の中でフルシチョフはケネディにこんなメッセージを送っている。「戦争が始まったら、我々には止められない。都市も村も、どこもかしこも、死と破壊だらけになるだろう」[10]

　ケネディは後に、キューバ・ミサイル危機が核戦争という帰結を迎える可能性は3分の1だったと語った。文明の実質的終焉にしては、何とも高い確率である。だが実際には、破滅の確率はもっと高かった。その時、キューバに入ったソ連軍はすでに１００発の戦術核兵器を運用できる態勢にあり、自衛のためにそれらを使う権限を持っていたことを、ケネディは知らなかった。米統合参謀本部が通常兵器によるキューバへの攻撃を勧めたのは、ソ連にはまだ運用できる核兵器がないと思っていたからだった。もしケネディがそれを受け入れていれば、戦術核を持つ米軍は海岸の上陸拠点を確保し、そのまま核戦争となっていただろう。世界がキューバをめぐる核のホロコーストを逃れたのは、すばらしい手腕と同じくらいの幸運によるものであった。

　元戦略軍司令官ジョージ・リー・バトラーはこう記す。「キューバ・ミサイル危機を包み込んだ恐怖と混乱と誤報の霧によって、いつ核による全滅につながってもおかしくはなかった。凍りつくような事実とは、米国の決定権者たちが当時もずっと後までも、すでにソ連が100発ほどの核弾頭を島に持ち込んでいたことを知らなかったことだ。核抑止の華麗なる理論が疑問だらけであることについて、それ以上の説明はいらない[11]」

それから30年後の1992年、ロバート・マクナマラはこう話した。「何が起きたのだろうかなんて考える必要はない。世界の完全なる終わりだっただろう……戦術核の攻撃を受けた米軍が核弾頭で応戦しないわけがない。それで、どこに行き着くのか？　本当の大惨事である[12]」

この恐ろしい話のポイントは、最大限の情報を得ているはずの大統領でさえ、十分な情報を持っていないことである。そして大統領が知らないことこそが大事なことなのかもしれない。あの時、ケネディは核兵器の使用はまだ考えていなかったが、軍事力行使についての真剣な決定を行った。だが、彼は現場で起きている事実を知らなかった。同様に核兵器の使用を検討するような緊迫した状況においては、決定を遅らせ、より幅広い人々と相談することが大切であり、専権を持たせることは危険である。ケネディはキューバの核兵器について誤った情報を得ていたが、フルシチョフがどんな手を考えているのかも知る由がなかった。ソ連の軍事顧問たちは屈しないよう求めたが、実のところ、フルシチョフは出口戦略を考えていた。

すばやく事を進めれば、50億の人間が死ぬことにはならないと確認できるか軍事顧問らに尋ねると、彼らは私が正気を失ったか、さらに悪く言えば裏切り者であるかのような目で私を見た。最大の悲劇はわが国が壊滅してすべてを失うことではなく、中国人やアルバニア人から弱腰だと批判されることだった。

それで私はこう自問した。「この狂乱の中、米国がキューバ政府を転覆しないと私に保証すれば、ミサイルを撤去しよう」。それが起きたことだ。私は今、中国人やアルバニア人にののしられ……。

彼らは私が張り子の虎を恐れたという。馬鹿げたことだ。わが大国と米国が完全な廃虚となっても、ソ連の国家の誇りはそのままだなんて死の間際に知ったら、いったいどうしたらよいのか。[13]

幸いにも今日、キューバ・ミサイル危機のような状況にはない。だが、朝鮮半島危機で米国は、北朝鮮に対して通常兵力を使えば核戦争にエスカレートすることはないと計算したことを想像すれば、それは起きうるのである。北朝鮮は体制維持のために核兵器をつくった。米国が北朝鮮の体制存続を脅かすために通常兵器による攻撃をすれば、死にものぐるいで北朝鮮は核兵器を使うことが十分ありうる。そうすると、政治的誤算によって、何百万人もが犠牲になる。中国やロシアが介入しようとすれば、核のホロコーストにつながりかねない。

大統領に専権を与える危険性としては、とりわけ冷戦後の大統領は、核兵器について、どんな選択肢があるのかを、十分な時間をかけて学んでいないことである。危機が起きれば、大統領は誤った情報を与えられたまま動くことになり、専権の大きな責任を果たす準備ができていないだろう。北米航空宇宙防衛司令部（NORAD）元司令官で統合参謀本部副議長のジェームズ・ウィニフェルドはこう記している。「そのシステムについて深く理解できる大統領はいないだろう。それが起こる可能性は最小だが、この星のだれよりも重大な結果を招く決定を下支えするものである」14

大統領が賢明にもスタッフの忠告を求めるとしても、彼らに依存しすぎるかもしれない。戦略軍司令官が説明役になりそうだが、誤った情報を持っていたり、機嫌が悪かったりしたらどうなるだろうか？

ジョン・ウォルフスタールはオバマ政権の軍備管理・不拡散政策担当特別補佐官だった。彼にとって、副大統領ジョー・バイデンや元戦略軍司令官ジム・カートライトは、核問題に関する深い知識があり、オバマを補佐するうえで信頼が置けた。本書のためのインタビューでウォルフスタールはこう述べた。「他の様々な問題でも大統領と緊密に働いているので、彼らが『大統領、決定を下す前に他の選択肢もありますよ。別の目標があるなら、検討してみてはいかがですか』と言うことには一定の信頼感がある」。だが、トランプ大統領は、専権を与える危険性に注目をもたらした。なぜなら、「思慮深くて、思いやりがあり、熱心で、賢い人が大統領になって、部下たちと信頼関係を築くものだと我々は思っているが、トランプには当てはまらない」。

「戦略軍の連中は熱心で、思慮深く、知的で、たいへんな責任を感じている」とウォルフスタールは言い、戦略軍司令官がどういうふうに大統領に選択肢を説明するかがとても大事だと付け加えた。「とてもうまい人もいれば、そうではない人もいる。最高位の高官でも、説明では、あってはならないミスをする。システムは完璧にはほど遠い。人間が完全ではないように」

ウォルフスタールはさらに続けた。「ロシア人もそうだと思うが、米国人は核兵器を保有したり、それを使うと脅したりすることに伴うリスクは完全に管理できると信じている。真剣にそれを扱って、うまく対処しており、適切に管理できるだろう、と。実際には数年ごとに、全くそうではない事例を我々は見ている。生活のあらゆる場面で、医師がミスをして人が死んだり、優良ドライバーがスマートフォンでメッセージを打っていて道路をはみ出して人をひき殺したり、といったことを見ている。核兵器には起きないとなぜ言えるのか？　もちろん、起きるのである」

「私が思うに、専権を与えることの大きな欠陥は、人間は間違いやすいにもかかわらず、核の指揮・統制や先制使用、危機下の行動、物事の伝達といった問題になると、これを受け入れ、無視する。常にリスク要因はあり、恐ろしいことだ」とウォルフスタールは語った。[15]

不安定な大統領たち

専権を与えるのに不安を抱かせる米国大統領は、トランプが初めてではない。第1章で触れたように、ケネディの薬事記録によると、慢性の強い痛みにさいなまれ、当時国民が知っていたよりも多量の薬を服用していた。[16] レーガンは公式にはホワイトハウスを去った後の1994年にアルツハイマー病と診断されているが、在任中にその兆候が現れていた。[17] 大統領時代のケネディやレーガンの精神状態は、病気や薬の影響を受けていたのかもしれない。トランプを除けば、核時代の米国大統領で一番心配されたのがリチャード・ニクソンで、アルコールを飲みすぎる傾向があった。1969年、米軍の偵察機が日本海で北朝鮮に撃墜され、31人の米国人が犠牲になった。ニクソンは「我々は試されていた。力には力で対応しなくてはならない」と回顧録に記している。[18]

CIAのベトナム専門家ジョージ・カーバーは当時をこう振り返る。「ニクソンは激怒して戦術核攻撃を命じ……統合参謀本部は標的をどうするか尋ねたが、（国家安全保障担当大統領補佐官のヘンリー）キッシンジャーが電話をとり、ニクソンが朝、しらふになるまで何もしないことにした」[19]

そして1973年10月20日、ニクソンは酔っていて、アラブ・イスラエル紛争が核戦争の瀬戸際に達した時に対応できなかったという。シリアとエジプトが六日戦争〔第3次中東戦争〕で失った領土を取り返そうとして合同で奇襲を仕掛け、イスラエルと米国は無防備だった。ソ連も関与し、軍事行動に出ると脅した。[20]

米国の機密情報によると、ソ連の艦船は核兵器を搭載し、エジプトに向けて、黒海から地中海に抜ける海峡を通過していた。この評価は今では論争となっているが、当時、米国は世界中で核戦力を臨戦態勢下に置いた。こんなことはそれまでに3度しかなかった。[21]

この危機の途中、（国務長官になっていた）キッシンジャーは大統領補佐官のブレント・スコウクロフトからの電話を受けた。

スコウクロフト　「交換台がダウニング街10番地（英首相官邸）からの電話を受けました。30分以内に首相からの電話を大統領が受けられるかどうか聞いてきています。議題は中東です」

キッシンジャー　「できないと言ってくれるか？　大統領と話したら、酔っ払っていた」

キッシンジャーと国防長官ジェームズ・シュレシンジャー、統合参謀本部議長トーマス・ムーア、ホワイトハウスの首席補佐官アレクサンダー・ヘイグ、そしてCIA長官ビル・コルビーが、ソ連を引き下がらせる行動をとった。我々が知る限り、ニクソンは交渉に参加していなかった。
ニクソン政権期のキッシンジャーの下で国家安全保障会議スタッフを務め、後のジョージ・H・W・ブッシュ政権では国務長官になったラリー・イーグルバーガーはこう記す。「当時よりも冷静になって振り返って、よく分かっていなかったことは、とりわけウォーターゲート危機の最後の数カ月は、外交で何か起きたら対応できなかったということだ。我々は水中で壊れた船だった」[22]
国防長官ジェームズ・シュレシンジャーはニクソンの状態を心配し、核を発射するよう大統領が命令しても、まず自分か国務長官のキッシンジャーに確認するようにと軍の指揮官らに話したとされる。上院議員アラン・クランストンはシュレシンジャーに電話でこう警告したという。「逆上した大統領が我々をホロコーストに突き落とさないようにしなくては」。これについて、私（ビル）は私的な会話でシュレシンジャーに尋ねたが、彼は答えなかった。それを否定するというすばらしい機会を得ていたのに、そうしなかったのだ。
我々が知る限り、トランプ大統領は酒を飲まないし、鎮痛剤を服用していないし、認知症にさいなまれてもいない。だが、彼の注意不足、情緒不安定、とっぴな振る舞い、内政問題（弾劾を含む）を思えば、核兵器をきちんと管理できるのか心配になる。いやはっきり言えば、核の使用の専権や先制使用をめぐる懸念はトランプ大統領に限ったことではない。どんな大統領であれ、熟考や相談なしで迅速にすばらしい決定はできない。よって大統領がだれであれ、先に核兵器を発射する専権を与えてはならないし、一人の人間に世界を終わらせる力を持たせるべきではない。核脅威イニシアティブ会長のジョアン・ロルフィングはこう語る。「それほどまで大きく重大な責任を、一人の人間に授ける意味が私には分からない」[23]

最後に、きちんと情報を持ち、理性的な大統領であっても、そうではない人物に核のフットボールの管理権が渡ってしまうことがある。1991年8月、クリミアで休暇執務中のゴルバチョフは、資源管理権など共和国の独立性を高めて、ソ連の脱中央集権化を進める条約案を再検討していた。いつも通り、核のカバンは彼のそばにあった。ソ連の指揮系統では、大統領、国防相、参謀総長の三人が発射権限を持ち、それぞれが核のカバンを持っていた。いったん承認されると、発射命令は参謀本部によって空軍、ロケット部隊、海軍の指揮官たちに伝えられる。デービッド・ホフマンによると、ゴルバチョフは「こうした核兵器発射のプロセスをよしとせず、核戦争をするという考えそのものを拒否した」という。[24]

8月18日、日曜日、午後4時32分、ゴルバチョフの居場所につながっていたすべての通信が絶たれ、文民指揮官からソ連の核戦力が切り離された。モスクワからハイレベルの代表団が予期せずやってきて、ゴルバチョフに対して、権限を副大統領ゲンナジー・ヤナーエフに渡すよう求めたが、ゴルバチョフは拒否した。代表団は去ったが、続く3日間にわたって、ゴルバチョフ一家は自らの別荘において軟禁状態となった。一団がモスクワに戻った後、クーデター首謀者らは、ゴルバチョフは病気のためヤナーエフと交代したと発表した。旧ソ連から後に独立する最大国家のロシア共和国大統領ボリス・エリツィンは、クーデターに対抗するよう国民に呼びかけた。

一団がモスクワに戻った月曜の朝、参謀本部は、ゴルバチョフの核のカバンを奪うよう幹部将校らに命じ、その通りになった。それは、ゴルバチョフの大統領専用機でモスクワに戻ってきた。

8月21日、水曜日、クーデターは失敗に終わった。ゴルバチョフは核のフットボールの管理権を失ったが、少なくとも三人の軍部が発射には必要であった。後の航空元帥エフゲニー・シャポシニコフがクーデターに反対し、ロケット部隊と海軍の指揮官も反対した可能性がある。ゴルバチョフは核のフットボールを取り戻したものの、一時はそれを完全に失ったという事実は、よく考えられた計画でも危ういことになりうるという、凍りつくような記憶である。

誤警報

米国に戻れば、政治蜂起よりも技術的な誤算による恐怖の方が大きい。悪い情報や判断への懸念に加えて、システム上のエラーによって、大統領が核兵器を発射する恐れもある。ハワイで起きたように、誤警報に反応してしまうことによってである。我々が知る限り、冷戦期に米国で少なくとも3回、ソ連では2回、そうした誤警報があった。二度と起きないと考えられる理由はない。

いかにして誤警報が起きるかを理解するために、ミサイル攻撃警報を行う米国のシステムを見てみよう。米国のミサイル攻撃警報システムは3つの主要部分から成る。ミサイル発射を探知するセンサー（衛星とレーダー）、検知データを分析して分配するコンピューターセンター、情報評価して指令を出す指揮所の3つである。主な指揮所は、コロラド州コロラドスプリングスの北米航空宇宙防衛司令部（NORAD）、ネブラスカ州のオファット空軍基地の戦略軍（STRATCOM）、国防総省の国家軍事指揮センター（NMCC）、メリーランド州フォートリッチーの代替国家軍事指揮センター（ANMCC）である。

ロシアが核攻撃をしようとすれば、米国の警報システムは次のように作動するだろう。まず、宇宙空間に核兵器を打ち上げるミサイルのモーターの熱を、赤外線感知衛星が捉える。次に、飛来するミサイルを地上レーダーが追跡する。ソ連のＩＣＢＭを探知するレーダー（弾道ミサイル早期警戒システム、ＢＭＥＷＳ）もあれば、潜水艦発射型のミサイルを追跡するものもある。

そのシステムは多くの誤反応を起こした。ＩＣＢＭ導入以前のレーダーは、野鳥の雁の群れを誤認し、ソ連の爆撃機が北極回りで米国に攻撃をかけようとしているとして、誤警報を出したことがある。[25] 爆撃機なら上空で、警報から数時間かけて脅威の真偽を決められる。しかし弾道ミサイルに関わる警報であれば、10分以内にＩＣＢＭを発射するかどうか決めなくてはならないし、発射したら取り消せない。

核搭載弾道ミサイルはなぜ発射を取り消せないのか？　それはもっともな質問だ。弾頭抜きの試験用ミサイルに自爆装置を付けておき、ミサイルに不具合があったり軌道をそれたりすれば、吹き飛ばせる。しかし、弾頭付きミサイルを実際に発射するとなると、いかなる無線操作自爆でも、つまり「自壊スイッチ」が敵に侵入され、ミサイル能力全体を無力化しうることを空軍は心配しているのである。

エリック・シュローサーの著書“Command and Control”（邦題「核は暴走する」）やダン・エルズバーグの“The Doomsday Machine”で繰り返し語られている通り、１９６０年にグリーンランドのチューレ空軍基地で初のＢＭＥＷＳレーダーが運用され、すぐに問題が生じた。ＮＯＲＡＤのコンピューターが、米国は攻撃下にあるとの警報を出した時、産業界の人々がツアーで訪れていた。外に連れ出された企業幹部たちは、核戦争が始まりそうになったと思ったという。

NORADはパニックになったが、その週にソ連の指導者フルシチョフがニューヨークの国連にいたことを再確認した。ノルウェー上空で月に反射したレーダー信号が誤警報の原因だった。[26]

1979年1月から1980年6月にかけて、3703回の日常的な会議が開かれ、発射されたかどうかがあいまいなミサイルについて検討した。NORADの監視要員が脅威を見つけると、統合参謀本部議長のような高位の者たちが脅威評価会議を開く。この期間にそうした脅威評価会議が4回開かれた。脅威があれば、NORADは大統領を含むミサイル攻撃会議を開くことになっていた。当時は開かれなかったが、もう少しで開かれそうだった。[27]

最初の脅威評価会議はすぐに解決した。非武装ロケットをミサイルと誤認したのだった。だが、1979年11月9日の2回目はたいへんなことになった。米国の早期警戒システムが赤く点滅し、NORADのコンピューターが米国は攻撃下にあることを示した。ソ連のミサイルが米西海岸沖の潜水艦から発射され、ソ連領内から発射されたさらに多くのミサイルがコンピューター画面に現れた。大規模な奇襲攻撃のようだった。

だが世界的にはそれほど緊迫した状況ではなく、実際の攻撃が起きそうではなかった。コロラドのチェイニー山の地中深くにある施設にいたNORADの監視要員が、レーダーや衛星、攻撃を感知したと見られるセンサーを調べたが、何もなかった。コンピューターは攻撃を目撃していたのに、センサーには何の反応もなかった。

手順に従って、戦略空軍（SAC、現在は戦略軍STRATCOM）基地の爆撃機要員たちは機体へ、ミサイル部隊員は警戒態勢に置かれ、戦闘機はスクランブル発進した。

だが、攻撃は受けなかった。誤警報であった。このケースでは、監視要員らにゆとりがあって、攻撃は誤りだと考えられたのかもしれない。そんなことをすればソ連の指導者たちにとって自殺行為であり、国際危機のさなかにあるわけでもなかった。しかし、これがキューバ・ミサイル危機や中東戦争の時に起きていたら、どうなっただろうか？　監視要員は違う結論に行き着いて、警報は大統領にまで届く。おそらく10分以内に、世界の運命を決する決断を何の脈絡もないまますさせることになっただろう。

実際には何が起きたのか？　当初は、技術者が誤って軍の演習のテープを国防総省のコンピューターシステムに入れたと報じられた。それが図上演習の現実的な詳細を戦略空軍と国防総省に送った。今でもそういうことになっている。

しかし実際には、単なる操作ミスではなかった。真実はもっと深刻である。国防総省のコンピューター内のソ連のミサイル攻撃を模したソフトウェアが、どういうわけかNORAD本部の通常の警報ディスプレイに転送された。会計検査院によると、NORADのコンピューターは「ソフトウェア開発用のテストデータを認識し損ねて、大規模なソ連のミサイル攻撃だという不適切な警報を引き起こした」。確かにNORADは後に「寸分違わず失敗を……再現できなかった」と認め、原因が「人的ミスかコンピューターのミスか、両方か、決められない」[28]。米国は誤って数分以内に大規模核攻撃をしそうになったことがあるが、原因は完全には分からなかった。

ソ連はこの出来事を気に留め、当然の懸念を表明した。ブレジネフ書記長はカーター大統領に、状況は「極めて危険なことだった。そんな誤りがあってはならないと、あなたも同意するでしょう」とのメッセージを送った。[29]

46セントのチップ

最も緊迫した誤警報は1980年6月3日にあった。米東部時間で真夜中の午前2時30分、国家安全保障担当大統領補佐官ズビグネフ・ブレジンスキーは軍事顧問のウィリアム・オドムからの電話を受け、ソ連の潜水艦が220発のミサイルを米国に向けて発射したと伝えられた。ソ連はアフガニスタンに侵攻したばかりであり、実際に攻撃があってもおかしくはなかった。攻撃があるかどうか自分が確認するのに3分、カーター大統領が決断するのに4分かかるとブレジンスキーは思った。生存に関わる選択をするのに、実際はそんなに時間はなかった。

大統領に電話をする前に、ブレジンスキーはオドムに、ソ連の発射と攻撃目標を確認して電話をするよう求めた。また、米国が報復攻撃できるように、戦略空軍に核搭載爆撃機を発進させるよう告げた。オドムが電話を折り返した時、事態はさらに悪化し、ソ連は2200発ものミサイルを発射したと報告。全面攻撃だった。ブレジンスキーが何をしようと、米国は全滅だろう。彼は妻を起こさないと決めた。30分以内に、みんな死んでしまうだろう。ブレジンスキーが大統領に電話をかけようとした時、オドムから3度目の電話が入り、別の警報システムは攻撃を報告していないと言った。誤警報なのだった。[30]

当時、私（ビル）は国防次官で、このドラマに個人的役割があった。警報が誤りだったと判明した後で、ＮＯＲＡＤの監視要員から電話があった。その将軍は直截だった。彼の警報コンピューターは、ソ連から米国に向けて数百発のミサイルが飛来しているのを映していた。私は心臓が止まりそうになりながら、最悪の核の悪夢が現実になったと思った。だが将軍はすぐに、これは誤警報だと結論づけていると説明した。自分のコンピューターのどこがおかしくなったのかを教えてほしいと、私に助けを求めたのだった！

そして、数日後の6月6日、ＮＯＲＡＤのコンピューターは3度目の攻撃を国防総省に警告した。サイレンがうなり、爆撃要員らは機体に走ったが、またしても誤警報だった。今度は通信機材の中にあるコンピューターチップの欠陥が見つかった。ＮＯＲＡＤはテストメッセージを送って国防総省などあらゆるところのコンピューターと通信できるかどうかを確認することになっている。テストメッセージはミサイル攻撃を警告し、その数を示すことになっていた。テストで数は０（ゼロ）と入力すべきところを、欠陥チップが2としたため、２２０とか２２００といった誤ったメッセージが流れたという。欠陥チップは46セントで取り換えられた。[31] その後のテストでは、数は入力しなくなった。

１９８０年7月17日付のカーター大統領あてのメモで、国防長官ハロルド・ブラウンはこう結論づけた。「別の機械の不調が、再び誤警報を起こす可能性に備えなければならない」[32]

１９８０年10月の上院軍事委員会報告書は「誤警報が将来起きないという保証はない。それは起きる。システムのメンバーが集団で判断し、誤警報に気づき、適切に対処するようにしなければならない」とした。[33]

１９８１年の会計検査院報告書によると、誤警報を招いたＮＯＲＡＤのコンピューターの問題が

「悪い評判を生んだだけでなく、あやうく国際危機になるところだった。あらゆる可能性をカバーできない以上、誤ったミサイル発射情報はまた出るだろう」。下院政府運営委員長のジャック・ブルックスも「最も不安にさせる出来事だった」とした。[34]

本章の前半で私（ビル）は誤警報にまつわる個人的体験について語った。その体験は私にぬぐいがたい印象を与えた。それ以来、誤警報を机上の空論とはみなさなくなった。米国でもロシアでもそれは起きているし、また起きかねないのだ。それは自然の摂理である。人間は間違いを犯し、機械は壊れる。システムに防御装置を埋め込んだので、誤警報が偶発的な戦争につながる可能性は低いが、ゼロではない。偶発的核戦争は起きそうにないが、その結末は文明の存在を脅かす。誤警報のわずかな可能性も受け入れるべきではないし、受け入れる必要もない。そして、我々は受け入れない。誤警報が壊滅的な結果につながるリスクを消すために、核政策や核戦力を変えられるのである（第10章参照）。

ソ連の誤警報

1983年9月26日、ソ連の早期警戒衛星は米国から5発の核ミサイルが発射されたと示した。その数週間前にソ連が誤って韓国の旅客機を撃墜しており、緊張が高まっていた。出番の監視要員スタニスラフ・ペトロフ中佐は、数分以内にどうするか決めなければならなかった。

ペトロフは本能的に、これは誤警報だと判断した。「たった5発のミサイルで戦争を始めるはずがない」[35]。彼は正しかった。

雲の先端で反射した日光に衛星がだまされたのだった。ソ連の衛星は誤警報の確率を最小限に抑えてはいるが、秋分のその夜は、予期せぬことに、衛星と太陽と米国のミサイル基地が一直線に並んだ。機転を利かせたペトロフは「世界を救った男」と呼ばれるようになった。[36] 衛星のデータがより大規模なミサイル攻撃を示していたら、あるいは別の要員が出番だったら、この誤警報で破滅していたかもしれない。

1995年1月25日、ロシアの早期警戒レーダーが、ノルウェー沖のミサイル発射を探知した。ミサイルの軌道は米国の潜水艦発射弾道ミサイルのそれと似ていたので、ロシアは、ミサイルの核弾頭が上空で爆発し、ロシアのレーダーを機能不全にしておいて、大規模攻撃がやってくるのではないかと思った。ロシアの核戦力が最高度の警戒態勢をとった。[37]

だがロシアの早期警戒衛星は、大規模な米国の攻撃を探知しなかった。そして幸いにも、監視要員が誤警報だと判断した。実際に探知されたのは、「ノーザンライツ」と呼ばれる北極のオーロラを研究する米国とノルウェーの科学技術ロケットだった。ノルウェーはソ連側に事前に発射を通告したが、情報がしかるべきところに届いていなかった。無害の科学実験が予期せぬ危険になった。[38]

誤警報だと分かっていたが、ボリス・エリツィン大統領はメディアの前で、核兵器発射を承認する「フットボール」を起動してみせた。[39]

より多くの警報

幸いにも冷戦期に誤警報が大統領にまで伝わったことはなかった。だが、ブッシュ（子）とオバマ政権期の米国では、複数回にわたって、あいまいな弾道ミサイルの脅威を探知し、大統領にまで伝わった。大統領はオマハの戦略軍司令官と交信する。戦略軍司令官〔当時〕だったブルース・ブレアによると、彼が唯一の説明役だった。大統領の補佐官らが通信会議にタイムリーに入れなかったという。ブレアは「ブッシュとオバマ政権期には、大統領がリアルタイムで脅威を知らされることがあった。冷戦期にはなかったことだ」と言った。[40]

トランプも同じ経験をしているかもしれない。

システムは間違いを起こしうるし、実際に起きたし、また起きると分かっていながら、米国がいまだに警報下発射の高度警戒態勢のオプションを維持していることは、言い訳できない。冷戦期の最も重要な教訓から米国が学ぼうとしていない証拠である。これを学び損なうと、最悪の危険な過ちを繰り返すことになるだろう。

バトラーはこう記す。「1991年に私がブッシュ（父）大統領に提案したのは、発射態勢を数分から数日に緩めることだった。8年後、地上や海上発射型ミサイルが即時発射態勢に置かれたままだったのにはあきれた。偶発的に、あるいは誤って発射するリスクは、弾頭とミサイルを分離して、できるだけ離れた場所に置いておくことで消える」[41]

核戦争に陥る圧倒的な危険性は、米国の政策によって拡大する。大統領に核攻撃をする専権を明確に与えているからだ。冷戦期に核の応酬になりそうだった最大の危機は、意図的に計画された攻撃によってではなく、悪い情報や、不安定な指導者たちや、誤警報によるものだった。ここまで、誤った脅威に焦点を当ててきた。次章では、サイバー攻撃の懸念がさらに問題を悪化させていることを見てみよう。

第4章　核爆弾をハッキングする

もし今、国の安全保障を担当していたら、核兵器がサイバー攻撃を受けて悪いことが起きないようにしようとするだろう。サイバー攻撃によって人間にミスを犯させる。だれかが意図的にミスを犯させようとするかもしれないのだ。

——大統領ビル・クリントン[1]

2009年、核爆弾の燃料製造となりうるイランのウラン濃縮計画をめぐり、米国とイランは直接対決に入った。首都テヘランの南約150マイル〔約240キロ〕にあるナタンズの工場には9千基の遠心分離機が設置されていた。夏までに低濃縮ウランが製造され、そのまま濃縮し続ければ、初期段階の兵器級になる。そのペースで続ければ、イランは1年以内に核兵器2個分のウランを入手できた。[2]

米国とイスラエルは、軍事攻撃をせずにイランの計画を止めようとしていた。イスラエルは1981年にイラクの〔オシラク〕原発を、2007年にはシリアの核開発疑惑施設を攻撃している。イスラエルはブッシュ（子）政権に空爆用の地中貫通爆弾・バンカーバスターなどの供与を求めた。それによってイランの計画を2～3年遅らせることができるとしたが、ブッシュ政権はこれを拒否したとされる。[3]

その代わりに、米国とイスラエルが開発した「スタクスネット」と呼ばれるマルウェア〔日本ではコンピューターウイルスと言われることが多い〕が2009年6月、ナタンズのウラン濃縮施設に使われたという。遠心分離機のバルブを操作して速度を加減し、余分な圧力をかけて機械を壊してしまうものだ。

そのソフトウェアは洗練されていたので、操作者たちも機械が壊れるまで気づかなかったほどだ。ニューヨーク・タイムズ紙によると、「まるで銀行強盗が事前記録した保安テープを使うように、コンピュータープログラムが核施設の通常の稼働状態を密かに記録し、操作者らがそれを読み取るようにする。すべてがいつも通りに見えて、実際には遠心分離機が自壊していった」という。[4]

防護措置として、イランは、標的となりうるコンピューターをインターネットにつながないでおいた。機械のどこかにワーム〔システムに忍び込んで破壊や情報漏洩を行うプログラム〕が食いつけば、ネットワークに感染するからだ。スタクスネットはUSBドライブを経由して広がるよう設計されていた。ある設計者は「それが我々の念願だった。親指大のドライブを持っているのに気づかないまぬけが常に周囲にいた」と言う。[5]

スタクスネットは約1千基の遠心分離機を破壊し、ナタンズ工場でのイランの計画を遅らせたが、ウラン濃縮を止めることはできなかった。[6] しかしながら、我々がサイバー攻撃を考えるうえで大きなインパクトがあった。

元CIA長官マイケル・ヘイデンはこう語る。「以前のサイバー攻撃の効果は個別のコンピューターに対してだけに限られていた。サイバー攻撃によって、別のコンピューターの速度をただ遅らせたり、データを盗んだりするというのでなく、システム全体の物理的破壊に使われたのは今回が初めてだった。だれかがルビコン河を渡ったのだ」[7]

不幸にも、そして必然的に、「スタクスネット」はナタンズにとどまらなかった。それは野に放たれ、あるエンジニアが、感染した施設でつないだ仕事用のパソコンと私用パソコンをつないだため、スタクスネットは今や世界中にある。[8]

2015年のイラン核合意によって、オバマ政権の米国とイランとの一騎打ちは終わった（だが2018年、トランプ政権は合意から離脱した）。もし外交的アプローチがうまくいかなければ、オバマは「ニトロゼウス」という別のサイバー攻撃計画をしのばせていた。[9]

敵意が高まるか戦争が始まったら、ニトロゼウスがイランの防空網や通信システム、送電網をマヒさせるよう設計されていた。ニューヨーク・タイムズ紙によると、紛争の最初期にサイバー兵器によってイランを混乱させ、爆撃や既存の兵器による攻撃をせずに済むよう意図された。[10]ニトロゼウスが使われることはなかったが、米軍や情報機関の数千人が関わり、数千万ドルがかかった。国防総省内の会話では「イランのコンピューターネットワークに電子を埋め込んで、『戦場を用意した』」という。[11]

軍事立案者たちは、ニトロゼウスは民間人に対してたいへんな影響を与える、特に米国がイランの送電網や通信網の大部分を壊してしまえば、それは甚大なものになると警告した。

面白いことに、核兵器の使用と同じく、サイバー攻撃は大統領だけが承認する権限を持つ。しかし

2018年、トランプ大統領は、国家安全保障大統領覚書第13号として知られる機密文書を承認した。[12]それは、大統領の承認なしでサイバー軍司令部が攻撃的なオンライン作戦を実施できる柔軟性を与えるものだった。今では大統領まで上がるややこしい承認プロセスなしに、サイバー軍が外国のネットワークに悪意のあるソフトウェアを埋め込むことができる。[13]

ニトロゼウス・プロジェクトの参加者は言う。「これは巨大な、ものすごく複雑なプログラムだった。それまでは、これほどの規模でサーバーと動力を組み合わせた攻撃を組み立てたことはなかった。サイバー戦は、現代の兵器の複雑な組み合わせによるハイブリッド紛争にとって、標準的な兵器の一部になった[14]」

2014年、オバマ政権は北朝鮮の長距離弾道ミサイル開発計画に対して、同じようなサイバー攻撃を仕掛けたとされる。[15]しかし2017年11月29日、北朝鮮はＩＣＢＭの試験に成功した。

イランと北朝鮮の核・ミサイル計画に米国がサイバー攻撃をしたことで、戦闘の性格が変わった。米国がハイブリッド紛争の例を設定し、戦闘手段を拡散させており、ブーメランが我々に返ってくるのは確実だ。米国ほどコンピューターシステムに依存し、そのためにサイバー攻撃にもろい国はない。今日、米国はサイバー攻撃能力のリーダーだが、我々やほとんどの専門家は、スタクスネットなどがブーメランのように米国に戻ってくるのも時間の問題だと考える。

国防総省国防科学委員会の2013年報告書はこう警告する。「国防総省は将来のすべての紛争でサイバー攻撃を受けるし、敵が我々とは違うやり方で仕掛けると予測すべきだ[16]」。デジタルで緊密につながっていることが米国の弱点でもあると敵は気づき、〔ゲリラ的な〕非対称手段を用いるだろう。

比較的小さな国やグループがテロ行為により混乱をまき散らす。通常兵器で米国に太刀打ちできない連中は、ますますサイバー攻撃を使うようになる。

米国がサイバー攻撃を使うことについて、スタンフォード大学の情報・サイバー安全保障専門家アミー・ゼガートは「30年後には、それはとても、とても危険なことだったと分かるだろう」と話した。[17]

核兵器へのサイバー攻撃

敵がコンピューターをハッキングして、米国が核攻撃に遭いそうだと警告したと想像してみよう。実際に攻撃が来ているのかどうかは見えないし、あるいは、実際には何もないのに、攻撃が「見える」かもしれない。ハッカーが命令を受けて発射したり、発射を防いだりと、米国の核兵器をコントロールできてしまったら、どうなるのだろうか？　当初は想定されていなかったことであり、偶発的核戦争の危険性は飛躍的に増し、抑止力そのものも損なわれる。

米国の核インフラがサイバー攻撃を受けるリスクは本物である。早期警戒や通信、運搬手段を標的にし、重大な結果を引き起こす。サイバーの脅威は、誤警報や誤解のリスクを増し、（大統領の）専権の危険性も増幅する。こうしたリスクを減らすためには、米国の核政策と態勢の変更が必要だ。

ミハイル・ゴルバチョフは2019年にこう記している。「核兵器は、技術的欠陥や人間のミスや機械の不具合で爆発する。私が最も危機感を持ったのは機械の不具合である。コンピューターシステムは今や至る所に使われているし、航空機や産業や様々な管理システムで、どれだけ多くのコンピューターや電子機器が壊れたことか[18]」

２０１３年、国防総省国防科学委員会はサイバー攻撃対策の研究報告書を示し、米国の兵器システムは脆弱で、同省は「この脅威への備えができていない」とした[19]。

驚くべきことに、この報告書によると、サイバー攻撃を受けると軍の指揮官たちは「米国のシステムや兵器についての情報や能力への信頼」を失うかもしれない。それには、核兵器の指揮管制通信システムも含まれる。つまり、サイバー攻撃を受けると、大統領は誤警報を受けたり、核兵器を管理できなくなったりするかもしれないのだ。

兵器システムはますますつながり合っており、さらに危険になっているのがショッキングな現実である。２０１８年の核脅威イニシアティブの報告書は問う。「洗練された敵から攻撃を受けるとシステムが信頼できなくなり、核兵器システムの管理能力にも疑問符がつくのなら、核抑止力が維持できているなどと言えるのだろうか？[20]」

英王立国際問題研究所のアンドリュー・フッターはこう記す。「実際のところ、これを相互非確証破壊（ＭＵＤ）状態への移行の始まりとみなすのは驚くべきことではない。国家はもはや核攻撃を抑止するために核報復の脅しを使えるとは思えない、という意味においてである[21]」

トランプ政権による２０１８年の核態勢見直し（ＮＰＲ）は核兵器へのサイバーの脅威を認識するが、そのリスクを最小化し、誤った解決策を提案している。ＮＰＲにはこう書かれている。「攻撃的なサイバー兵器の出現により、核の指揮管制通信（ＮＣ３）システムが脆弱になる恐れがある。潜在敵はネットワークシステムに対するサイバー兵器の設計や使用にかなりの労力を費やしている。今日の我々のＮＣ３システムは信頼でき、効果的であり続けているが、頑強なＮＣ３ネットワーク全体のネットワーク防御、認証、データ統合、そして安全確実で信頼できる情報の流れといったことにも踏み込んでいる」[22]

トランプＮＰＲをもう少しひもといてみよう。「潜在敵はネットワークシステムに対するサイバー兵器の設計や使用にかなりの労力を費やしている」。その通り。脅威は本物だ。続いてＮＰＲは言う。「今日の我々のＮＣ３システムは信頼でき、効果的であり続けている」。そうではない。独立した研究によると、米国のサイバー攻撃に対する脆弱性は「潜在的」ではなく、現実になっている。つまり現在のシステムは「信頼が」おけないし、肝心な時に「効果的」かどうか分からない。その脅威に政権が適切な対応をしているわけでもない。

例えば、２０１３年の（国防総省）国防科学委員会の報告書は「サイバーの脅威は深刻であり、ある種、冷戦期の核の脅威と似たような結末を招く[23]。技術的に洗練され、資金潤沢な敵から攻撃を受けると、米国は重要な情報技術システムが動くかどうか確信を持てない」としたうえで、現実のサイバーの脅威に対して「現在の米国の核抑止もまた生き長らえられるのかどうか、国の指導層を評価し、保証するための措置をすぐとるよう」推奨した[24]。

技術的なサイバー防御措置をとらねばならないが、それだけでは十分ではない。根本的な問題は、サイバー攻撃にサイバー防御が追いつかないことだ。攻撃の詳細は十分には分からない。サイバーの脅威によって、核兵器が計算違いで使用されたり、未承認で使われたりするリスクを高め、核戦力への信頼が損なわれるだろう。

スタンフォード大学のサイバー政策研究者ハーブ・リンは言う。「将来いかにサイバー防御が進化しても、核兵器システムはサイバーの脅威にもろいままであろう。サイバーの脅威が生み出すリスクを消すには、核態勢にそれ相応の変更が必要だ[25]」

数千の攻撃

今この時も、敵は、核兵器システムを含む米国のインフラや情報ネットワークを寸断しようとしている。2019年、戦略軍司令官ジョン・ハイテンはこう話した。「我々は文字通り、数百万とまではいかなくとも数千の我々のシステムへの攻撃を毎日見ている[26]」

他の多くの国々のように、北朝鮮は国策としてハッキングを多用している。2014年、明らかに指導者の金〔正恩〕をあざける映画に対する報復として、北朝鮮のハッカーはソニー・ピクチャーズ・エンタテインメントのコンピューターサーバーを攻撃し、スタジオ運営を混乱させ、幹部らのメールが流出した。これが2016年の米大統領選でロシアが（ヒラリー・クリントンの）メールを流出させたモデルとなった。

2017年の「泣きたい（Wanna Cry）」攻撃では、世界中で150カ国以上の機関が混乱したが、これも北朝鮮につながっていた[27]。米戦略国際問題研究所（CSIS）のビクター・チャは2019年、ニューヨーク・タイムズ紙のインタビューで、サイバー攻撃が北朝鮮にとっての「第3段階」になったと指摘した。「彼らが米国や韓国と兵士対兵士や戦車対戦車で争うことは決してない。それで、核兵器の非対称戦略（第1段階）、弾道ミサイル（第2段階）ときて、第3段階がサイバー。ソニーの一件が起きるまで、我々は全く気づかなかった[28]」

これまでのところ、米国の核兵器や関連の指揮管制システムに対するサイバー攻撃は公表されていない。だが、なかったことを意味するわけではない。第3章で詳述したように、1979年に核攻撃の誤警報があったが、政府は「人的ミスか、コンピューターの不具合か、両方の組み合わせか」判断できず、十分に説明されていない。

最近では2010年、ワイオミング州のF・E・ウォーレン空軍基地で、コンピューターの不具合により約1時間にわたって50基のミニットマンICBMとの連絡が途絶えた。50基で2千万人を殺害するのに十分な威力を持っている。空軍によると、この問題は「管理センターとミサイルの間の通信」に影響を与えたといい[29]、この出来事は「任務にかなりの障害」となったが、「それ以前にも似たようなことが、ミサイル施設で起きていた」という。

約1時間にわたって、米国のミサイルが承認なしで発射されるのを防げなくなり、核事故のリスクが高まった。そのワイオミングのロケットが発射態勢を解かれた時、地下の発射管理センターではコントロールできなくなり、未承認のまま発射しようとしていないかどうかを探知したり、それを取りやめたりできなくなった[30]。大統領が命令しても、ミサイルは発射できなかっただろうし、敵が発射しようとするのを妨害することもできなかっただろう。

通信断絶について、元・空軍ミサイル要員のジョン・ヌーナンは語る。「24時間シフトで地下のカプセル状の発射管理センターに入って警戒することが300回以上あったが、そういうことがあったのはたぶん3、4基。一度にICBM50基なんて聞いたことがない」

地下のコンピューターに不適切に挿入されたカードが原因だと空軍は判断し、それを修復した。だが、オバマ大統領はさらに、ミニットマン・ミサイルのサイロのインターネット接続にハッカーが侵入して、数日から数週間にわたって機能不全を起こさせないよう指示した。1990年代半ば、国防総省は、メイン州にある主要な無線送信機がハッカーに乗っ取られるという脆弱性を明らかにした。そこから、潜水艦に弾道ミサイル発射命令を出すことになっていたため、海軍は手順を変更した。突然の発射命令を受けても、別途それが確認されない限り、潜水艦要員は発射しないことになった。[31]

イランのスタクスネットの例のように、内部に入り込んだ者が親指大のドライブを使って感染させようとすると、リスクは急増する。あるいは、重要なコンピューターが制御不能になる危機において、半数のICBMとの通信が途絶え、潜水艦から発射された弾道ミサイル数発もともに途絶えたと想像してみよう。これは米軍の核の指揮管制に対するサイバー攻撃計画が進められている可能性を強く示している。ただちに核兵器発射能力のすべてが失われることになるのだ。

戦略軍司令官ロバート・ケラー〔当時〕は2013年、上院軍事委員会で証言し、サイバー攻撃に対する米国の核兵器の防御は万全だとしつつ、「何が分からないのかが、そもそも分からない」とも認めた。[32] ハッカーは、米国以外の国の核システムを狙うかもしれないが、それは米国と同様に命取りになる。ハッカーがミサイルを発射するのをロシアや中国が止められるだろうかと尋ねられたケラーは、一息ついてから答えた。「上院議員、私には分かりません」[33]

デジタル拒否

国防総省はサイバーの脅威に追いつかなくてはならないことは明らかなのに、残念ながら米軍幹部らは、それを危険なまでに拒否している。２０１３年の国防科学委員会報告書以来、米軍の兵器体系はさらなる自動化とインターネットとの結合が進み、その結果、サイバー攻撃にもろくなった。会計検査院の２０１８年の報告書によると、数十年にわたって国防総省にサイバーのリスクを警告してきたが、同省は最近まで兵器のサイバー安全保障を優先せず、いまだに脅威を示すことが最上なのだと決めつけている。[34]

核兵器を含む兵器システムは、他の情報システムと同じように、サイバーに対する脆弱性を抱えている。兵器システムは、大きくて複雑な「システムのシステム」であり、様々な形や大きさのものがある。しかし、多くの兵器システムが軍事用ではなく商業用で、しかもだれにでも入手可能なソフトウェアに依存し、サイバーにもろくなっている。また、サイバー攻撃防御も、ファイアウォールなど他に汎用性のある安全管理策に依存している。システムがきちんと構築されないと、敵に都合よく利用されたり、出し抜かれたりしてしまう。最後に、兵器システムは人間によって操作される。いかなるシステムであれ、これがサイバー安全保障上の最大の弱点である。

国防総省が開発した多くの兵器について、会計検査院は「任務上つきもののサイバー脆弱性」が見つかったとし、比較的簡単な技術で「よい」ハッカーならこうしたシステムが使え、〔不正侵入に〕ほとんど気づかれていないという。敵のハッカーも同じことができるということになろう。

また会計検査院は、システムの操作者がハッキングに効果的に対応できていない場合があることや、国防総省自身、兵器システム全体がもろいことを知らないと指摘した。理由はいろいろあるが、試験の規模や洗練性が限定的であるためである。会計検査院は「サイバー攻撃で兵器のサブシステムが狙われると、それがソフトウェアに依存しているため、軍事任務全体が機能不全になったり、あるいは犠牲者が出たりする可能性もある」とした。

つまり、国防総省が開発中のすべての兵器システムはサイバー攻撃にもろいということである。驚くべきことに、ほぼすべての兵器システムに商業用ソフトウェアが使われ、しかもそれは、インストール時の既存のパスワードのまま変更されていなかった。この目に余る見逃しのために、テストチームはパスワードを調べて、ソフトウェアの管理権限を取得することになった。会計検査院は「複数のテストチームが、インターネット上に無料で公にされている情報やソフトウェアを使って、兵器システムのセキュリティー管理をすり抜けたり、打ち破ったりできた」と報告した。

同様に、2018年12月の国防総省に関する会計検査院報告書によると、ミサイル防衛局は、機微な情報を保護する基本的なサイバーセキュリティー予防措置をとっていなかった。検査によると、同局は「(ミサイル防衛についての)技術情報に不正アクセスしたり利用したりできないように、情報を処理・保存・伝達するネットワークとシステムを保護していなかった」という。また、機密ネットワークの管理者は、不正侵入を防ぐシステムを備えておらず、サイバー攻撃を監視し、それを止める術がなかった。[35]

そうしたサイバーへの脆弱性は核兵器には当てはまらないと思うかもしれないが、それは間違いだ。報道によると、会計検査院が見直しを求めた計画には、主な核兵器の運搬手段の3つのうちの2つが含まれていた。コロンビア級原子力潜水艦とミニットマンＩＣＢＭである。ミニットマンは、地上配備型戦略抑止として知られているものであるが、取り換えを求められた。[36]

米軍の核兵器は25年かけて交換され、よりサイバーに結合したものになっていく。空軍の科学諮問委員長ワーナー・ダームは２０１６年末、「核兵器システムには、構成を改める必要があるものが多い」と語り、新型の核巡航ミサイルやＩＣＢＭ、そしてＢ－21ステルス爆撃機に言及した。将来的には、「これらは全く別のものと取り換えられることになるだろう。特に、今日あるネットワーク結合型のようなシステムになるだろう」と彼は言った。[37]

２０１９年2月、ハイテン将軍は米軍の核兵器の指揮管制システムについてこう証言した。「そして我々の大きな課題は、古いけれども今はよく機能しているが、10年後には使えないであろうものを、どうやって取り換えるかだ。サイバーの脅威に対処しなければならない現代の科学技術に合わせて、これまできちんと働いてきたものを取り換えるのである。実際のところ、ものが古くなるということは、サイバーの脅威はかなり小さくなるのだ」[38]

ハイテンはこう続けた。「それで、私に考えがある……その基盤にあるのは……攻撃メッセージの経路を無限につくり、そのメッセージがどこにあるか、それが入ってこられるのかどうかをだれにも分からなくするというものだ。これが将来像であり、そのための手段を手にするだろう。より機密性が高いことについて話すには……詳細に立ち入らなければならない」

サイバーの脆弱性についてのこの「無限の経路」アプローチは、攻撃メッセージが入り込むのを防ぐかもしれないが、攻撃経路をより多く与えることにもなり、誤ったメッセージを受け取る危険も増す。つまり、攻撃阻止は減り、誤警報が増えそうなのだ。

２０１７年の国防科学委員会（ＤＳＢ）報告書はこう警告する。「米国は新たな核兵器の能力を再構築しているが、既存のネットワークとつなぐべきではない（つながりやすさによって、より現代的な能力を持つとしても、敵の攻撃を受ける面も増やすことになるからである）。米国は100パーセント信頼できるような効果的な抑止を供給する必要はない。まず集中すべきは、敵が我々のシステムを寸断したり、命令に従わなかったりできる能力を最小化することである」[39]

核は答えではない

米国はサイバーへの脆弱性を減らす努力をしているものの、この科学技術のギャップをすぐには埋められないだろう。退役した国防、情報、軍事関係者らによる2017年の国防科学委員会報告書によると、「残念な現実は、少なくとも次の10年は、敵の攻撃能力の方が、米国が主要なインフラを防御する能力をはるかに上回りそうなことである」。さらに敵は、サイバー攻撃によって我々の反撃を妨害できるかもしれない。[40]

一方、報告書はこうも指摘する。「地域勢力（例えば、イランや北朝鮮）は、国産あるいは外国から購入したサイバーツールを使って、米国の重要なインフラに壊滅的な攻撃をする潜在能力を増強している。国家や非国家主体が、米国に対して執拗にサイバー攻撃したり、費用をかけてサイバー侵入をしたりする能力を持つ。個別にはささいなこと（より大規模な攻撃の一部にすぎない）だが、それが積み重なって、国家の『1千のハッキングによる死』につながるのだ」

核兵器に対するサイバーの危険が明らかに存在するのに、サイバー防衛だけでは対応できないとしたら、何ができるのか？

トランプ政権の答えは、（非核の）サイバー攻撃に対して、核兵器を先制使用するとの脅しをかけることである。（2018年の）核態勢見直し（NPR）によると、トランプ政権は、インフラや「米国と同盟国の核戦力・指揮管制、また、警報・攻撃評価能力」への「重大な非核による戦略攻撃」という「非常事態」においては、核兵器の使用を検討する。[41] また、サイバー攻撃を含む「複合的な潜在リスクや脅威の増大を抑えるため、核能力を使う態勢をとる」としている。[42]

核兵器でサイバー攻撃を抑止しようとするには、いくつもの問題がある。

■属性

まず、だれがサイバー攻撃をしたのかを見極めるのが難しく、時間がかかる。攻撃者はその痕跡を消し、別人のせいに仕立て上げようとするかもしれない。当時の戦略軍司令官ジョン・ハイテンによると、「効果的に止めるには、脅威を見て、特徴づけ、それがどこから来ているのかを見極められなければならない」。[43] 攻撃者の素性を公にさらしたり、サイバーによる報復をしたりするのに自信があることと、核戦争を始める確信を持つことは全く別の話である。

■信頼性

第二に、絶対の自信を持って（ありそうにないが）犯罪実行者を特定しても、それがたとえ大規模なサイバー攻撃であっても、核で報復すると脅すのは、全く不均衡である。よって、信頼性がないし、説得力もないし、そもそも攻撃を止めるのに効果的ではない。核武装した国に対して核兵器を使うぞと脅すのは自殺行為である。非核保有国を核で脅すのは、長年にわたる米国の政策に反しており、その国が核兵器を保有するよい口実を与えるだろう。

■目標選定能力

第三に、犯罪実行者がテロリストや他の国家ではないグループの場合、どこにいるのかが分からない。分かったとしても、攻撃とは何ら関係がない主権国家の中にいるのかもしれない。

■対処

第四に、そして最後に、サイバー攻撃に対して米軍が兵器で報復しようとしても、攻撃そのものによって使えなくなっているかもしれない。

国防科学委員会はこう結論づけた。「ロシアと中国は、サイバー攻撃（や他の手段）によって、米国が軍事力を行使する速度を遅らせ、ばらばらにし、寸断し、可能な場所でそれを無効にする能力の拡大に努めている。そうしたサイバー攻撃は軍事システムに絞って狙うかもしれないし、あるいは民間や軍の活動が依存する民間の重要インフラを狙うかもしれない。軍事システムへの攻撃によって、銃やミサイルが発射できなくなったり、爆弾が爆発しなかったり、あるいはそれらが米軍自身に向けられる……こうした攻撃がうまく組み合わされると、米軍が自国を防衛したり、（同盟国に）拡大抑止を与える信頼性が著しく損なわれるだろう[44]」

サイバー攻撃に対する反撃（サイバー攻撃、非核兵器）が使えなくなり、核兵器が使えると想像すると、物事がすぐに危険なまでにエスカレートする。「米軍のサイバーによる対処と非核戦略攻撃能力がサイバー攻撃に持ちこたえられないならば、大統領は核兵器を使うかどうか、不必要なまでに早い決断を迫られることになる。米軍の核能力は十分にそれに耐えられると想定してのことだ」[45]。核を使わなければ何もないという状況に大統領が追い込まれないようにしなければならない。そもそも、核はメニューにない方がよい。

こうした理由により、サイバー防衛やサイバー抑止、あるいはサイバー対処に頼ることはできないし、対処の一環として核兵器を含めることもできない。その代わりに、サイバー攻撃は止められないものとして、核態勢をとらなければならない。

サイバーは「新たな不確定要素」

核兵器を含むデジタルシステムは脆弱で、ハッキングされる恐れがあり、すでに傷ついているかもしれないとの想定で、政府はそれを運用しなければならない。

現在の米国の核政策は全く練られていないうえに、サイバー攻撃を受ける恐れを加えると、極めてむごいものとなる。サイバーは新たな脅威を増幅するため、米国の核計画の変更を促すようにするべきだ。

元戦略軍司令官ジム・カートライトは2015年にこう記している。「ある側面では、今日より冷戦期の方が状況はよかった。例えば、サイバー攻撃への脆弱性が、新たな不安要素である」[46]

サイバーがもたらす新たな現実により、核兵器使用の決定はすばやくしなければならないという通念に疑問が投げかけられているのだ。米NPO核脅威イニシアティブはこう指摘する。「こうしたシステムのサイバーセキュリティーが進歩しそうにないため、指導者らはサイバーの脅威の可能性を無視する。サイバーの脅威によって起きるリスクを埋めるには、決断までの時間を増やす（警戒態勢の変更を含む）のが唯一の手段かもしれない」[47]

サイバー攻撃の世界では、見た目と実態は異なる。コンピューター画面上で飛来するミサイルは、実際にはそこにはないかもしれない。それは、コンピューターの不具合による誤警報よりもむしろ、国際危機に乗じての洗練されたサイバー攻撃かもしれない。衛星やレーダーからのバックアップ情報が失われたり、軍と核兵器との通信が断たれたりする可能性もある。

大統領がだれであれ、できるだけ長い決断時間を与えなければならない。核使用の専権を持たせるのは危険である。ほとんど相談できないまま即決することになるからだ。兵器を警戒態勢に置き、警報下発射するとなれば、大統領は性急に決めるよう促される。サイバー攻撃の世界では、本当だと証明されるまでは誤警報だと想定すべきだ。これが、核の大惨事に陥らないための唯一の道である。

警戒態勢で核兵器が発射できる状態にあっても、素性の分からないサイバー攻撃は抑止できない。だが、まさにその同じ兵器がサイバー攻撃の標的となって、米軍の世界的な安全保障体制を破壊しうるのである。

賢明な策をとるならば、核態勢全部をリセットするだろう。核兵器を即発射する代わりに、核兵器を使うのは報復に限る態勢を確立する。核を先には発射せず、攻撃が確認された時の報復のみに限定するのだ。

この簡単な模範原則は、第二撃抑止態勢である。先ではなく2番目に発射する態勢をとることで、より合理的で安全なプロセスをつくり、米軍の核戦力を再構築するものだ。これについては、第7章で見る。

しかし、より基本レベルにおいて、核兵器や政府の核兵器管理に対するサイバーの脅威に照らせば、核抑止そのものの現実味に疑問を持たなければならなくなる。核のボタンを押したら機能するという確信を大統領がなくしたら、それに何の意味があるのか？　サイバー革命は核抑止を時代遅れにする潜在力を持つのだ。

第2部　新たな核政策

第5章　先制不使用

ここに核兵器を先には使わないとの保証がある。私の家族、妻、子どもたち、孫たちを死なせたくはない。地球上のだれもが、それを望まない。

——米大統領ジョージ・H・W・ブッシュ[1]
（ソ連の科学者アンドレイ・サハロフの証言による）

2016年9月、米大統領選挙の討論会で、司会のNBCニュースのレスター・ホルトは、オバマ大統領が長年続く核兵器の先制使用政策の変更を検討しており、一方でそれは71年前に広島で実施されたように米国が最初の核使用をする選択肢も残すものだ、との報道を紹介し、大統領候補だったトランプに尋ねた。「あなたは現在の政策を支持しますか?」

トランプは「先制攻撃はしない。核の応酬が起きれば、おしまいだ」と宣言した。一見、オバマや一般的な米国世論と同じく、米国は核兵器を先に使うべきではないとしている。だが、その後に前任の大統領たちが使い古した道に従った。「と同時に、我々は備えなければならない。なくせる選択肢はない」[2]

それでトランプは、オバマらすべての前任大統領たちと、ほぼ同じ立ち位置となった。核兵器を実際に先に使うことはないとしながらも、先制使用や、核による脅しの選択肢は残したのである。

1989年、ソ連の科学者アンドレイ・サハロフは米大統領ジョージ・H・W・ブッシュ（父）一家と面会した。ブッシュが「ここに核兵器を先には使わないとの保証がある。私の家族、妻、子どもたち、孫たちを死なせたくはない。地球上のだれもが、それを望まない」と言うと、サハロフは「しかし、先に攻撃しないと言うのなら、公式声明を出して、それを法制化しなくてはならない」と答えた。ブッシュには返す言葉がなかった。[3]

理性的な大統領が核兵器を先に使うだろうか？　そうは思わない。1945年にトルーマンが原爆を使用して以来、決断の責任を一手に負う米国大統領たちは、それをまた使うことへのほとんど普遍的な嫌悪感を示してきた。広島・長崎以降、朝鮮戦争や、1958年の中国、1962年のキューバ、そしてベトナムなど、原爆使用を考えた米国大統領たちは、それは不要であり、使えないと分かった。これは、核兵器をもっと「使える」ようにしようと多かれ少なかれ考えている核の実務者たち（戦略軍司令官や戦略立案者など）とは全く対照的である。

これは理解できる。大統領たちは核爆弾の破壊力が分かっており、特にロシアに対しての全面攻撃を命じて、大規模な報復を招くことなど想像できない。核による脅しにもっと信頼性を持たせるために「限定的な」核オプションを考えた大統領もいた。けれども、トルーマン以来、核兵器の使用は拒否してきた。それが、少数の核兵器使用であれ、核を保有していない敵に対してであれ、たとえ自身が軍事的劣勢にあってもである。

というわけで、究極的には、核兵器を先に使うような正気を失った大統領がいないのであれば、なぜ米国は先制使用政策を維持しているのだろうか？　そうすべきではない。

バトラー将軍はこう記している。「民主、共和両党の歴代大統領たちは核兵器の使用を考えたうえで、たとえ重大な挑発にあった時でも、核使用だけは拒絶した。今日の安全保障環境において、核使用の脅しというものには、信頼性がなく、軍事的有効性もない」[4]

国防長官時代とそれ以降、私（ビル）は、大統領に核の先制使用を勧めるような状況に直面したり、想像したりしたことはない。いかなる挑発があろうとも、核を先制使用すれば、文明の終わりを招く。リビアの化学兵器施設建設が見つかった時、私はリビアの指導者たちに止めるようにと言った。その稼働を我々は許さないからだ。それを阻止するために核兵器を使うつもりがあるかと報道陣に問われ、私は単刀直入に答えた。「その必要はない。通常兵器で余りある」

下院軍事委員長アダム・スミス（民主党、ワシントン州）は　我々とのインタビューで、こう語った。「先に核兵器を使う合理的な理由があるとは思えない」[5]

先制使用のパラドックス

米国の核の歴史の最大の矛盾の一つは、大統領が核戦争を始める必要もそのつもりもないのに、その選択肢を捨てないことである。米国は事実上、核の先制不使用政策を何十年も続けながら、それを法制化してこなかったのである。

トルーマン大統領はこれまで見てきたように、３発目の原爆使用を嫌ったが、今日あるような先制使用政策を採用した。1948年のベルリン封鎖〔本書37ページの訳注参照〕で、欧州においてソ連は圧倒的な通常兵器戦力を持つ国だと明らかになった。ソ連はまだ核兵器は手にしていなかったけれども、米国は通常兵器だけでソ連を止められなかった。そこで米国は核の脅しによって、ソ連の通常兵器による欧州侵攻を抑止しようとした。[6]

これが、冷戦期の核開発競争の始まりだった。ソ連は1949年に初の核実験を実施した。そして米国は、核爆弾と長距離爆撃機の開発を拡大し、水爆の開発にも着手した。米国の戦略家たちが〔誤って〕考えたのは、米国が核戦力で上回れば、核兵器の先制使用の脅しも効くだろうということだった。

1950年、トルーマン政権は顧問であるジョージ・ケナン（ソ連の膨張主義に対して「封じ込め」で対応する冷戦期の米外交政策の立案者）の提案を拒否した。その提案とは、核兵器の先制不使用政策をとりつつ、核使用について「真剣に検討する」と宣言し続けることであった。[7] それでもトルーマンは大統領任期を次のような言葉で終えた。「将来の戦争は、1回の爆発で数百万の人命を奪い、世界の大都市を破壊し、過去の文化遺産を消し去る。そして、数百世代をかけて、ゆっくりと、痛みを伴いながら築き上げた文明構造をも壊す。そんな戦争は、理性的な人間がとれる政策ではない」[8]

1953年、アイゼンハワー政権は戦術核兵器〔戦場において敵の軍事目標を攻撃する短射程の核兵器〕を生産し、欧州の戦場で使用する多数の核弾頭や核地雷、砲弾、ロケット砲を配備することを決定した。「大量報復」政策を宣言し、ソ連の攻撃に対しては、即時に大規模な核戦力によって対処するとした。これは「安上がりの安全保障」として知られるようになった。ソ連の通常兵力に歩兵や戦車で対抗するよりも、原爆の方が安上がりだからである。ソ連に対する脅威の信頼性を保ち、欧州の同盟国に再保証するため、１９６０年代後半までに米国は数千発の戦術核兵器を欧州に配備した。これに対抗してソ連も大量の戦術核兵器を配備した。欧州で戦端が開かれていたら、防衛用に米ソから送り込まれた兵器によって破壊されただろう。

１９５３年8月12日にソ連が水爆実験を実施すると、ケネディ政権の国家安全保障担当大統領補佐官マクジョージ・バンディはこう記している。「アイゼンハワーにとって、核戦争は自殺行為となるだろう……」[9]。１９５４年の国家安全保障会議でアイゼンハワーは「ソ連から大規模な核攻撃を受けての報復以外には、戦争に踏み込むことはない」と言った[10]。タカ派の国務長官ジョン・フォスター・ダレス〔当時〕も同意し、核兵器保有の「我々の主目的」は、「潜在敵がその兵器を使用するのを抑止することだ」と語った[11]。

原子力時代の他の大統領と同じく、アイゼンハワーは核による破滅を自らの遺産にしたくはなかった。１９５３年に国連で「確かに、そのような破壊において、勝利を見つけられるようなまともな人間はいない。そのような人間の堕落と破壊の歴史と、自分の名前を結びつけられたい人がいるだろうか？」と述べ[12]、１９５７年にも、「このような戦争はできない。通りに転がる遺体を片づけるブルドーザーが足りない」と語った[13]。

核戦争を実施するためのマスタープランである単一統合作戦計画（ＳＩＯＰ）が、アイゼンハワー政権末期の１９６０年12月に初めて策定された。計画の規模は莫大であった。米国は全部で3千発以上の弾頭をソ連、中国とその同盟国に発射できることになった。１９６０年11月にアイゼンハワーは科学顧問のジョージ・キスティアコウスキーをネブラスカ州オファットの戦略空軍に派遣し、計画の状況を視察させた。キスティアコウスキーは計画によって「不必要で望ましくない過剰殺戮につながる」との印象を受けたと報告した。[14] アイゼンハワーが顧問に打ち明けたところによると、計画が示唆することに「震え上がった」という。[15]

一方、世界的な核兵器反対の機運が盛り上がっていた。1961年、国連総会は核兵器の使用は「国連の精神や文書、願いに反し、憲章に直接違反する」との決議を採択した。決議は、その使用による影響は無差別的であり、「国際法や人道法の原則に反し」、いかなる国であれ核兵器を使用することは「人類と文明に対する犯罪行為」であるとした。日本はこの時の決議に賛成したものの、その後は米国に同調して賛成しなくなった。[16]

大統領と核兵器

もちろん、ソ連が通常兵器で欧州に侵攻した場合に、米国大統領が実際に核兵器の使用を命じたかどうかは分からない。そのような命令がなければ、ソ連は西欧の大半を奪ったことだろう。だが、これを阻止するために米国の核兵器が使われたら、世界的な核戦争になり、米ソのすべてと、残りの世界の大半が破壊されたことだろう。

マクジョージ・バンディによると、1961年のベルリン危機の際に、ケネディ大統領はディーン・アチソン元国務長官に核兵器使用の必要性を尋ねた。言葉を慎重に選びながらアチソンはこう言った。「大統領はそれを自問自答し、慎重に一人で考え、選択肢が自ずと浮かび上がるようにすべきである。自身で明確な結論に到達し、それをだれにも言うべきではない」。大統領は忠告に感謝し、会話は終わった。[17]

この議論は、いかに核兵器使用をめぐる大統領の決定が個人的で孤独かを示している。

ケネディに始まる歴代大統領すべてが、核兵器とその使用についての最高機密ブリーフィングを受けてきた。1961年に戦争計画のブリーフィングを受けたケネディは、こうコメントした。「そして、我々は自身を人類と呼ぶ」。[18]ケネディと国防長官ロバート・マクナマラは戦争計画を改定し、全面核攻撃の手前でとどめる選択肢を持てるようにしようとした。それによってケネディは、ソ連の都市ではなく兵器を標的とする「対兵器戦力」と呼び、より人道的だと考えた。しかし、すべてのソ連の通常兵器を標的にするには、膨大な核戦力の構築が必要で、新たに高額な軍拡競争が始まることになる。マクナマラは「確証破壊」と呼ぶ戦術を好み、それは、ソ連の人口の20～25パーセントと産業の50パーセントを破壊するというものだった。[19]これに「相互」が加わり、MADと呼ばれる「相互確証破壊」が生まれた。この相互脆弱性の感覚が、冷戦の特徴の多くを規定した。

原爆開発「マンハッタン計画」の科学技術トップであったロバート・オッペンハイマーは、米国とソ連を「びんの中のサソリのようなもの。お互いに相手を殺す能力を持ち、それは自分の命を落とすリスクを伴う」とたとえ、好戦的なサソリは遅かれ早かれそのリスクを冒すだろうと記した。[20]

相互脆弱性とは、一方が核使用に踏み切れば、他方もそうするため、そこに勝者はいない。よって、核戦争を始めてはならない。マクナマラはこう振り返る。「ケネディ、ジョンソン両大統領とは長時間、個人的に話した。いかなる状況であれ、無条件で核兵器使用を実施しないようにと私は提案し、彼らはそれを受け入れたと思う」[21]

ケネディは1962年、こう表明した。「次の戦争に勝者はいないだろう。理性的な人間であれば、核兵器を持つ大国間で戦争が勃発するなどとは望まない……もし、勝つために核戦争をしようとする者がいるならば、次の核戦争に勝者はいないと忠告しておこう。もしいたとしても、その国も他の国々も手厳しい返り討ちに苦しむことになるだろう」。ケネディはさらにこう続けた。「よって、人類が自滅する時代において、我々は注意深くその責任を果たさなければならない」[22]

マクナマラにとっては、核兵器は使えるものではなかっただけのことだ。「核弾頭は伝統的な意味での軍事兵器ではない。よって、敵がそれを使うのを抑止する以外の軍事目的はない」[23]

ニクソン大統領は1969年1月に初めて戦争計画のブリーフィングを受けた。ニクソン政権の国務長官ヘンリー・キッシンジャーによると、「それ（計画）は彼を熱狂させはしなかった」。国家安全保障会議（NSC）のスタッフによると、ニクソンは核のブリーフィングに「仰天した」。彼に与えられた選択肢は、数千発の大規模な核攻撃だけだったからである。2～3週間後、NSCの会議で話題が核戦争シナリオに移ると、ニクソンはこう述べた。「（ソ連が）どうしようが、彼らは都市を失う……なんという決定だ」[24]

キッシンジャーも同感だった。1971年8月のミーティングでこう説明している。「よく自問するのだが、どんな状況であれば自分は大統領にSIOPの実施を勧告できるのだろう。これによって少なくとも5千万人規模が犠牲になると分かっていながらである」[25]

数年後、ニクソンの考えについて、SIOPの実施に言及しながら、キッシンジャーは言った。

「それがすべてであれば、(ニクソンは) 実施しなかった」。ブリーフィングの直後、彼は元国防長官のマクナマラに電話し、「これができることの中で最善なのか?」と尋ねている。その2~3年後、キッシンジャーは珍しく倫理的な懸念に触れながら、こう述べた。「8千万人を殺害する選択肢しか持たないことは、非人道性の極みである」[26]

1969年5月11日、ニクソンは、ボーイング707型機を改造した国家緊急時空中指揮ポスト機(NECAP) に乗り、核戦争シミュレーションに参加した。大統領首席補佐官H・R・ハルデマンによると、それは「実に恐ろしかった。情報・作戦ブリーフィングが妨害された。より現実味を持たせるためだった」。ニクソンは「核兵器の能力や殺害の結果についてたくさん質問した。明らかに数百万人の人命が軽く扱われていることを心配していた[27]」。

と同時にニクソンは、核の脅威の主であろうとした。それは彼の「狂人理論」のカギとなる側面だった。ハルデマンはこう記している。

ニクソンはベトナム戦争を終わらせたかっただけでなく、それを大統領就任1年目にやるのだと決めていた……脅威がそのカギであり、その理論にフレーズをつけた。……(1968年のニクソンの大統領選挙キャンペーン期間中の) 演説書きの長い一日を終えて、霧に包まれた海岸を歩いていた。彼はこう言った。「ボブ、私はそれを狂人理論と呼ぼう。私(ニクソン)は戦争を止めるためなら何でもすると北ベトナムの人々に信じさせるのだ。その言葉を口にして、神のために、ニクソンは共産主義のことで思い悩んでおり、彼が怒ったら手がつけられない。彼の手には核のボタンがある。ホーチミンは和平を乞うため、２日以内にパリにいることだろう」[28]
ベトナム戦争はそのようにして終わったわけではないと明記しておきたい。狂人理論はそこまでであった。ニクソンには核爆弾が使えそうにないと分かっており、よって、彼の脅しは信用できない。国内と国際世論において、多大な政治的コストを払うことになる。キッシンジャーはニクソンに、そうした行為が市民の大きな犠牲を生むと警告した。「あなたは虐殺者だとして、世界が立ち向かってくるようなことにはしたくない」と。[29]

ニクソンのタカ派の顧問で、後にレーガン政権の国務長官になるアレクサンダー・ヘイグは、先制使用の矛盾を理解し、こう記している。「たとえ我々自身が心の底からそれ（核兵器）を使うことはないと決めていても、優れた軍事力があるだけで、大惨事の恐れから抜け出せるものだ」。[30]ヘイグは、ソ連の攻撃から欧州を守ること以外に、米国大統領が核爆弾を使うことはないと信じていた。

そして、この理論は試された。１９７０年代、ソ連は新たな核兵器であるＳＳ−20中距離ミサイルを配備した。ソ連西部に多数を配備し、米国の同盟国である欧州のＮＡＴＯ諸国すべてを射程に収めたが、米国の直接的脅威ではなかった。これにより、ＮＡＴＯ諸国はこんな疑問を抱く。ソ連が米国ではなく欧州のＮＡＴＯ諸国を攻撃したら、ソ連の報復を呼ぶリスクを冒してまでも、米国はソ連に対して核兵器を実際に使うだろうか？　別の言い方をすれば、ロンドン、パリ、ハンブルクを救うために、米国大統領はニューヨーク、ワシントン、シカゴをリスクにさらすのか？

この疑問を払拭するため、ソ連のＳＳ−20配備に対抗すべく、米国はＮＡＴＯの承認を得て、地上発射型中距離巡航ミサイル（GLCM）とパーシングⅡ弾道ミサイルの欧州配備を決定し、モスクワや、ロシア、ウクライナ、ベラルーシ内の標的を攻撃できるようにした。これは米国を欧州により「結合」させる意図があり、いかなる核紛争であれ、ソ連、そして米国が含まれることを確認するものであった。

だがそれは、数百発のミサイルでソ連とNATOが対峙していることから、ソ連を含む欧州全域に死と破壊をもたらすリスクの高い戦略であった。

1980年夏、カーター大統領は、予期される核戦争を制限する道を模索していた。同年7月の大統領令第59号に署名し、標的の範囲を変えた。カーターの新たな計画では、ソ連の政治指導部への攻撃に比重を移し、限定的な核攻撃を構想した。

レーガン大統領はとりわけ、危機において核使用の決定をしなければならないかもしれないことを嫌がった。実際、彼が大統領に就任する前、ソ連が米国をミサイル攻撃しているとの警報に対処して、彼が核による報復を命令できるのかどうか、高位の顧問らは疑問に思っていた。SIOPブリーフィングによって、彼の反核感情が高まったのかもしれない。

レーガンがミサイル防衛を強く支持したのは（第8章参照）、核兵器への反感に突き動かされた面もあった。大統領就任前、彼はこう思案している。「我々はそれだけの費用を投じ、あらゆる道具を手にしているのに、核ミサイルが飛んでくるのを止められない」。彼は核戦争に直面した大統領がとれる選択肢を理解しており、「そのボタンを押すか、何もしないかである。どちらもダメだ」[31]。

レーガンは相互確証破壊の概念を拒否した。危機において、大統領として、世界の運命を決する核兵器についての決断をしなければならないことを恐れたのである。１９８１年、イスラエルがイラクの原子炉を爆撃した際、彼は日記にこう記した。「ハルマゲドン（最後の大決戦）は近い」

大統領として、レーガンは財布を持ち歩かなかった。「ポケットにはカギがない。あるのは秘密の認証コードが書かれたカードだけだ。それは世界の終わりをもたらすことができるのだ」と記した。

１９８２年3月、レーガンはアイビーリーグと呼ばれる核戦争シミュレーションに参加した。それは首尾よくいかなかった。ホワイトハウス顧問のトーマス・リードはこう振り返る。「始まって1時間以内に、レーガン大統領は米国が消滅するのを見た。その3月の月曜日に、ソ連の核攻撃が米国に何をもたらすのかをロナルド・レーガンがはっきりと理解するようになったのは間違いない[32]」

その演習後、レーガンは戦争計画についてのブリーフィングを受けた。リードによると、それは「その前のソ連の攻撃の提示と同じくらい恐ろしいものだった」といい、「レーガンがうなずくだけで、帝国ロシアの栄光も、ウクライナ農民の希望や夢も、カザフスタンの開拓地も、すべて消える。米国民に何ら害を与えていない数千万の女性や子どもをも焼き散らすものだ[33]」。

１９８３年、ＡＢＣテレビのドラマ『ザ・デイ・アフター』を見たレーガンは、戦争計画についての別のブリーフィングを受けた。レーガンはこう振り返っている。「ブリーフィングで述べられた局面とＡＢＣドラマのそれとは、いくらかの点で似ていた。国防総省には依然として核戦争に『勝てる』と主張する者たちがいたが、正気の沙汰ではないと私は思った。さらに悪いことには、ソ連の将軍たちの中にも核戦争に勝つことを考えている者たちがいた[34]」。2年後、レーガンとゴルバチョフは「核戦争に勝者はいない。それを戦ってはならない」との歴史的な声明を出した。

レーガンは大統領任期の最終日まで、核発射の認証コードが書かれたカード（通称「ビスケット」）を携帯しなければならなかった。彼はそれを手放して重荷から解放されたかったが、国家安全保障担当大統領補佐官のコリン・パウエル将軍は「まだ手放してはいけません」と言った。レーガンは、次の大統領にジョージ・H・W・ブッシュが就任するまで、それを軍の側近に手渡すことができなかった。[35]

冷戦期の終わりに向けて、ゴルバチョフとレーガンは、これらの兵器がいかに世界にとって危険であるかを見て、レイキャビクの首脳会談において核兵器の全廃を話し合った。その高尚な目標は実現できなかったが、１９８７年の中距離核戦力（ＩＮＦ）全廃条約に直接つながった。そうして、ＳＳ－20やパーシングやＧＬＣＭといったすべての中距離ミサイルが撤去され、欧州の危機は終わった（と我々は思った）。

形勢を逆転する

ＩＮＦ全廃条約の後には劇的な展開が続いた。ワルシャワ条約機構とソ連は１９９１年に解体し、冷戦の終わりを示した。ほとんど一夜にして、通常兵器の軍事バランスは西側優位に転じた。今日、欧州には米軍の核先制使用によって調整しなければならないような通常兵力の脅威の不均衡はない。逆転したのである。アレクサンダー・ヘイグが描いた先制使用のシナリオはもはや存在しない。

冷戦終結は、先制使用の英知を大統領が再考できるということを意味した。冷戦後初の米大統領ビル・クリントンに仕えた国防長官レス・アスピンは核態勢見直し（ＮＰＲ）を実施し、先制不使用政策は新たな不拡散政策の一環となりうると話した。しかしながら、そのＮＰＲにも、それに続く２つのＮＰＲにも、先制不使用宣言は盛り込まれなかった。米国の同盟国から安全保障が損なわれるとの懸念が示されたことが大きな理由である。その誤った考え方が、今日でも先制不使用政策の壁となっている。

残念ながら１９９３年、弱体化したロシアは先制不使用政策を転換し、今や通常兵力で優位に立つ西欧に対抗する決定をした。ＮＡＴＯがポーランド、ハンガリー、チェコ共和国、そしてバルト諸国へと拡大する一方で、ロシアの安全保障環境は悪化し続けた。通常戦力での戦闘で劣勢になり、ロシアの国家存亡に関わる場合に限って、ロシアは核兵器を先に使用するとしている。これは、冷戦期のＮＡＴＯの先制使用政策に似ている。

オバマと先制不使用

最高機密の核政策ブリーフィングを受けたオバマ大統領は、人生において最も考えさせられる経験だったと側近に話した。オバマは「自分は6種類の方法でいつでも吹き飛ばせるような世界を引き継いでいるのだ。それが起きないようにするために、いくつかの強力だが限定的でうさんくさい道具もおそらく持つのだろう」と語った。[36]

オバマは２００９年4月、就任1年目にして、「核兵器のない世界の平和と安全を追求する」意図を表明した。政権が米国の核政策の見直しを始めると、先制不使用宣言を含む大幅な変更への期待があった。しかし、２０１０年の核態勢見直し（ＮＰＲ）は的外れなものであった。それは確かに、非核保有国に対して米国が核兵器を使うことはないし、不拡散義務に従うと明記している（1978年以来、そうした政策は様々な形で、記載されてきた）。核保有国の通常兵器攻撃に対しても核兵器を使う必要はないとも述べている。

だが、オバマのNPRは先制不使用政策を裏書きしなかった。態勢見直しの最終原稿にはこの見方が含まれていたと報じられているが、結局、国家安全保障会議の上級顧問が先制使用オプションを維持するよう大統領に告げたという。テロリストが生物病原体をまき散らすようなことを阻止するために即時の核攻撃が必要かもしれないとの議論をしたとされる。

化学・生物兵器（通常兵器とは異なる）に対する核兵器使用は、常に先制不使用宣言の壁となり、米国の「戦略的曖昧性」政策を正当化してきた。例えば、1991年の湾岸戦争直前、当時の米国務長官ジェームズ・ベーカーはイラク外相に対して「そちらが化学・生物兵器を米軍に使ったら、米国民は報復を求めるだろうし、我々にはその実行手段がある」と告げた。ベーカーは言う。「私見では、イラクがわが軍に化学兵器を使わなかったのは、この警告が効いたのかもしれない。たぶんそうだろう。その警告は、米国が保有するすべての兵器の使用を含むものだったのだから[37]」

ベーカーはこのケースで、核の脅しが効いたと信じているかもしれないが、真相を知る術はない。複数の米政府高官の回想によれば、戦争勃発前の1990年12月、イラクが化学兵器を使おうとも、ブッシュ（父）は核や化学兵器を使わないと決めていたという[38]。

オバマは先制不使用宣言、すなわち、核兵器の目的を敵の核使用の抑止に限る「唯一の目的」（つまり報復のみ）を実施するのではなく、米国の通常兵器だけではまだ十分ではないと判断した。言い換えると、生物兵器の脅威に対抗するというような、核兵器の先制使用の選択肢を残しておきたいようなシナリオがあると、オバマの顧問らは考えていた。しかしながら、非核の敵による生物（または化学）兵器の脅威に対抗するために核兵器使用の脅しをかけても信頼性がないと思われるし（そんなことをする大統領はいないだろう）、その必要もないし（その代わりに通常兵器が使える）、よって軍事的価値がほとんどないだろう。それ以上に、このありそうにないシナリオのせいで、オバマ大統領は先制不使用宣言をするという収穫が得られなかった。偶発的戦争の脅威を減らしたり、米国の不拡散政策への支持を構築したりする機会を逃したのである。

先制不使用宣言は却下されたものの、ＮＰＲでオバマ政権は国家の安全保障上の利益になるとして、「唯一の目的」政策実現のための環境づくりを追求することを明らかにした。

大統領任期の最後の年、２０１６年にオバマは再び先制不使用宣言を試みた[39]。米軍の能力やありうる脅威についてよく知っている国防総省の元高官ら、ビルや元戦略軍司令官のジム・カートライトらは、先制不使用を全面的に支持していた。カートライトによると、「今日の核兵器に、敵の核兵器の先制使用抑止を超えるような目的はない[40]」。

だが、それでは十分ではなかった。オバマが個人的に先制不使用を支持していても、閣僚たち（国防、国務、エネルギー）や同盟国の警戒によって覆された。特に、日本の首相、安倍晋三は先制不使用への反対を個人的にオバマに伝えたと［２０１６年8月15日付ワシントン・ポスト紙で］報じられた。米国の先制不使用政策によって、安倍は中国や北朝鮮と通常兵器による戦闘の可能性が増すことを恐れたとされる。それ以上に、先制不使用政策によって、米国の日本防衛への関与が弱まることへの懸念が、日本の反対の基礎となっていたという。[41]

オバマ政権内部で核政策検討の一翼を担ったジョン・ウォルフスタールによると、オバマ政権は先制不使用を却下したのではなく、それを周知して決定する時間がなかった。「私は（国家安全保障担当大統領補佐官の）スーザン・ライスや大統領にメモで伝達したが、オバマ政権として先制不使用を宣言すると決め、実際に同盟国の支持を得るだけの時間が残されているとは思っていなかった。それには時間がかかるのである」[42]

政権内には様々な見方があったものの、オバマは先制不使用政策を採用することが依然としてできたのだが、そうしなかった。その代わりに、トランプ大統領就任直前の２０１７年１月、オバマ政権の副大統領ジョー・バイデンが演説でこう述べた。「我々の非核の能力と今日の脅威の特徴を考えれば、米国が核兵器を先制使用しなければならないような、もっともらしいシナリオは描けない。わが国や同盟国に対する〔生物・化学兵器、サイバー攻撃といった〕非核の脅威を抑止し、防衛する。それは核兵器以外の手段によって実現できると、オバマ大統領と私は自信を持っている」[43]

ウォルフスタールにとって、この声明が意味するところはこうである。「彼らは8年にわたって、いくつかの常軌を逸した物事とともに生きてきた。これまでにホワイトハウスで働いてきた人々と同じように、彼らは同盟国の懸念や米国に対する脅威を理解していた。そして、核の先制使用がこうした脅威への対処として意味があるとも思っていなかったのである」[44]

結局、オバマはそれ以前の大統領たちと同じ立ち位置に終わった。核兵器を先に使うつもりはないが、その政治力を使って公式の政策にすることはできなかった。オバマ政権は、先制不使用について何ら決定しなかったのである。

トランプと先制不使用

大統領候補として、ドナルド・トランプは核兵器の先制使用を除外することを拒否したが、それを使いたいとも思っていないようだった。「核兵器を使わなければならないような立場にならないように、全力を尽くす。それが私にとっては非常に重要だ」[45]。しかし、ホワイトハウスに入ると、核兵器を使うことにやぶさかではないとほのめかした。「世界が見たことがないような炎と怒り」をもって北朝鮮を脅したのである。

トランプ政権は2018年のNPRで、米国の核政策の危険な変更を行い、核兵器の先制使用ができる状況を増やした。敵が核保有国であれ非核保有国であれ、サイバー攻撃のような非核の攻撃を受けた場合の対処として、米国は核兵器を先制使用できるようにした。これは、それまでの政権の政策からの劇的かつ歓迎できない変更である。

トランプ政権は〔爆発力を抑えた〕「低出力」の核兵器の配備を計画している〔2020年2月、米海軍の潜水艦に配備した〕。通常兵器で劣るロシアが、敗勢になればそうした「低出力」の核兵器を使うかもしれないと考え、米国もそれに対処するとしているのである。しかしロシア側は、紛争を「段階的に縮小」させるために、核を使うレベルにまで紛争をエスカレートさせたりはしないとして、米国の主張を否定している。

ロシア大使のアナトリー・アントーノフは、こう述べている。

我々にとって目に余る別の例が、ロシアの核ドクトリンには「緊張緩和のための段階的拡大」という概念が含まれており、「限定的で低出力の核攻撃」を先に行う可能性があるというものである。この信念は広く共有され、２０１８年2月の米国の核態勢見直しでも言及されている。明らかに、この主張は批判に耐えられないだろう。疑いを持つ者はみな、ロシアの軍事ドクトリン第27条を見ればよい。それには簡潔にこう書いてある。わが国は「わが国や同盟国に対して核兵器や他の大量破壊兵器の使用があった場合や、通常兵器による攻撃によって国家存亡の危機に陥った場合に、核兵器を使用する権利を留保する」。よって、ウラジーミル・プーチンが言う通り、「我々の戦略には核兵器の先制使用は含まれない……我々のコンセプトは報復のための反撃である」[46]。

ロシア側の否定にもかかわらず、低出力の核爆弾というトランプの提案は、先制不使用に反対する、古びて信頼性のない議論を蒸し返した。核戦争は、小さく始めれば、管理でき、制御不能の全面的な核のホロコーストに至るようなことはない、というものだ。

低出力核兵器の神話

限定的核戦争を主張する者たちは、二つの核保有国間で核の応酬はこれまでなかったので、事態がどのように進むか分からないという幸せな事実を、都合よく利用している。彼らが言うには、一方が

「低出力」の核兵器を使えば、他方もそのレベルにとどまる。両方の完全破壊を意味する全面戦争にはエスカレートさせたくないからである。

だが我々（共著者であるビルとトム）にとっては、これこそが、そもそも、どんな出力であれ、核兵器を使うべきではない理由である。いったん核兵器で攻撃を受けた国は激怒し、続いて全面攻撃がくると考えて、持てる力のすべてを使って対処しようとするだろう。敵は限定的な反撃しかしないだろうというのは、希望的観測であり、極めて危険である。

政策立案者たちは机に向かって衝突を避けながら緊張緩和する方法について書くのだろうが、現実の戦争においては、彼らには決定権がない。実際のところ、大統領も兵器使用のすべての決定を管理できないだろう。戦争の熱と霧の中で、決定は戦闘中の指揮官たちが下し、戦闘の状況に沿って、自軍が優位になるような兵器の使用を決めるのである。

根本的に、限定核戦争なるものはなさそうであり、それに備えるのは愚かである。ロナルド・レーガン大統領のトップ外交官（国務長官）を務めたジョージ・シュルツは「核兵器は核兵器である。小さいのを使ったら、続いて、より大きいのに行く。思うに、核兵器は核兵器なのであって、そこには明確に一線を引く必要がある」と語る。[47] 元国防長官ジム・マティスもこう言う。「戦術核兵器なるものはないと思う。いつ何時使われようと、核兵器は戦略的なゲームチェンジャー〔状況を変えるもの〕になる」[48]

連邦議員アダム・スミスは、2019年の核政策会議の基調講演でこう述べた。「ロシア側に伝えたいことの一つは、事態がロシアの考えるようには進まないということである。そちらが核兵器を使ったら、こちらも対処するだろうし、それが『釣り合うかどうか』などは気にしない。核兵器は核兵器である。そちらが使えば、こちらも核で攻撃する。だから、やめておけ」[49]

何十年間も米国の政策立案者たちは、限定核戦争に備えるのは狂気の沙汰であると認識していたが、この考え方は死なない。マクジョージ・バンディ、ジョージ・ケナン、ロバート・マクナマラ、ジェラルド・スミスは、1982年のフォーリン・アフェアーズ誌に共同論文を発表した。

最小限に抑えたとしても、核兵器の使用が限定的なものにとどまると確実に言えるような、説得力のある理由はついに見つけることができなかったと認める時である。25年以上にわたる真剣な政策や軍事演習が示しているのは、たとえ最も抑制的な戦場での核兵器使用であっても、民間人の生命や財産にとっては極めて破壊的なものとなることである。そのような核の使用が、さらなる破壊的な応酬につながらないとは、だれにも言えない。欧州での核兵器使用は、それが我々の同盟国によるものであれ、同盟国に対するものであれ、全体的な核戦争へとエスカレートするリスクを必然的にはらみ、それはすべてを廃墟にして、そこに勝者はいない。

世界的な全面核戦争の大惨事を防止する境界線は、核兵器以外によるあらゆる戦闘と、いかなるものであれ核兵器の使用との間にある。その防火帯を広く、強くしておくことが、全人類にとっての深淵なる利益である。振り返ると、この国がこの現実により迅速に対処してこなかったのは、実に驚くべきことである。最も限定的な核兵器の使用であってもすさまじい結末を招き、それが両方とも無制限にエスカレートさせないとの保証ができないことを考えれば、どちらかによる核兵器の先制使用の効果を認めるという政策の英知には深刻な疑いがあって当然である。よって、先制不使用政策の可能性や要件、困難さ、優位性について検討することは時宜にかなうと思われる。[50]

先制不使用の時

いかなる現実的なシナリオにおいても、米国が核兵器を先制使用する必要はない。米国は世界で比類なき通常兵力を持ち、自国や同盟国への非核攻撃の脅威を抑止したり対処したりするために核兵器は不要である。生物兵器に対しても核兵器は必要ない。それ以上に、トランプ政権が非核保有国に対しても先制使用の選択肢を残していることで、米国の不拡散政策の目標を妨げている。米国自身が非核の脅威に対して核兵器が必要だと言いながら、どうして他国に対してそれは必要ないと説得できようか？

米国は核兵器を先制使用したことはないけれども、核の脅しを使ったことはあるので、その選択肢は今後もやめるべきではないと主張する人もいるだろう。ベルリン封鎖や朝鮮戦争、ベトナム戦争、キューバ・ミサイル危機、イラク戦争などにおいて、米国は先制使用するとの脅しをしてきた。[51] 軍事危機において大統領が「すべての選択肢が机上にある」というのを聞いたことがない米国人はほとんどいないだろう。

明らかに、米国大統領たちは核を使うことに強く躊躇した。その証拠に、1945年以来、核爆弾は攻撃には使われていない。軍事的膠着状態にあった朝鮮半島や、敗北したベトナムでもそうだった。

ただし、核の脅しについては明らかに、核使用と同じようには抑制してこなかった。

幸いなことに1945年以来、こうした数々の脅しが実行に移されたことはなかった。その多くは間違いなく、はったりだったが、全部がそうではなかったかもしれない。うまくいったものがあっただろうか？　それを知るのは難しい。いくつかのケースでは、脅しによって敵が計画していた振る舞いを変えられなかったかもしれないし、変わったとしても、関係のない理由によるものだったのかもしれない。しかし、脅しが効果的だった少数のケースもあったかもしれない。いずれにせよ、政権高官たちには効果的だと見られてきたのである。

核の脅しは必要であり、米国と同盟国の安全保障に不可欠だとの信念によって、これまでの大統領は、公式に先制不使用の誓いをしようとしてこなかったとは説明できよう。他国に核兵器を保有させず、核不拡散条約（NPT）を支持するように説得できるという明らかな利益があるにもかかわらず、米国は先制不使用政策をとろうとはしてこなかった。この分野での米国のリーダーシップ不足により、核兵器を非合法化してその拡散を止めるという、より大きな目標を主導することが非常に難しくなっている。

今日、核の脅しの価値は下がっており、もはや値がつけられない。先制使用の選択肢維持によって、いかなる利益よりも国家安全保障のコストがかかっていることを、米国は認識する時である。大統領たちが正当にも核兵器使用をためらったということを思えば、核を先制使用するとの脅しは単に信用できないし、信じられるべきでない。先制使用の選択肢を捨てれば、米国政府には明らかな利益がある。勘違いした大統領が一方的に核攻撃をしてしまうことが難しくなり、ロシアにも先制不使用をするように迫る「てこ」になる。こうして偶発的戦争のリスクは減り、国際社会で不拡散の努力への支持を得る能力を拡大できる。

上院議員ダイアン・ファインスタインはこう語る。「核兵器の唯一の道徳的な目的は、他の核保有国がそれを使うのを抑止することである。核戦争をしないと明言して国際規範を強化すれば、我々はより安全になり、いつの日か外国勢力が、無害のロケット発射や非核の軍事行動を核攻撃だと誤解するような真のリスクを最小化できよう[52]」

日本のような米国の同盟国は、米国が先制不使用政策をとることに反対しているが、米国の核の脅しには信頼性がなく、日本を安全にはしないと気づく必要がある。実際に、恐るべき核の脅しによって、他の脅しが効かなくなる。同盟国は先制不使用を支持し、より強化した不拡散政策に努める方がよい。もちろん、危機においては、米国は日本（と他の同盟国）の防衛にあたるが、その危機が核攻撃を含むのでなければ、米国の核の脅しは不要である。

核攻撃にさらされた唯一の国として、そして核兵器廃絶を支持するものとして、日本は核の先制不使用をその目的の第一歩として支持すべきである。すべての国が先制不使用政策を宣言すれば、その宣言には信頼性が生まれ、兵器が不要となってその廃絶に協力できるだろう。先制不使用に反対することで、日本は核軍縮の原則そのものに反対しているのである。

最後に、米国は先制不使用政策を推進することで、強力な米国の価値を守ることになる。米国の核兵器の唯一の目的は、他者がそれを使うのを抑止することである。超党派の約90パーセントの米国人が、核兵器の唯一の目的は、他国が米国を攻撃するのを抑止することだとしている[53]。

第6章　いかに2兆ドルを費やさないか

トライアド（米国の核戦略の3本柱）や、我々が保有する核兵器数の論理的根拠は、もはや存在しない。

——下院軍事委員長アダム・スミス[1]

2兆ドル〔約214兆円〕あったら、あなたはどうするか？　スポーツチームを買収するかもしれないし、アップルとアマゾンも買収するかもしれない。環境問題を心配しているなら、5千万台の電気自動車を買うかもしれない。全米の学生ローンを払ってあげたり、米国の医療に投資したり、崩れたインフラを再建したり、あるいは、150隻の空母も買えよう。

米国は核兵器の維持と更新のために、今後30年間で約2兆ドルを費やす計画である。[2]　これは同時期に国務省全体で費やす額以上である。そうだとしても、このレベルの費用が米国の安全保障を確実にするために必要であれば、我々は支持するだろう。だが、現在計画されているのは冷戦期の核戦力を再建するというものであり、それは我々の安全を損なう。

これはどういうものなのか？　現在の計画では、まるで冷戦が終わっていないかのように、新たな核兵器をつくるよう求めている。この計画は巨額のコストを伴うだけでなく、大きな危険も伴う。冷戦期の核兵器は明白な抑止力を提供したが、深刻な安全保障上のリスクも伴った。誤解や事故によって、核戦争が始まってしまう恐れがあった。そして、そのリスクは単なる理論上のものではない。冷戦期には少なくとも5回、我々は核戦争の瀬戸際に立たされた。過去において、我々はこうした大きなリスクとともに生きてきた。それが必要だと考えられたからである。だが、そうしたリスクをとり続けるべきではない。核戦力のあり方を真剣に検討し、必要なものだけを取り換え、残りは退役させる時である。

他国が核兵器を保有する限り、米国も強力で抑制的な核抑止力を持つことを我々は支持する。だが、兵器すべてを更新する必要はない。核兵器に費やす費用と同じだけ、主軸の通常兵器や対テロ・サイバー攻撃用兵器にかける費用が削られることになる。

冷戦期、米国にとって最大の脅威は、ソ連からの奇襲核攻撃であった。我々の核戦力は、ソ連からの第一撃を抑止するよう設計された。振り返ると、ソ連が挑発的な攻撃を仕掛けたことはなかったし、これからもしないだろう。そうする動機がロシアにはない。今日、最大の危険はロシアの奇襲ではなく、米国かロシアがしくじって、偶発的に核戦争に陥ることである。兵器購入の決定には、この簡単な原則を使うべきである。もし核兵器が偶発的な戦争のリスクを高め、意図的な攻撃の抑止に必要ないのであれば、それを買うべきではない。

わが国には今、冷戦期の正しい教訓を学び、正しい兵力を構築する歴史的機会がある。残念なことに、現在の計画は誤った教訓をくみとっている。いまだに数兆ドルをかけて、まるで最大の危険がロシアの奇襲攻撃であり、偶発的核戦争ではないかのような計画を立てている。だが我々は同時に両方を計画できない。どちらかを選ぶ必要がある。奇襲攻撃に備えることで、偶発的戦争の可能性が高まる。一か八かで放射性物質を浴びてしまうような賭けに興じているようなものである。

すぐに行動すれば、まだ正す時間はある。米国は危険なまでに誤った核の近代化計画に踏み込んだ。もし主要な脅威を偶発的戦争にシフトしたら、この計画はどうなるだろうか？

ICBMの問題

我々はそれをアッパーミッドウェストと呼ぶ。核用語では、「核のスポンジ」として知られる。米国は現在、コロラド、モンタナ、ネブラスカ、ノースダコタ、ワイオミング州にかけて、数百発の核ミサイルをサイロに配備している。それぞれのミサイルは、広島原爆の何倍もの核爆発力を持ち、数百万人を殺戮できる。国防総省は、これらのサイロに新たなより殺傷力のあるミサイルを収める計画である。

機動力のある潜水艦や爆撃機と違って、ICBMは無防備な標的である。ロシアはその居場所を正確に把握し、いつでも攻撃できるが、抑止されている。米国の潜水艦や爆撃機が警戒にあたっており、ロシアのそうした自殺行為があれば、報復するからだ。だが、ミサイル警報を受けた米国大統領が、そうした攻撃が実際に来ていると信じ込んだら、どうするか？

攻撃警報を受けた大統領には、二つの主な選択肢がある。①攻撃がやってくる前にICBMを発射する（警報下発射、攻撃下発射として知られる）か、②本当の攻撃かどうか見極められるまで待つ。本当だったら、ＩＣＢＭのほとんどは破壊されるだろう。

選ぶのは簡単だ。攻撃警報下で核兵器を発射するのは、あまりにもリスクが高すぎる。米国の早期警報システムは、人的ミスは言うまでもなく、誤警報やサイバー攻撃に脆弱である。オバマ政権下の国防総省で核政策を担当したジム・ミラーは２０１９年にこう述べている。「私が関わった核態勢見直しでは、攻撃下発射をしないようにとの方向で少しは進めた。この努力を続けることが大切だ」[3]

２０１３年の国防総省報告書は、この転換を反映し、こう述べている。「奇襲核攻撃の可能性が著しく低下したことを認識し、米国の計画における攻撃下発射の果たす役割を低減させ、指示があれば攻撃下発射できるような、さらなる選択肢を国防総省が調べるよう求める」[4]

オバマ政権が警報下発射から離れる主な手段の一つが、ＩＣＢＭを使わずとも報復可能だと確認することであった。言い換えると、すべてのＩＣＢＭが破壊されても、米国は核の第一撃に対して完全に対処できる。よって、攻撃にさらされつつある大統領があわててＩＣＢＭを発射する必要がない。単にＩＣＢＭは効果的対処に不要なのである。

ジョン・ウォルフスタールはインタビューでこう語った。「大統領が規定した我々の任務を達成するために、もはや地上配備型のＩＣＢＭを使う必要がない。生存可能なシステム、つまり潜水艦によって、敵の攻撃は抑止できる……被害を抑えるために最前線に配備する砲撃戦力からＩＣＢＭを取り除くことができた。それでも『攻撃を乗り切れる』と言えた」。さらにウォルフスタールは続けた。「それについて良いことの一つは、実際にはそうしなかったのだけれども、『ああ、もうＩＣＢＭはいらないよ』と言えたことだった」[5]

さらに言えば、ＩＣＢＭを発射したところで、実際の攻撃を止められるわけではない。単なる対処の一環であり、爆撃機や核潜水艦からの発射もそれに含まれる。

元国防長官ジム・マティスは警報下発射の選択肢の維持を支持しており、こう語る。「警報下発射する必要はおそらくない。ミサイルが上空にあれば、抑止は失敗したのであって、報復しても飛来するそれらのミサイルを止められないだろう。よって、（必要なのは）深呼吸して、どうするかを決めることだ……」。マティスは続けた。「しかし、抑止を効かせるためには、もし攻撃しようものならば、敵の首都やその他の場所の息の根を止めることを明確にしておかなければならない。敵が攻撃すれば、我々も即座に感情的に対処することになる。それは、研究し、熟考したプロセスであるべきだ。敵からのさらなる発射を阻止する場合に限り、即時の反撃発射が必要となろう」[6]

しかしながら、即時反撃発射をしても、ロシアからのさらなる発射は止められないだろう。ロシアがすべてのミサイルを同時に発射するのでなければ、脆弱な兵器をまず発射し、耐久性のあるものは後にとっておくだろう。ロシアのＩＣＢＭサイロに対する米軍の反撃は、空っぽの穴に到達することになろう。

直感に反しているかもしれないが、大統領がＩＣＢＭを「使うか、失うか」の決断に迫られた時、最良の決断はそれを失うことだ。誤警報であれば、自制したことで世界が救われる。本物の攻撃であっても、ＩＣＢＭはいずれにせよ不要なので、放射線を帯びたがれきに埋もれさせてしまえばよい。

しかし、いったいなぜ、我々はＩＣＢＭを持っているのだろうか？

公式の政策によると、これらのミサイルは決して発射されないが、役に立つ目的がある。それは、ミサイル操作係や近くにいるすべての人々とともに、地中で破壊される。ロシアからの核攻撃を「吸収」するのが目的で、巨大な「核のスポンジ」あるいは「ミサイル沈没場」として機能する。[7] 戦略軍司令官ハイテンは2019年3月にこう言った。「それは、我々の弾道ミサイルの大きな価値の一つである。いかなる敵にとっても、400基もの弾道ミサイルを標的とするには大きな問題が生じる。400基もの強固な核ミサイルを無力にするには、全部を仕留められるだけの攻撃力を持つしかない。〔現実にはそれは困難であり〕そちらが攻撃すると決めたら、こちらも反撃することを覚悟してもらわなければならない。まるでクルミのような硬い殻の中での抑止であり、我々の抑止プロセスの大きな要素をつくっている。……それがミサイル沈没場であろう」[8]

2019年10月の記者会見で、国家はなぜICBMを保有して自らを大きなリスクにさらしているのかとの質問に対して、スミス下院議員は冗談交じりに答えた。「明らかに、核の先制攻撃の標的にしたいからだ」[9]

米国から核攻撃を遠ざけるよりも、それを引きつけるなどということが道理にかなうものだろうか？　冷戦期においてさえ、立案者たちはこの計画に異議を唱え、「米国の不動産をソ連の核兵器の『吸収用の巨大スポンジ』として使うのは愚行である」と主張した。[10]

それでも、核のスポンジはまだ我々とともにある。それだけではない。トランプ政権はそれをもう一度行うために1500億ドルもの費用を費やす計画だ。

2016年、国防長官就任前のジム・マティスは、上院軍事委員会で「誤警報の危険を減らすために」地上配備型のミサイルを撤去する時が来たかどうかを尋ねたことがあった。[11] 残念ながら、彼が長官になると、その見解から後退した。

マティスは、新たなICBMと、そう呼びはしなかったが核のスポンジ任務を守った。2017年1月12日、マティスは上院でこう証言している。「それら（ICBM）は米国中部に深く埋められており、その1基を確かに仕留めようと思えば、2、3、4発の兵器が必要になる。言い換えれば、ICBMは敵にコストのかかる戦略をもたらしている」[12]

確かにコストがかかるだろう。しかし、だれに対してか？　そう、ロシアにとって、米国のICBMを攻撃するのはとても費用がかかる。米国が海中の潜水艦から数百の核ミサイルを報復として発射するからだ。だが、コロラド、モンタナ、ネブラスカ、ノースダコタ、そしてワイオミングにかかる費用はどうだろうか？

米国にICBMは不要だし、現存するミサイルは更新しなくても、安全に段階的に除去できる。これで1500億ドルの節約になる。ミサイルの高度警戒態勢を解き、ICBMが偶発的核戦争の引き金を引く危険も取り除ける。

深い眠りにある午前3時に、トランプであれ、いかなる大統領であれ、ロシアからの数百発の核ミサイルが数分以内に米国に着弾するとの警報を受けて起こされたとしたら、どう対処するだろうか？大統領は、それが誤警報かもしれないし、自分が発射するミサイルは呼び戻したり、取り消したりできないと分かるものだろうか？　いずれにせよ、こうした兵器は不必要だと大統領は知っているだろうか？　反射的に反撃するのだろうか？　他にこれをやる権限を持つ者はおらず、いったんミサイルが発射されたら、大規模な核戦争が続くのは確実である。

核兵器に携わる高官たちが、誤警報のリスクを十分真剣にとらえていないことが気がかりだ。彼らが言うには、誤警報の恐れは「常に低い」し、「統計的にも、誤警報によって米国がＩＣＢＭを発射する確率はゼロに近い」[13]。そういう言いぐさは危ない。

確かに確率は極めて低い。だが、ゼロではない。誤発射の結果は天文学的である。警報システムの人的ミスや機械の誤作動は起こったし、また起きうる。壊滅的失敗への確率が積み上がるのは時間の問題である。だが肝心なことは、もはやそんな恐ろしいリスクを冒す必要はないということである。

ロシアの核攻撃にあっても生き残れるように、米国は海中に隠れられる核搭載潜水艦を再建している。ロシアを追い詰めるのに必要なのはこれだけだ。なさそうではあるが、新たな脅威によって潜水艦にリスクが生じても、空軍がその保険となる政策、核搭載爆撃機の再建にあたっている。ＩＣＢＭはよくても不要で余分の保険であり、悪ければ核の大惨事が起こるのを待っているものである。

第二撃のみ

ＩＣＢＭも警報下発射もやめて先制不使用政策をとれば、米国は第一撃ではなく、第二撃というかなり安全な立場にシフトできる。大半の米国人はすでに実施済みだと思っているが、米国の核兵器の唯一の目的は他者がそれを使用するのを抑止することである。敵が先制攻撃をしても米軍を無力化できないだろうと思わせるような装備にするのだ。

ハイテン将軍は２０１９年にこう述べている。「敵が攻撃したり、破壊したり、消滅させたりできないような核能力を我々が持つ限り、米国への核兵器使用を防げるだろう」[14]

彼はこう続けた。

この職に就く際に、オバマ大統領と、就任したマティス長官のインタビューを受けた。彼らは私にこう尋ねた。我々が核兵器を持つ……第一の理由は何か？

我々が核兵器を持っているのは、敵が我々にそれを使わないようにするためだと私は言った。それこそが、それらを持つ理由である。もし我々に強固な能力がなく、反撃するだろうと敵が思わなければ、一線を越えて、だれも経験したくないリスクを冒すことになる。

数十年にわたり、我々はこの型の中で運用してきた。1982年にさかのぼると、バンディ、ケナン、マクナマラ、スミスはこう記している。「核兵器使用に生来する恐るべきリスクについて、ソ連政府はすでに気づいている。そして、現在も将来もソ連の『優越性』によって、核の冒険主義をとろうとする者はいない（我々は4人とも、近年広がる次のような議論には説得力を感じない。米国の地上配備型戦略ミサイルを大規模に先制攻撃すれば、ソ連は優位に立てると考えているというものである）」[15]

これは今日でも事実である。ジム・ミラーは2019年3月にこう話している。「核の応酬の危機に我々はいるというシナリオはほとんどありそうにない。なぜなさそうかという理由の一つは、双方が確実な第二撃の能力を持っていることである。だれかがよりよいモデルを打ち出さない限り、それを強化すべきだ[16]」

ロシア側もこれに同意している。ロシア大使のアントーノフは2019年にこう述べた。「相互確証破壊はなお生きている。この概念を考慮に入れれば、米ロのどちらも攻撃する可能性はない[17]」

だがしかし、第二撃とはいったいどういうものなのか？　米国が警報下発射すれば報復だという人もいるだろうが、それが誤警報だったら、「報復」は先制攻撃になるだろう。よって、米国への核攻撃が確認されるまでは、政策的に核兵器の発射を禁止するべきだ。恐ろしく聞こえるかもしれないが、過去の考え方とも一致している。元国務長官ディーン・ラスクはこう振り返る。「我々は第二撃に関与しているのだと常に信じていた。反撃する前に、我々の領土内での核の破壊を引き受けるものである[18]」

他国が核兵器を持つ限り、米国は核戦力を持って、だれも我々を攻撃してやり過ごせるとは思わないようにしなければならない。しかし、我々の核戦力の程度やこうした世界を破壊する兵器の発射手段については、もう過去のものだとして変えなくてはならない。

「3本柱」は必要か？

第二撃の報復戦力への転換とは、米国の核戦力と政策の大きな変化を意味する。例えば、「3本柱」からの離脱である。米国は核の運搬手段として、ＩＣＢＭ、潜水艦、爆撃機の3種類を持つ。このうち最初に生まれた爆撃機は、実戦で核爆弾を使用した唯一の手段であり続けている。続いて1960年代初めに、地上配備型の弾道ミサイル（ＩＣＢＭ）が登場した。海軍は、潜水艦に弾道ミサイルを搭載した。

なぜ3本柱のそれぞれが欠かせないのか、核の官僚機構は正当化に努めてきた。だが、そうした論理は後づけであった。1950年代から1960年代の空軍と海軍の争いによって、3本柱が台頭してきたのである。核兵器が冷戦の主軸となり、国防費が上昇し始めると、米軍の各軍はそれに取り残されないようにしようとした。陸軍でさえも何十年にもわたり核爆弾を持っていた（悪名高き核バックパックや原子砲を含む）。突然、海軍と空軍は核の予算のぶんどり合戦をやめて共闘し、3本柱すべてが欠かせないと主張するようになった。米シンクタンク、ケイトー研究所はこれをうまく描写している。「核抑止という考え方への関与を確認するために、『3本柱』の維持は、まるで宗教的な呪文のように徹底されている[19]」

冷戦が終わって、ようやく米政府内部にも3本柱に疑問を呈する人が出始めた。国防長官レス・アスピンは最初の核態勢見直し（NPR）で、3本柱の代替策を少し検討している。

しかし、米軍や連邦議会の主要なメンバーたちは、核の運搬手段削減に猛反発した。上院議員ストロム・サーモンド（共和党、サウスカロライナ州）は委員会公聴会で戦略軍司令官ヘンリー・チルスに「わが軍の将来にとって、ICBMが必要である」と証言させた[20]。他の上院議員らも3本柱を支持する書簡をクリントン大統領に送った。結局、クリントン政権はこの問題で連邦議会と論争することはなかった。

3本柱のそれぞれに対応して、強力な連邦議員や軍指導者、国防総省高官、軍事産業ロビイスト、シンクタンク専門家といった支持層が形成された。米政府は核兵器に少なくとも年間500億ドルを費やしてきた。このことは、多くの人々の間に費用維持の面で強い利害関係が生じていることを意味する。この観点から見ると、ソ連が消滅し、敵がいなくなった3本柱に対抗するような設計がなされるのも自然の成り行きであった。

核兵器を制限しようとする組織が費やす費用はごくわずかである。独立財団のプラウシェアズ基金は、核脅威イニシアティブや軍備管理協会といった、まじめに核政策に取り組んでいる非政府組織に資金援助をしている。総計で年間数千万ドルであり、結構な金額だと思うが、政府や軍事産業の資金（年間数百億ドル）が核兵器の製造や推進、宣伝、ロビイングに使われているのに比べると、微々たるものである。

飛びつく前に見よ

次の大統領は現在の米国の計画を見直し、核の危機低減と費用削減の道を模索すべきである。この検討によって、現在計画中の核プログラムやコストの削減につながれば、2016年に民主党が打ち出した綱領と一致するだろう。同党は「今後30年間で1兆ドルという核兵器関連計画の過剰投資を削減する」とうたっている。[21] この数字には、近年のコスト上昇や30年間のインフレによるコストは含まれていない。

加えて、下院軍事委員長アダム・スミス（民主党、ワシントン州）は2019年3月、トランプ政権の核計画について、こう述べている。「ここは、費用を節約しても国家の安全保障目標を満たせる分野である」[22]

米国は、今後数十年にわたり年間500億ドルをかけて、新世代のミサイル、潜水艦、そして爆撃機を製造・維持する計画の最初期段階にある。この取り組みは、米国が新戦略兵器削減条約（新START）を2010年に批准した直後に加速した（第7章参照）。新START批准のための議会票固めのため、オバマ大統領は米軍兵器の近代化と更新という政治的関与を行った。こうしたプログラムはオバマ政権期に始まったが、高官らによると、オバマは必ずしも、こうした新兵器のすべてを支持していたわけではなかったという。

ウォルフスタールによると、オバマ政権2期目の終わりの2016年に、政権チームが「いいとこどりをしている」とオバマは心配した。計画が膨らみすぎていたのだ。オバマは「もっと精査して、必要のない高価なものがないかを確認し、何が必要で、どんな選択肢があるのかを理解するよう」求めた[23]。

ウォルフスタールと同僚らは6カ月かけて、国防総省と行政管理予算局（OMB）、国家核安全保障局（NNSA）に「警鐘を鳴らしたので、そういう人々の大半に、今も私は不人気だ。だが、現実に大統領はどんな選択肢があるのかを知りたがっていたし、我々は本当にいい仕事をしたと思っている。実際にそのカネで何を獲得し、3本柱のそれぞれが実際に何を提供し、なされたかに基づいて評価できるようにした。実際にこうした文書は、現在の大統領（トランプ）も見ることができる」[24]。

オバマ大統領が選択肢について説明を受けると、顧問らの意見は割れた。完全に再建するプログラムが正当化できるという人もいれば、そうは考えない人もいた。ウォルフスタールによると、オバマはこう言った。「そうだな、政権を引き渡すまで数カ月の我々が、今、決めてしまわないようにしよう。後任が、特定のプログラムや行動に手を縛られることのないようにする必要がある」[25]。こうして次の大統領に丸投げされ、ヒラリー・クリントンになるものと期待していたが、〔選ばれたのは〕ドナルド・トランプなのだった。

今日、トランプ政権によって、こうした決定が検討されているが、オバマ政権の8年にわたる議論には関係してこなかった人々によるものである。そして2021年には、トランプ政権か新しい政権がこうした重要な決定をしなくてはならない。新政権への我々の忠告は、核兵器システムに過剰投資して新たな軍拡競争を招かないようにせよ、ということである。米国は第二撃による抑止に必要な水準に限って核戦力を構築すべきだ。ロシアにもそうするよう促し、もしそうしなくても、米国側の核戦力の水準は必要に応じたものにとどめるべきだ。ロシアのミサイルに対抗しようとしてはならない。ロシアが必要以上につくろうとすれば、冷戦期のように、彼らの経済が疲弊することになろう。

今日のロシア兵器

ロシアもまた、戦略的および戦術的〔126ページの訳注参照〕の両方における新世代のミサイル、潜水艦、爆撃機、爆弾、弾頭といった核戦力の構築を始めている。ロシア国営メディアも、こうした新兵器を宣伝したり、誇示したりさえする攻撃的な番組づくりに乗り出した。ロシアの連邦予算の主財源である石油・天然ガス価格の高騰によってロシア経済が沸いた時期に、こうした番組がつくられた。だが、もし石油価格が再び下落すれば、ロシアは費用のかかる野心的な核兵器更新計画を見直さなくてはならないかもしれない。

米ロ関係の悪化が明らかに、この拡大再構築計画に影響を与えている。この関係悪化は、直接的にはロシアによるクリミア併合や東ウクライナ侵攻、バルト諸国への脅しのせいであるが、より影響が大きいのは、NATO拡大や欧州への弾道ミサイル防衛配備、米国による〔旧ソ連のジョージアやウクライナで親欧米勢力が政権を覆した〕「カラー革命」への支持といった長年の争いである。

そうした緊張関係は現在の核兵器増強を引き起こす要因であり、さらに危険を増している。ロシアか米国が意図的に核戦争を始めるとは思わないが、偶発的要因か誤解によって、核戦争が始まることは想像できる。今日の緊張は危険な政治的誤算につながる条件を生み出すのである。

現在ある核戦力は冷戦期に考えられ、つくられたものであり、今日の必要性にとって適切な兵器だと思うべきではない。この40年間で、科学技術や地政学には根本的な変化があった。その一つが、NATOの通常戦力である。冷戦期のそれは、ワルシャワ条約機構の戦力の3分の1の規模でしかなく、当初は質的にも優れてはいなかった。今日、NATOはロシアに比べて、質的にも量的にも、極めて強力な通常戦力を備えている。

その他の根本的変化としては、冷戦期に我々はワルシャワ条約機構軍とソ連軍に対峙していたが、今日ではほとんどの旧ワルシャワ条約機構諸国（ポーランド、ルーマニア、チェコ共和国、ハンガリーなど）はロシアと同盟関係にはない。そして、西側諸国はロシアに対して、経済や科学技術進歩において圧倒的優位にある。唯一同等なのは、ロシアが米国と同規模の戦略核兵器を保有していることで、戦術核では米国より大規模である。

米国は冷戦期に匹敵するような核戦力を再構築する必要はないが、十分な抑止力を維持しなければならない。問題は、どこで線を引くかである。

第二撃の戦力を維持する

確固とした第二撃の戦力を維持して数千億ドルの節約をするために、米国は次のようなステップをとれる。

■地上配備型ミサイル

まず、前述した通り、米国は地上配備型ＩＣＢＭを段階的に撤去できる。冷戦期には、潜水艦搭載ミサイルや爆撃機に今ほどの正確性がなかったのでＩＣＢＭに頼り、そうすることで潜水艦が使えなくなった場合の保険のような政策にしていた。潜水艦や爆撃機は今ではかなり高い正確性を持っているので、それ以外の保険は不要である。「ベルトとサスペンダー」のための「ベルトとサスペンダー」は、いらない。

ＩＣＢＭの脆弱性に対処するには、機動性を持たせればよいと言う人もいるだろう。実際、ロシアではＩＣＢＭの多くがトラックや列車に積まれている。だが、私（ビル）が証明した通り、機動式ミサイルの配備を地域住民に受け入れてはもらえず、劇的に失敗した（私や他の人たちは、ＭＸと呼ばれる機動式ＩＣＢＭをつくろうとしたが、徒労に終わった）。将来の国防長官がだれかの裏庭に機動式ＩＣＢＭを置こうとするならば、よい時間の使い方がある。まず私に相談すべきである。

■海上配備型ミサイル

第二に、米国には新たな核搭載潜水艦の計画があり、これを我々は支持する。必要となる潜水艦の数についての批判的分析を前提としている。奇襲によって、展開中のすべての潜水艦を破壊できると思う敵はいないだろう。潜水艦1隻（192もの水爆弾頭を搭載する）でも、敵にとって致命的なダメージを与えることができる。さらには、展開中の潜水艦は、先制攻撃に対する脆弱性がないので、攻撃警報下でミサイルを発射する理由がない。サイロ格納のICBMが生来持つ偶発的戦争の深刻な懸念が避けられる。

潜水艦戦力だけでも確固とした抑止力には十分であり、予見できる将来においてもそうであろう。だが科学技術の進展により、潜水艦に対する新たな脅威、特にサイバー攻撃や多数のドローンによる探知といった可能性も認識しておかねばならない。新潜水艦計画は、こうした潜在的脅威に対処し、今後数十年にわたって生き残れるような進歩を特に強調すべきである。

現在の計画では、1300億ドル以上をかけて12隻の新型潜水艦を求めている。1隻あたり、16基のミサイルに128発までの核弾頭を搭載できる。2010年の新STARTにおいて、海軍は1千発の弾頭を海上に配備する計画だ。これは過剰であり、米国はより少ない潜水艦で核攻撃を抑止し、それによって節約できる。

2011年、行政管理予算局は新型潜水艦の計画を10隻に減らすよう勧告した。[26] 海軍は、10隻だけでは「展開中の」の5隻を常に支援できないと主張して押し返した。展開中の潜水艦は米国から遠く離れた場所にいて、ミサイルを即時発射できるよう備えている。

しかし、展開中の潜水艦への必要性とは、1時間かそこらですぐに標的に発射できる範囲に潜水艦搭載の核弾頭を配備するという、軍の既存の要件に突き動かされているものである。よって、12隻の潜水艦の必要性を見極めるには、どこに弾頭を配備し、いかにすばやく、どれだけの数の弾頭で、標的に達することができるか、といったことに大いに関係する。例えば、8隻の潜水艦隊で1千発の弾頭を搭載できるが、即時発射に備えてロシアや中国の近海に前方展開する5隻の潜水艦の支援はできない。

しかしながら、新たな核の指針では、30年前に冷戦が終結してからほとんど変わっていない核政策と標的想定に基づいた要件を緩和できる。潜水艦を前方展開させて即時発射に備える代わりに、そのうちの何隻かは報復用として後方に置いておくのだ。

もし、次の政権が決定するなら、またそうすべきだが、米国は、ロシアや中国にそこまで多くの標的を設定して、潜水艦による「すみやかな」攻撃というリスクをとる必要はない。そうすれば、12隻という要件は減らせる。そして次の政権が新ＳＴＡＲＴの配備計画を変えて、さらなる戦力削減を達成しようとするならば、1千発もの海上配備弾頭の要件も減らせるだろう。

10隻の新型の核搭載潜水艦隊によって、わが国の抑止の必要性は十分に満たせる。5、6隻の耐久性のある潜水艦の火力だけでも、ロシア、中国、北朝鮮の管制、電力、資産の不可欠要素を破壊するのに十分である。実は、たった1隻の小船でも、ロシアの50の大都市を狙える核弾頭を2発搭載できるのだ。

トランプ政権はまた、新たな「低出力」の核弾頭をトライデント・ミサイルに搭載し始めた。この危険な兵器は、ありもしない問題に対処しようとする誤った手段である。トランプ政権がありうると主張するロシアの「低出力」爆弾の使用は、米国の現在の戦力で抑止できる。米軍の抑止力にはロシアの戦力との「ギャップ」などない。米国が明白に強固な核抑止に真剣であることは、ロシア側の頭の中にもあるのは疑いない。

もっと「使える」兵器の主張の、おそらく最大の誤りは、「小規模」の核戦争は小規模であり続けるという誤解である。ロシアが「低出力」の核兵器を使えば、米国もそういうもので対処し、そのレベルでとどまるというものだ。もちろん、この疑わしい理論には経験的に裏打ちされたものなどない。[27] ロシアの低出力兵器に対抗して米国も新たな低出力核兵器を配備すれば、核戦争は限定的でありうるとのメッセージをロシア側に送る。これは、とても危険なゲームであり、指導者たちが目にすることになる全面核戦争の大惨事を始めるリスクを冒すも同然だ。「低出力核兵器計画を葬り去りたい」とスミス議員は2019年3月に語った。[28]

さらに言えば、米国はすでに低出力核を持っている。大規模戦力の一部として、巨費を投じて近代化された核重力爆弾や巡航ミサイルといった、低出力で爆発させられる1千もの兵器がある。[29] 大統領が本当に低出力核を使いたければ、たくさんあるのだ。

最後に、戦略潜水艦から1発の「低出力」弾頭を発射すれば、その潜水艦の生存能力そのものを損なうことになる。国家核安全保障局元幹部のマデリン・クリードンはこう記す。

核の3本柱のうち海は最も生き残りやすい。オハイオ級原子力潜水艦が、大海では見つからないことによるものだ。潜水艦から高価なD5ミサイル（これらの潜水艦が搭載する唯一の核ミサイル）を発射すれば、その位置をさらすことになるだろう。中国とロシアはミサイル発射探知能力を拡大しており、米国の潜水艦がD5ミサイルを発射すれば、位置を特定できるだろう。低出力弾頭を搭載して、海中の弾道ミサイル搭載潜水艦の位置をさらすリスクをとる必要があるのだろうか？[30]

■空中配備型兵器

第三に、トランプの計画では、ステルス能力を向上させた新型爆撃機B―21の開発を求めている。我々はこれを支持する（これも、数については批判的な分析を前提とする）。潜水艦が一時的に問題を起こしてその能力に疑問が呈される場合に備えたバックアップとなるからだ。ありそうにはないことだが、不測事態に備えた保険である。新型爆撃機は通常兵器にも核兵器の任務にも使える。抑止には不要であるが、通常戦力において大きく、新たな能力を加えるものである。危機において発進した爆撃機は、何時間も上空を漂いながら、警報を待てる。誤警報だと分かれば、呼び戻せる。

新型爆撃機に人間を乗せるか、無人機とするかは、依然として未解決の問題である。無人機が遠隔操作されることを考えれば、技術的にはいずれも可能だろう。核任務にあたる爆撃機には、取り消し能力を含む継続的な人間のコントロールを備えることが不可欠である。それは、遠隔操作システムではあるが完全に自動システムではないやり方で実現できよう。

■指揮管制

核兵器が存在する限り、核攻撃においても、厳重な国家管理の下に置かれなければならない。これが抑止に必要不可欠であり、未承認や偶発的な使用を防ぐためである。

先制使用から第二撃のみの使用に移すことで、指揮管制システムも即時発射オプションから、大統領にもっと決断の時間を与えられるようなものにシフトできる。もはや兵器を警戒態勢に置いたり、攻撃警報下で発射したりする必要はない。しかし、大統領を守り、想像できる最も圧力のかかる状況でも命令が出せるような、耐性のあるシステムが必要である。

核攻撃を受ける可能性はなさそうだとしても、米国が第二撃のみの態勢にシフトするためには、政府は大統領（あるいは別の決定権者）と米国の指揮管制システムがそれに耐えられるようにしなければならない。最優先すべきは、大統領とその後継者を安全な場所に移動させて、状況を監視し、決定を下せるようにすることである。攻撃によっては、大統領がホワイトハウスからヘリコプターに乗り、安全な場所に退避するのに数分しかないかもしれない。

このシステムに詳しい独立系アナリストの中には、核攻撃を受けたら、米国の指揮システムが対応できるとは思わないという人もいる。ブルース・ブレアは、今日の核の指揮・管制・通信と情報（C3I）ネットワークは「核紛争が起きて数時間以内に壊れるだろう。抑止に失敗した時に、報復を確実にできるようにして、大統領が対処法を知的に選べるようにするために、これを修復することが不可欠である。過剰殺戮兵器を近代化する代わりに、大統領の決定時間を延ばすことが、最優先であるべきだ」と言う。[31]

米国は核兵器の再構築よりも指揮管制の近代化を優先すべきである。大統領が焦って発射の決定をしなくて済むよう、1回の攻撃よりも長い時間軸で考えるべきだ。これによって、大統領が攻撃を受けた後の状況を再評価し、残った戦力で果敢に指揮できるようになろう。

指揮管制の向上には、台頭する様々な脅威に対処することが含まれる。サイバー攻撃や宇宙空間での人工衛星を用いた戦闘の他、今日のシステムを劣化させたり破壊したりする企てといった脅威に対してである。米国の衛星はミサイル攻撃の早期警戒システムの主力であり、戦争計画実行のメッセージを出すのに使われている。ロシア、中国、今ではインドも、米国の衛星を混乱させたり、破壊したりする能力を持ち、逆に米国もそれができる。[32]

しかしながら、効果的な抑止をするには、大統領が指揮管制ネットワークに完全なる自信を持つことが要件ではない。大統領と顧問らはシステムや高位の決定権者らが生き残ることにある程度の確信を持っていればよい。だが、カギとなる基準は、ロシア側が攻撃そのものの利益よりも、確実に反撃されるという意味での攻撃実施リスクを信じることである。目標は実際に攻撃を生き抜くことではなく（結局は、数週間を超えては無理だろうが）、そもそも攻撃をさせないことである。

指揮管制の主な問題は、米国が核攻撃を受けた後に、大統領が海中に展開中の潜水艦と連絡がとれるかどうかである。潜水艦に発射命令を出す主な通信回線は、直接攻撃や通信妨害にもろい。これらの通信回線が途絶えると、潜水艦要員は発射の承認を得られなくなる。それでも、艦内の金庫を開けて（小型発火装置かドリルで）、発射キーを修復すれば、ミサイルを発射できる。[33]これは、抑止のために重要な要素である。「粉砕するような」先制攻撃であっても、展開中の潜水艦が数百の低出力弾頭で報復するのを止められないだろう。ロシアからのありそうもないような最悪の大規模な奇襲攻撃であっても、抑止は保たれる。

プリンストン大学のフランク・フォンヒッペルはこの重要な点を指摘している。「通信の失敗は報復の失敗ではない。米国が破壊されたと知った米軍の潜水艦要員がどうすると、ロシアの指導者たちは考えるだろうか？　タヒチに行って、退役するとでも？」[34]

ロシアの指導者たちを我々のガイドとして使うのは、手の込んだ仕事である。ロシア人の態度や意図を判断するのは難しいからである。だが、米国よりもロシアの方が一般的に相手の先制攻撃を心配していることを思い出すとよい。よって、米国の指揮管制システムは完璧である必要はないが、信頼できるようにしておく必要がある。今日のシステムは完璧にはほど遠いので、改善すべきであるが、だからといって、ロシアや中国にとって信頼性がないという理由はない。

ブレアは言う。「あらゆる兆候によると、米国との核戦争のもっともらしいシナリオにおいて、ロシアは致命的な被害を受けることを理解している。みんながそれを完全に理解していると思う。私が話したロシア人たちは、米国から270の核兵器がロシアの標的に届けば、ロシアは社会、経済、そして軍の機能不全に陥るだろうと言った」[35]

指揮システムの点検・修理の目的は、確実に報復することによる抑止に置くべきで、紛争の段階的拡大を「管理」する能力にではない。経費は高くつき、兵器の規模とは独立した形になって、現在の年間支出を押し上げることだろう。[36] しかしながら、そうした費用は、第二撃政策に移行するという文脈のみによって正当化されるものであることを強調しておきたい。危機において核兵器による先制攻撃をするためならば、耐久力のある指揮管制のために、さらに何十億ドルも投資する理由はほとんどない。

戦力を減らせば、より安全に

将来の米国の核戦力は、より小規模にできる。それでも、攻撃抑止を唯一の目的とする第二撃の戦力は確かなものとなる。危険な核紛争に無駄に「勝とう」とするために、さらに何千億ドルも費やす必要はない。

ICBMを段階的に撤去し、新型潜水艦を10隻だけ建造し、より少数の新型爆撃機を製造し、より少ない兵器を持つことで、米国は少なくとも3千億ドル(年間100億ドル)の経費節減ができ、それでも非常に優れた抑止力戦力を維持できると我々は見積もっている。この規模の経費節減は、退役軍人省(1990億ドル)と、国務省(378億ドル)、国土安全保障省(475億ドル)の2019年予算総額に匹敵する。[37]

2007年、私(ビル)は、ジョージ・シュルツ、ヘンリー・キッシンジャー、サム・ナンとともに論考を発表し、核兵器の危険性を世界に訴え、その危険を減らし、究極的にはそれを廃絶するための行動を求めた。数年間はその方向で、世界は時宜にかなった重要な取り組みをした。最も重要だったのは、核保安サミットの開催であった。しかし、ロシアとの関係悪化やロシアの野心的な核戦力の再構築によって、その進歩が止まった。外交に重きを置いて、当初の勢いを取り戻すべきだろう。

現在の危険を悪化させたり、不要なコストをかけたりしないような形で、核戦力を再構築するべきである。そして、核兵器と核の危険の削減に戻る扉を開いておくのだ。外交的成功によって、米国とロシアは安全保障に必要な核兵器のあり方を再考し、まだ初期段階にある新たな計画をともに縮小できる。

ＩＣＢＭのような新たな核兵器は偶発的戦争のリスクが高いが、そうしたリスクを負う必要はもはやない。そうした兵器がない方が安全であり、配備するのは間違いである。

第7章　新たな軍拡競争へようこそ

トランプによる中距離核戦力（ＩＮＦ）全廃条約からの脱退は、危険で無責任である。我々はこうした条約を強化すべきであり、失効させるべきではない。我々が投資すべき対象は、子どもたちや高齢者や勤労世帯であって、信じられないくらい高価な軍拡競争ではない。

――上院議員カーマラ・ハリス[1]

あなたが１９９０年よりも後に生まれたのなら、冷戦期には生きていなかった。ソ連との軍拡競争を経験していないし、ソ連の核攻撃に備えて学校の机の下に「伏せて、隠れる（duck and cover）」こともしていないだろう。あなたの両親や祖父母のように、核戦争が起きるかもしれないという暗雲の下では生きてはこなかった。実際には、その核戦争の暗雲は消え去ってはいない。だがソ連の崩壊で、米国民の懸念からは遠のいた。

第１次核開発競争を見逃し、もう過ぎ去ったと感じているのなら、あなたに運が向いてきた。それが、戻ってきたのだ。

２０１９年2月、トランプ政権は、米国がＩＮＦ全廃条約から離脱すると発表した。それは、１９

87年に米国大統領レーガンとソ連の指導者ゴルバチョフが署名した画期的な合意であったが、トランプはこう述べた。「残念ながら、ロシアが合意を遵守していない。よって、我々は合意を終わらせる。脱退するのだ」[2]

この歴史的条約は、米国とソ連の間で署名された中で最も重要な軍事条約であった。冷戦の終わりの始まりとなって、欧州全域の施設から、一定の核および通常ミサイルが移転され、撤去された。欧州には数千発の核兵器が配備され、欧州が核によって全滅する脅威があった。条約は、こうした軍拡競争のとてつもなく危険な時代の終わりを刻んだ。

それは、冷戦の敵国同士による、信頼と協力の新時代の始動でもあった。条約はレーガンによってしばしばうたわれた格言に基づいていた。「信頼する。だが検証する」。そして実際にこの条約は、かなり踏み込んだ検証規定を伴った。例えば、ロシア・ボトキンスクのミサイル工場に、米国の現地査察団を置くことが許された。米国の査察官たちは、かつてはソ連の秘密だったミサイル施設を広く査察できたし、ロシア側も米国内のミサイル工場群を相応に査察できた。INF全廃条約は、かつては想像できなかったような透明性の時代に導いたのである。

INF全廃条約から離脱することで、トランプ大統領は新冷戦の扉を開いたと言っても過言ではない。こうした危険な方向へと動いた米国とロシアの外交には、他にも様々な要素があるが、INF全廃条約からの離脱が最も決定的だと我々には思われる。

トランプがINF全廃条約からの離脱を発表した直後、ロシア大統領ウラジーミル・プーチンもそれに続くとして、こう言った。「我々の答えはそれと対称だ。米国が条約への参加を停止すると言うのなら、我々もそうする。米国が調査と開発を始めると言うのなら、我々も同じようにする」[3]。もちろん、トランプのINF全廃条約離脱を見て、プーチンは喜んだ。ロシアは、INF全廃条約が禁止したミサイルの製造をすでに始めていたからである。

こうして軍拡競争が始まる。

我々はかつて、こんな「映画」を見た。そして、それは終わっていない。「軍拡競争その1」では、米国はピークの1960年代には3万発以上を保有し、異常なまでに大規模な核弾頭を製造した。ソ連は4万発保有していた。

軍拡競争は、そのような巨大な規模の兵器を正当化できるものだろうか？　これは、私（ビル）が学生たちによく聞かれる質問だ。私はこう説明する。まず、大規模な兵器というものは、「優越性」を持ちたいという誤った追求によって動機づけられる。両者とも優位に立ちたいのだ。それが無理だと分かると、目標は「均衡」の追求になる。一般的な観念では、敵よりも我々の方が少なければ、敵が有利だと思って攻撃してくるかもしれない。だが、どうして300ではなくて3万の弾頭で均衡が保てるのだろうか？　最も単純な答えは、悪い情報と最悪の計画である。相手がどれだけ持っているのか実際のところ分からないのであれば、最悪を想定してもっとつくった方が良いと思われる。両者がこれを行えば、制御不能な軍拡競争となる。当時の担当者らにとっては合理的に思われたのだが、振り返ってみれば、そのリスクや費用に鑑みて、すべてが狂気の沙汰である。

ここに軍拡競争が入り込む。よい情報に支えられた兵器の制限は、危険な軍拡競争の治療法である。両者がおおざっぱに釣り合っているとの自信を持てば、それ以上つくるのをやめられる。そして、いったん均衡が達成されれば、さらに低いレベルへとともに動ける。３００での均衡の方が、３万での均衡よりはるかに良い。少数の兵器の方が安く維持できるし、追跡しやすいし、相手への脅威も小さいし、環境汚染も少ないし、米国とロシアは軍縮に動いていると世界に示せる。それによって、核兵器が他国に拡散するのを止めるのを支持することになる。

明確にしておきたいのだが、均衡とは戦略的必要性というよりも、政治的に必要なものである。数的劣勢の立場を政治家が守るのは常に難しい。だが、両者が生き残れる戦力を持っていれば、抑止するのに均衡は必要ではない、と我々は強く信じている。オバマ政権は「数的均衡の必要性は……冷戦期のようには説得力を持たない」と言明した。[4] ３万より３００での均衡の方が、世界が安全なのは明らかだ。

核開発競争にいくらかかったか？ 米国としては、１９４０年以降だいたい10兆ドルである。[5] これが、どれほどのお金か。１ドル札で10兆ドル分の束を想像してみよう。それは67万８千マイル〔約１０９万キロ〕にも延び、月（23万８９００マイル〔約38万キロ〕離れている）までを往復できるうえに、数兆円余る。

米国の男女と子どもたちで均等割りすると、各自が３万ドル〔約３２０万円〕以上受け取れる。

どうやって我々は軍拡競争を生き抜いたのか？ キューバ・ミサイル危機が示す通り、紙一重の幸運であった。

しかし、二人の啓蒙的な指導者がめぐりあって、方向性を変えることに合意し、世界が正気を取り戻した。１９８５年、レーガン大統領とソ連のゴルバチョフ書記長は「核戦争に勝者はいない。戦ってはならない」と明言した。これは、軍拡競争から抜け出す劇的な概念上の転換であった。どちらもこの競争に勝てないのなら、なぜ我々はひたすら走り続けているのか？

その2年後に、ＩＮＦ全廃条約が続いた。冷戦が和らぎ始め、ソ連の崩壊に伴って最終的には１９９２年に溶けていった。今日では、軍備管理合意（今、俎上に載っている）のおかげで、米ロ双方が保有核弾頭を約6千発ずつにまで減らした。まだ多すぎるけれども、３万対４万だったことを思えば、大きな進歩である。実際、世界の9割以上の核兵器を持つ米ロは、それぞれ１００発ずつでも核抑止を維持できるだろう（１００発の現代の核兵器が両国やこの星に与える完全破壊を見失ってはならない）。究極的には核兵器なしで世界の安全を維持することを模索すべきだが、それができる政治環境が実現するまでは、１００発の核兵器による抑止は現実的な目標である。

トランプ政権は、どうやって我々がここまでたどり着いたかを理解していないようだ。ロシアとの核兵器削減は主に共和党大統領が行ってきた。ニクソンは１９７２年に弾道弾迎撃ミサイル制限（ＡＢＭ）条約、レーガンは１９８７年にＩＮＦ全廃条約、ジョージ・Ｈ・Ｗ・ブッシュは１９９１年にＳＴＡＲＴ条約にそれぞれ署名した。ビル・クリントン、ジョージ・Ｗ・ブッシュ、そしてバラク・オバマも、最新では２０１０年の新ＳＴＡＲＴによってこのプロセスを続けた。これによって、１９５０年代以来となるレベルにまで米ロの核兵器数は減っている。

トランプ大統領は、この長く誇らしい伝統に貢献しない、アイゼンハワー以降初の米国の指導者であろう。

これらの合意は道路規則のようなものであり、兵器は安全に、着実に、そして予測できる形で減らせるのだ。核兵器によって驚かされたい人はいない。双方に平等な制限をかけ、相互査察を認めることで、双方がそのプロセスを信頼し、検証できる。

軍備管理をつぶす

だが今や、このすべてがリスクにさらされている。「軍拡競争その2、続編」では、米ロの大統領たちが、これまでとは逆方向に、核軍備管理をつぶそうとしている。

プーチン大統領の下で、ロシアがINF全廃条約の制限に抵触したのは公然の秘密である。ロシアはその周囲を中距離ミサイルで囲まれる危険な環境にあり、特に、INF全廃条約に縛られない中国がそうである。ロシアはINF全廃条約から離脱したかったが、公然とそれを実行して、合意つぶしへの国際的非難を受けたくはなかった。オバマ大統領の下で東欧に迎撃ミサイルが配備されると、圧力が高まった。遺憾ながら、ロシアは秘密裏にINF全廃条約で禁じられている地上配備型巡航ミサイル（SSC－8、または9M729という名前で）を100発も開発、実験し、「複数の大隊」を配備した。[6]

オバマ政権は2014年にこの動きを察知したが、賢明にもINF全廃条約にとどまって、ロシアに条約の遵守を求めた。政権が終わるまでに、これは成功しなかったが、少なくともオバマは離脱しなかったので、ロシア側に堂々と条約を破って数百もの新兵器をつくる口実を与えることはなかった。

トランプ大統領は、しかしながら、ロシアの罠に落ちた。ロシアをINF全廃条約内にとどめておいて、少しは縛るのではなく、トランプはプーチンに取引から抜け出す無料パスを与え、米国が非難を受けることになった。ロシアは今や好きなだけ、地上配備型中距離ミサイルをつくれるのである。これは、米国が想定しうる中で最悪の結果だ。

それを、高速道路の速度制限のように考えてみよう。制限速度が65（マイル時）のところを、ロシアは75で走っている。我々が速度制限を外してしまったら、ロシアは何の縛りもなく125で行けるわけだ。その方がよいとでもいうのだろうか？

一方、核の「3本柱」に代わる新たな兵器を開発中のトランプ政権は、新たに「より使える」核兵器を潜水艦発射弾道ミサイル（SLBM）用として配備している。そして、海上発射型トマホーク巡航ミサイル（SLCM）の新艦隊も編成している。今、トランプ政権はINF全廃条約に縛られることなく、新型の地上配備型巡航ミサイルと弾道ミサイルの実験を始めた。これらは条約で禁止されていたものだ。[7]

こうした新型の中距離核戦力ミサイルは、ロシアにとって重大な脅威と映る。西欧からモスクワまでの飛行距離はとても短く、攻撃警報をする時間がほとんどないだろう。プーチンは2019年2月20日、こう述べた。「これは、我々にとって大変深刻な危機である。この場合、我々は強いられて、ここを強調したいが、軽い、非対称的な手段を考えざるをえない」。そして、欧州にあるミサイル発射場だけでなく、米国のミサイル発射指揮センターも標的にすると続けた。[8]

もちろん、ロシアはすでに米国を核兵器で狙っているし、米国もロシアを狙っている。新しいことは何もない。プーチンが言っているのは、核戦争の被害は「相手側」にはとどまらないということだ。

たどらなかった道

家族の口論を解決するように、新たな軍拡競争を始める代わりに、トランプ政権は懸念をすべて伝えてロシア側と膝詰めで話し合い、ＩＮＦ全廃条約を救うことができたはずだった。ＩＮＦ全廃条約についていては、ロシア側にも米国の行為に対する独自の問題があった。米国がポーランドやルーマニアに配備したミサイル防衛施設は、攻撃的な巡航ミサイルを発射することも可能だった。[9] プーチンはこう語る。「米国は意図的にＩＮＦ全廃条約の条項を無視して、ルーマニアとポーランドに発射装置を配備した。米国のような世界の覇権国とは特に衝突したくはないが、ロシアは常に対処する」[10]

ロシア大使のアントーノフは２０１９年にこう記している。「２０１４年に彼ら（米国）は欧州にＭｋ－41垂直発射装置を配備した。さらなる近代化をせずとも、これらの発射装置は、トマホーク中距離攻撃ミサイル用として完全に適用できる。そして、これは明白な（ＩＮＦ全廃）条約違反だ。この種の発射装置はすでにルーマニアに配備されており、来年にはポーランドにも配備されそうだ」[11]。実際に、ＩＮＦ全廃条約離脱直後の２０１９年８月に米国が実施したトマホーク巡航ミサイル発射実験は、Ｍｋ－41垂直発射装置から行われた。

ロシアを瀬戸際から戻らせた重要な先例がある。１９８０年代、レーガン政権は１９７２年にできたＡＢＭ条約にソ連が違反していると正確に非難した。レーガン大統領はソ連側と協議し、再び条約を順守させた。トランプ大統領もそうするべきだった。

著名な民主党員の中には、このアプローチを支持してきた者もいる。上院議員エリザベス・ウォーレンはこう言った。「私の考えでは、新たな核開発競争を防ぐために、持てる力のすべてを使う道徳的かつ戦略的な責任が我々にはある。思うに、ロシアと協議して、交渉の席に戻るようにして、ＩＮＦ全廃条約を再び順守させ、新ＳＴＡＲＴの後継条約に取り組むことだ。これが、良識ある軍備管理であり、米国を安全にすると思われる」[12]

トランプによる（ＩＮＦ全廃条約離脱）発表の後、下院議長ナンシー・ペロシ（民主党、カリフォルニア州）はこう語った。「トランプ政権は軍拡競争のリスクをとり、国際的な安全保障と安定を損なっている。政権は外交の限りを尽くすべきであり、これからの6カ月間、ＮＡＴＯの同盟国と緊密に協議し、米国が危険な軍拡競争に押しやられることがないようにすべきだ」[13]

ロシアがＮＡＴＯを射程に収める兵器を追加配備しない限り、ＮＡＴＯ加盟国はいずれも、ＩＮＦ全廃条約がかつて禁止していた兵器を配備しないと宣言することで、ＮＡＴＯは有益な役割を果たせるだろう。２０１９年4月3日、私（トム）は下院の回廊にいて、ＮＡＴＯ事務総長のイェンス・ストルテンベルグが連邦議会の超党派会合でこう話すのを見ていた。「ＮＡＴＯは、欧州に地上発射型核ミサイルを配備するつもりはない」。これはよいスタートである。ただ、トランプ政権が欧州に配備しようと計画しているのは、核ではなく通常ミサイルである。しかし、そうしたミサイルにも核弾頭は搭載できるので、ロシアが区別するかどうかは明らかでない。どちらもロシアの戦略兵力にとっては、存続をあやうくするような脅威となりうる。

米国はロシアに、違法な巡航ミサイルを欧州東部から撤去させるよう言うべきだという人もいるだろう。だが、ロシアのＩＮＦ全廃条約違反は主に政治的問題であって、軍事的脅威ではない。欧州の軍事バランスが変わるわけではないので、軍事的見地から見れば、それに対処する必要はない。空軍の将軍で統合参謀本部副議長〔当時〕のポール・セルバは2017年7月にこう語った。「INF全廃条約は艦船や航空機から発射する弾道ミサイルや巡航ミサイルの配備を制限するものではない。地上配備のミサイルに特化している」。よって、いかなる軍事的対処も、INF全廃条約がカバーしていない兵器によって行うことになる。そして、米軍の空中配備爆弾のようなものが、欧州にはすでにある。セルバは言う。「特定のミサイルの位置や配備を考えれば、（ロシアは）欧州で何ら利益を得られないだろう[14]」

ロナルド・レーガン政権で国務長官を務めたジョージ・シュルツはトランプの行動について、こう指摘する。「今はより大規模な核兵器戦力をつくる時ではない。世界がこの脅威から脱する時である。（INF全廃）条約から去るのは大きな後退だ。我々はそれを修復すべきであって、つぶすべきではない[15]」

INFについてレーガンと交渉したミハイル・ゴルバチョフはこう述べた。「トランプ大統領は先週、米国は中距離核戦力（INF）全廃条約から離脱し、核兵器を増強すると発表した。自分が実現に尽くしたものが失効するのを見て苦々しく思うかどうかを聞かれたが、これは個人的な問題ではない。もっと大きなことである。新たな軍拡競争が発表されたのだ。INF全廃条約は国際問題の軍事化の初めての犠牲者ではない[16]」

結局、プーチンはINF全廃条約違反を非難され、トランプはロシア側の懸念に対処する前に、あまりにも早く合意から離脱したことを非難された。ともに、INF全廃条約をつぶしたのである。

ボルトン・ファクター

トランプの国家安全保障担当大統領補佐官だったジョン・ボルトンは長年、軍備管理に反対し、ロシアの違反が発覚するずっと前からINF全廃条約をつぶすよう求めてきた。2011年のウォール・ストリート・ジャーナル紙に寄せた記事で、ボルトンはINF全廃条約不要論を展開し、シャルル・ドゴールの言葉に言及した。「条約は少女やバラのようなものだ。持ちこたえる限り、存続するのだ[17]」

ボルトンの主張によると、INF全廃条約は米国とロシアだけを縛り、他の国々、特に中国は自由に中距離ミサイルを開発し続けている。だから米国は条約を他の国々にも拡大するか、禁止された兵器を開発するために条約から離脱するべきだとした。ボルトンはこう記した。「INF全廃条約における米国のモットーは、拡大するか、つぶすかだ」

3年後のウォール・ストリート・ジャーナル紙の記事では、ボルトンはINF全廃条約の拡大・マルチ化を主張せず、2014年に初めて報じられたロシアの違反に対処するべく、米国は条約から離脱するよう訴えた[18]。

軍備管理の壊し屋との評判を得てきたボルトンは、2002年のブッシュ政権による北朝鮮との枠組み合意〔北朝鮮に核開発を凍結させる代わりに、軽水炉と代替エネルギーの重油を供給する取引。ペリー氏がクリントン政権の北朝鮮政策調整官として交渉にあたり、1994年に成立した〕からの離脱や、2018年のトランプ政権によるイラン核合意〔核兵器開発を疑われたイランと、米英仏独中ロが2015年に結んだ合意。イランが核開発を大幅に制限する見返りに、16年に米欧が金融制裁や原油取引制限などの制裁を緩和した。イランが核兵器を持たないように、核兵器に転用できる高濃縮ウランや兵器級プルトニウムを15年間は生産しないことや、ウラン濃縮に使われる遠心分離機の大幅削減も盛り込まれた」からの離脱を進めた。こうした動きは大きな戦略ミスだった。

だがボルトンの最大の失敗は、２００２年にジョージ・Ｗ・ブッシュ大統領にロシアとのＡＢＭ条約から離脱して、限定的ミサイル防衛を北朝鮮に対して配備させたことだ。それは未完成で、おそらく今後も完成しないだろう（第8章参照）。

米国はこのプログラムに数百億ドルも無駄金を投じてきた。より重要なことには、ＡＢＭ条約の消滅が、最初の、そして最も決定的なステップであったことだ。他の条約も後につぶれて核開発競争に戻ることになる。

これは非常に重要なので、もう一度指摘しておきたい。ロシアからの長距離ミサイルの大規模攻撃に対する米国の防衛は全く効果がない。単純に数で上回られるからである。北朝鮮の攻撃であっても、多数のおとりを弾頭に伴わせれば、おそらくそうするだろうが、我々の防衛を凌駕《りょうが》するだろう。だが、ミサイル防衛は、非効率という以上に悪いものである。実際にはロシアと中国からの脅威を増すことになる。ロシアはさらなる軍備削減に反対し、中国は戦力増強を模索しているのである。

ボルトンはトランプ政権から去ったが、条約つぶしは終わらないかもしれない。オバマ政権が交渉し、２０１０年に米国とロシアが署名した新ＳＴＡＲＴは、核兵器制限に効力を持つ最後の主要合意だが、２０２１年2月に期限切れとなる。米国とロシアが合意すれば5年間延長できる。ロシアは条約の延長を求めているが、トランプは何もしないかもしれないし、延長に積極的に反対するかもしれない。

新ＳＴＡＲＴを救う

２０１７年1月、ロシアのプーチン大統領との電話で、トランプ大統領は新ＳＴＡＲＴが何であるかを知らなかったが、オバマ政権による悪い取引だと非難した、と報じられた。[19] その報道について問われたホワイトハウス報道官ショーン・スパイサーは最初は回答を避けたが、後に、トランプ氏が条約について知らされていなかったことを否定した。[20] 当時の国家安全保障担当大統領補佐官ジョン・ボルトンは、我々の疑念を確認した。２０１９年7月に彼は、新ＳＴＡＲＴについて、こう話している。

「おそらく延長されない。条約があるからというだけで、欠陥システムを延長する理由があるのか？我々はもっと良いものに集中する必要があり、そうするだろう」[21]

残念ながら、ほぼ20年前のブッシュ政権によるＡＢＭ条約離脱の余波は今日も感じられ、新ＳＴＡＲＴに影響を与えている。米国が２００２年に離脱すると、プーチン大統領は密かに新型攻撃兵器を開発して、米国のミサイル防衛拡大に予防的に対処することを決定した。16年後の２０１８年3月、プーチンは演説で進歩を報告した。ステータス6として知られる新型の核搭載無人水中ドローンや、「スカイフォール」と呼ばれる新型の長距離原子力巡航ミサイル、新型の極超音速兵器などである。こうした新兵器の特徴は、米国のミサイル防衛をかいくぐれることである。２０１９年12月には、既存のＩＣＢＭに「アバンガルド」と呼ばれる新型の極超音速核弾頭を配備した。米国も２０２２年までに追いつくと期待されている。[22]

ロシア大使のアントーノフは2019年3月にこう語っている。「2002年、米国はABM条約からの離脱を決めた。我々はその年、そうした決定による悪い結果に直面することになると明らかにした。そして、昨年〔2018年〕3月1日、プーチン大統領が、開発した新型のロシアの兵器について発表した。政治家や軍人の中には、そういう兵器を開発したことに驚いた人もいたが、我々はこう説明しようとした。それは、米国によるABM条約離脱決定に対するロシア側の唯一の簡単な答えである、と[23]」

ロシアの新兵器の中で、原子力推進巡航ミサイルは特に恐ろしいアイデアである。基本的には、空飛ぶ原子炉だからだ。実験中に壊れれば、チェルノブイリの二の舞となる。ロシアは2018年にスカイフォール巡航ミサイルの実験を実施した。白海〔ロシア北部バレンツ海の大きな入江〕に向けて撃ち込まれ、2019年8月8日までそこにとどまった。地元当局によると、政府がミサイルを回収しようとした時に、実験場で原子炉が爆発し、ロシア国営原子力企業ロスアトムの従業員5人が死亡した。放射線レベルも少し上昇したという[24]。

この無謀な行為については、ロシアに完全に責任がある。だが、ロシアがこのミサイルを開発したのは、米国のABM条約離脱への対処だったことも指摘しなければならない。これは、誤った行為が招く予期せぬ結果である。

ロシアの新兵器は危険であるだけでなく、新STARTで明確にカバーされていない。米国内には、ロシアの新兵器を考慮することなしに、新STARTの延長をしたくないという人たちがいる。米国が条約を「そのまま」延長する代わりに、新たな条約交渉を再開したいのであれば、ロシア側もまた注文をつけるだろう。例えば、アントーノフはミサイル防衛や非核戦略兵器、宇宙兵器、サイバー安全保障といった問題を考慮に入れるよう求めている。

妥協的解決は、新ＳＴＡＲＴの「規定通りの」５年延長であろう。その間に米ロは、こうした新たな開発を考慮に入れつつ、後継合意を協議できる。だが、こうした新たな問題が、２０２１年の条約延長を妨げないことが不可欠である。

アントーノフは２０１９年４月にこう記している。「新ＳＴＡＲＴがＩＮＦ全廃条約と同じ運命をたどってほしくはない。それは２０２１年に期限切れとなる。様々な機会で、我々は条約の５年延長の可能性を議論する用意があると言明してきたが、米国から明確な返事がない」[25]

新ＳＴＡＲＴを単に延長する代わりに、トランプ大統領は自らの政権は、ロシアと中国との新たな軍備管理合意をめざしており、それは、「すべての兵器、すべての弾頭、すべてのミサイル」を含むものだとしている。[26]

中国は米国が提案した協議に関わることを拒否した。米ロに比べて極めて小さな軍備だからとの理由である。２０１９年５月、トランプ政権は上院外交委員会で、新ＳＴＡＲＴをめぐる政策について連邦議会に説明したが、さらなる疑問を抱かせることになった。

民主党幹部のロバート・メネンデス（ニュージャージー州）は、国務次官アンドレア・トンプソンにこう尋ねた。「もしロシアが順守すれば、新ＳＴＡＲＴの延長は米国にとっての最大の国益になると思いますか？」

彼女は答えた。「我々は省庁間のプロセスに入っており、それをお話しするのは時期尚早です」

メネンデス「新ＳＴＡＲＴが失効すれば、ロシアは数百、いや数千の核弾頭を追加して米国を狙えるでしょうか？」

トンプソン「それはロシアにとっての大問題です、上院議員」

メネンデス「いいえ、それはあなたにとっての大問題です……米国の防衛について、ロシアには尋ねません。あなたに尋ねているのですよ！」

トンプソン「それは仮説です、上院議員。それについては答えません[27]」

実際には、これは仮説でも何でもない。新ＳＴＡＲＴが失効すれば、ロシアは長距離ミサイルに何百発もの核弾頭を追加して、米国への核の脅威を増すことができる。もちろん、米国もミサイルに弾頭を追加できる。

メネンデス上院議員はこう記した。「この新たな動きは、別の国際合意から急に離脱する口実にしてはならない。新たな合意に達すれば、既存の軍備管理体系から差し引くのではなく、加えるべきである[28]」

新ＳＴＡＲＴの破棄は悲劇的な誤りであり、軍拡競争の炎に油を注ぐだろう。新ＳＴＡＲＴは米国の利益となってきたし、ロシアが違反した兆候もない。更新されるに値する。ロシアが米国を狙えるＩＣＢＭの数を制限し、これをロシアがすぐに拡大することはないとの確信を米国は持てる。新ＳＴＡＲＴがなければ、そうした確信はなくなる。新ＳＴＡＲＴは、核兵器について我々がロシアと対話できる最後の伝達手段でもある。戦略兵器削減条約の最重要理由の一つは、こうした問題の対話を維持することで、両国の生き残りに影響を与えることにある。

元国防長官ジム・マティスとのインタビューで、我々が彼に新ＳＴＡＲＴの延長を支持するかどうかを尋ねたところ、彼はこう答えた。「はい、疑いなく。軍備管理は我々の抑止戦略の一部になっている。ロシアがＩＮＦ全廃条約に違反したことによる被害がいかに深刻なものかが顕著に表れており、軍備管理の努力全体に疑問を投げかけている」[29]

元戦略軍司令官ジョン・ハイテンも新ＳＴＡＲＴを支持している。彼は条約について、こう証言した。「私にとって2つのとても重要なことがある。第一に、戦略兵器の基礎に制限を設けたことだ。それによって、私はその上限を理解し、それに従って自軍を配置できたので、常に対処可能であった。同様に重要なのは、検証プロセスによって、彼ら〔ロシア〕が何をしていて、それがどういうものであるのかという洞察を得られたことである。自軍と相手を通した洞察は、ロシアが何をしているのかを理解するうえで、極めて重要であった」[30]

新ＳＴＡＲＴがつぶれたら、１９７２年以来初めて、米ロの核兵器の開発に〝速度制限〟がなくなることになる。無法の西部のような時代に戻るのだ。新ＳＴＡＲＴなしで、我々は核兵器を携えて、危険な山道を、次のカーブに何があるかの情報もないまま、走ることになるだろう。

兵力削減、過去と現在

過去50年、米国とロシアは核兵器の数を劇的に削減してきた。米国は１９６７年のピーク時に３万

1255発の核を保有し、それ以降は減らしてきた。[31] ある時期においては、兵力削減の規模が大きかった。1989年から1993年のジョージ・H・W・ブッシュ政権期に冷戦が終結し、米国史上最大幅の核兵器の50パーセントを削減した。2001年から2009年のジョージ・W・ブッシュ政権で、さらに半減した。

数は減ったものの、依然として世界を破壊するのに十分である。科学者たちは、現代の核兵器を使う米ロの戦争では、数千万人が即死するだけでなく、北半球は夏でも氷点下となり、それが何年も続くかもしれないと予測する。[32] トランプ政権は軍備管理を攻撃しているが、軍備削減プロセスを続けることが至上命題である。

米軍指導者たちは、保有核弾頭が米国と同盟国や友好国の安全を維持するのに必要な規模より大きいと判断する時である。こうした兵器の削減は、それに対応する削減をロシア側にも求めるので、「米国を放射性の灰に変える」ことができる唯一の国からの核の脅威を低減することにもなる。[33] さらには、米ロの削減によって、米国の安全保障上の脅威となっている、他の国々やテロ組織に核兵器が拡散するのを阻止するための国際的な支持を得ることに資するだろう。

検証しながら超大国の核兵器を削減することによって米国の国家安全保障を拡大するのは、反直感的な考えだと思う人もいるだろうが、長年の超党派の伝統である。リンドン・B・ジョンソンに始まる米国大統領たちは、米国とロシアの核兵器の検証可能な制限や削減の二国間合意を追求し、署名してきた。リチャード・ニクソン、ジェラルド・フォード、ジミー・カーター、ロナルド・レーガン、ジョージ・H・W・ブッシュ、ビル・クリントン、ジョージ・W・ブッシュ、そしてバラク・オバマの歴代大統領はすべて、ソ連および後のロシアとの核軍備管理合意の交渉を通じて、核の脅威を低減するのに貢献してきた。

リチャード・ニクソン米大統領とソ連のレオニード・ブレジネフ共産党書記長は、1972年の第1次戦略兵器制限条約（SALTⅠ）と弾道弾迎撃ミサイル制限（ABM）条約によって、米ソの核弾道ミサイル戦力と防衛力に上限を定める第一段階に踏み出した。

それに続く第2次戦略兵器制限条約（SALTⅡ）は1979年6月に、ジミー・カーター大統領とブレジネフによって署名され、その後まもなく批准のために米上院に付された。しかし、ソ連がアフガニスタンに侵攻したのを受けて、1980年1月、カーターは条約の上院での審議を取りやめた。にもかかわらず、米ソはSALTⅡの制限を自主的に遵守した。それまでに米国の核弾頭は約2万4千発にまで減っていた。

ロナルド・レーガン米大統領はINF全廃条約の協議を開始し、ソ連の指導者ミハイル・ゴルバチョフとともに1987年に署名した。レーガンは1986年にこう語っている。「私の熱烈な目標と希望は……いつの日か核兵器に頼ることなく侵略を抑止し、世界の平和を保証することだ。そのために米国は今、攻撃用核兵器のレベルを大きく下げる真剣かつ継続的な交渉を行っており、究極的な目標は、地球上からこうした兵器を廃絶することだ[34]」

INF全廃条約で米ソ両国は、地上配備型の中距離核搭載型ミサイルを撤去することで合意した。それは、ある種の兵器システム全体を廃止し、ミサイルが実際に破壊されているかどうかを現地で検証できるという前例のない手順を確立した初めての軍備管理条約であった。米上院は1988年、I

NF全廃条約の批准に同意した。

一方、レーガンとそのチームは、ソ連とSTARTの交渉を行っていた。STARTにおいてレーガンは、米ソ双方の長距離ミサイルと爆撃機の単なる制限ではなく、大幅削減を提案した。第1次戦略兵器削減条約（STARTⅠ）は1991年、ジョージ・H・W・ブッシュ米大統領とゴルバチョフが署名した。米上院は1992年、批准に同意した。

1991年末、ソ連が解体し、独立国家としてロシア、ベラルーシ、カザフスタン、ウクライナがつくられた。旧ソ連から起きる最大の危険は、核兵器が管理できなくなることだった。

これに対応したジョージ・H・W・ブッシュ大統領が大統領核イニシアティブ（PNIs）を1991年9月に出して、前方配備していた数千発の米国の戦術核兵器を撤去した。数日後、ロシアもお返しして、こうした兵器が悪い連中の手に渡るリスクを減らした。公式の条約が交渉されたり署名されたりすることも、ブッシュ政権が連邦議会の承認を求めることもなかった。PNIsとそれに伴う行動で、米国は一方的に、非戦略核弾頭の90パーセントを減らした。[35]

だが、ソ連の解体は、戦略（長距離）核兵器の問題も生み出した。ソ連が分割されて、4千発以上の戦略兵器搭載核弾頭がウクライナ、カザフスタン、ベラルーシに残された。この3カ国にはこうした致死的装置を扱う施設がなかった。サム・ナン（民主党、ジョージア州）とリチャード・ルーガー（共和党、インディアナ州）の両上院議員は、この「ゆるい核」の問題の危険性を見て、これに対処するためのナン・ルーガー計画を超党派の支持を得て推進した。国防長官になった私（ビル）は、〔旧ソ連の核兵器削減を財政面で支援する〕ナン・ルーガー計画の実行を最優先した。国防予算の他のプログラムから必要な資金を振り向けて、アシュトン・カーター（後にオバマ政権の国防長官となる）をトップとする一流のチームをつくった。その目的は、この計画の権威と資金を使って、クリントン政権1期目の終わりまでに、この3カ国にあるすべての核兵器を解体することだった。

我々はこの目的を達成した。それは、ロシア、ウクライナ、ベラルーシ、カザフスタンのハイレベルでの協力があって初めて成し遂げられた。その直前に行われた軍備管理交渉で築いた友好や経験が、ナン・ルーガー計画の成功には不可欠であった。ナン・ルーガー計画の面白い副産物として、解体した核兵器から取り出された高濃縮ウランは、米国の商業用原発の燃料として混合され、我々に電力を供給した。その時点で想像しえた核の大惨事をナン・ルーガー計画によって回避したが、その成功はそれまでの軍備管理条約があってのことだった。

第2次戦略兵器削減条約（ＳＴＡＲＴⅡ）は1993年初めに署名されたが、米上院もロシア議会も取り上げなかった。1996年初め、私（ビル）は上院にこれを取り上げて批准するよう促し、彼らはそうした。その年の後半、私はロシア議会で証言し、なぜＳＴＡＲＴⅡを批准すべきかを説明したが、彼らが投票にかける前に、私は政権を去った。2000年、ロシア議会は、ＳＴＡＲＴⅡの運命と1972年のＡＢＭ条約の継続を関連づけた。2002年6月に、ジョージ・Ｗ・ブッシュ政権がＡＢＭ条約から離脱すると、ロシア議会はＳＴＡＲＴⅡを拒否した。

1997年3月、クリントンとエリツィンは第3次戦略兵器削減条約（ＳＴＡＲＴⅢ）の交渉開始に合意し、2007年末までに双方が配備する戦略核弾頭を2千～2千500発まで削減しようとした。あいにく、ＡＢＭ条約下の戦略と戦域ミサイル発射装置の区別をめぐって議論が暗礁に乗り上げ、

ＳＴＡＲＴⅢは実らなかった。これもまた、米国のＡＢＭ条約離脱による犠牲であった。

２００２年５月、ジョージ・Ｗ・ブッシュとウラジーミル・プーチンは戦略攻撃能力削減に関する条約（ＳＯＲＴ、またはモスクワ条約）に署名した。これは双方の戦略核弾頭を１千７００〜２千２００発に削減するもので、米上院は２００３年に助言と同意を与えた。

ブッシュ大統領が当初、ロシアとの公式な合意がなくとも米軍の戦力を削減するとしていたことは特筆に値する。２００１年に彼はこう述べている。「核兵器を十分に削減するよう米国内を説得するのに軍備管理合意は必要ないし、私はそうするつもりだ[36]」

ブッシュ大統領が上院にＳＯＲＴを提出するのに合意したのは、ロシアが条約を求めていたこともある。たとえそれが、とても簡単なもの（たった1ページ）で検証措置がなくてもである。ロシアが公式合意を求めなくても、ブッシュは父親がそうしたように、米軍の核兵器を一方的に削減しただろう。

ＳＯＲＴは間接的にＳＴＡＲＴⅠの検証メカニズムに依存していた。そのため、米ロはＳＴＡＲＴⅠが２００９年に失効する前に、新たな二国間条約の交渉をしようとした。それは必ずしもうまくいかなかったが、1年後に新たな条約が成立した。

２０１０年4月、オバマ大統領とロシアのドミトリー・メドベージェフは新ＳＴＡＲＴに署名し、双方が条約によって定められた戦略核弾頭の配備を１千５５０発までに制限することにした。米上院は２０１０年12月、これに助言と同意を与え、２０１１年２月5日に発効した。両国は２０１８年２月までに条約の制限を満たした。この条約は、２０２１年２月に期限切れとなる。

新ＳＴＡＲＴが署名された時、更新日についてはほとんど注意が払われなかった。これに続く条約がさらなる削減をするまでの中間段階だとみなされていたからである。オバマ大統領は２０１３年６月、ベルリンでこう語っている。「我々が配備する戦略核弾頭の３分の1を削減しても、米国と同盟国の安全保障を確保し、強力で信頼性のある抑止力を維持できる」。新ＳＴＡＲＴが定める１千５５０発から１千発に減らすということである。[37]

軍備削減は、なお意味がある

今日、米国にとって最大の核の安全保障上の脅威は、偶発的戦争と核テロ、そして拡散である。これに関して、過剰な米軍の核戦力は何ら意味のある役割を果たせない。世界中の核物質を守り、イランと北朝鮮の核開発計画をやめさせるために、米国は強力な国際的連合をつくる必要があり、米ロの継続的な軍備削減はこうした目標達成に不可欠である。

加えて、さらなる核兵器削減を実現してその方向に進むために、米国の指導者は、中国がもっと自制して核のリスク削減に関与するよう圧力をかけられるだろう。

ロシアが意図的に核攻撃をする脅威が減ったのは歓迎すべき事実だが、それでもロシアの核兵器削減は米国の利益であり続ける。ロシアが軍備削減すれば、偶発的なミサイル発射の可能性を減らし、兵器に転用できる物質を保全し、究極的にはそれをなくすという目的に資する。

上院軍事委員長だったカール・レビン（民主党、ミシガン州）は、２０１２年6月にこう語った。「真の脅威や潜在的脅威の点では、新ＳＴＡＲＴの下でこれほど多くの在庫が認められている理由が見当たらない。より多くの兵器が存在すればするほど、我々は安全になるよりも、危険になる」[38]

米ロの軍備管理プロセスを継続すべき、カギとなる理由は、不拡散のための国際的な連合を強化することである。兵器の拡散こそが将来の米国の安全保障にとって、最大の脅威となるところである。過剰なまでに大規模な兵器は拡散が止まらない。軍備削減をすれば、米国の不拡散努力に対して、より多くの国際的な支持が得られるだろう。

最後に、国防予算削減の圧力がある中で、必要以上の軍事計画を維持するのは賢明ではない。余剰核兵器に費やす分だけ、テロ防止や不拡散にあてる費用を失うのだ。2013年、元国務長官コリン・パウエルはこう記している。「(核兵器の)数を減らすことには、インセンティブがある。それらは高額だ。兵士の給料を奪っていく。(作戦や維持にかかる)投資も奪っていく。数多くのものを奪っていくのだ。国家の安全保障に必要だと信じる以上を維持することには、何のインセンティブもない」[39]

米国の核兵器を減らすことについて、2つの反対論がよく展開される。中国の軍拡を促すとか、米国の同盟国が自前の核兵器を持とうとするかもしれない、とか。どちらも今や通用しない。

もう何十年にもなるが、今も中国の推定核戦力は米ロより断然小さく、保有核兵器は300発未満と見られる。米国が1千発にまで減らしても、中国に対してなお3対1の優位にある。現時点での核削減を中国は邪魔していない。米ロが核削減すれば、中国に対して優位に立ち、その軍備拡大の制限に理解を得やすくなるだろう。

逆に、米ロが不要な大規模核戦力を維持し、それが(信頼性はないのに)大規模な米国の長距離弾道ミサイル防衛と結びつくと、中国は戦略核戦力の規模と能力の拡大を加速させることになるだろう。

さらなる米国の核戦力削減によって、いわゆる米国の核の「傘」に依存する同盟国が非核の立場を再考し、独自核武装を模索するだろうと主張する人もいる。

米国の200～300発の核兵器が無敵の報復能力を持ち、通常兵器でも圧倒的優位にあることを考えれば、そういう懸念には根拠がない。それ以上に、非核保有国の韓国や日本があからさまに核兵器開発をすることは、核不拡散条約に対する重大な義務放棄であり、その決定による政治的コストは莫大であろう。

さらなる核削減に反対を表明するどころか、欧州の同盟国や日本はずっと繰り返して、米ロが「新START」の後継措置についての協議を継続し、核兵器のない世界という目標に向けて、さらなる核削減を実現」するよう求めているのである。そして、「核兵器の全廃という目標に関与していない国々に、核削減努力を促している」のである。[40]

米国は現在保有するよりもっと少ない核兵器で信頼できる抑止力を保てるし、それほどまでに多数持つことを合理的に正当化できない。米国が核兵器をさらに削減すれば、様々な利益をもたらす。ロシアも軍備削減するだろうし、核テロや不拡散に対する強固な国際的連合ができるだろうし、巨費を節約して国防の必要性の高いところに優先して使えるだろう。50年間に7人の大統領が核兵器削減にあたってきたのは、道理にかなっていたし、今でもなお意味がある。

だが、そこにたどり着くには、いくつかの極めて困難な課題があるだろう。核安全保障政策において物議をかもしてきたミサイル防衛のようなものである。米国のミサイル防衛をロシア側の報復能力に対する脅威だとみなす限り、こうした米国の防衛力を制限することなしには、新たな軍備削減交渉を拒否するだろう。そして、米連邦議会も（ミサイル防衛のような）システムが効果的に働くという誤った信念にとどまる限り、これを制限されるのを拒否するだろう。ミサイル防衛のジレンマについては、次章で詳しく議論する。

第8章　ミサイル防衛の幻想

だが、兵器や防衛システムに巨費を費やしたからといって、いかなる国の都市や市民であっても完全に守れるなどとは考えてはならない。原子爆弾の恐ろしい算術は、そうした安易な解決を許さないのである。

――大統領アイゼンハワー[1]

２０１９年3月25日、米ミサイル防衛局（ＭＤＡ）は太平洋上空で実験を行った。マーシャル諸島のクエゼリン環礁の実験施設から無人の標的ミサイルを発射し、それを4千マイル以上離れた米カリフォルニア州ロサンゼルス北郊のバンデンバーグ空軍基地から2発の迎撃用ミサイルの「一斉」発射で撃ち落とすというものである。

クエゼリン環礁からの標的ミサイルは大気圏外で、毎時2万2千マイル〔時速約3万5千キロ〕の速度で模擬弾1発を放ち、バンデンバーグから向かってくる2発の迎撃ミサイルが放つ「殺戮手段」が模擬弾に衝突した。迎撃ミサイルには爆発物を搭載していないので、衝撃で標的を破壊しなくてはならない。これは「ぶつかって、殺す（hit to kill）」として知られる。

実験は「成功」とされた。地上配備型迎撃ミサイル（ＧＢＩ）と呼ばれる、第一の迎撃ミサイルが模擬弾頭に衝突してそれを破壊した後、第二のＧＢＩは標的が破壊されたかどうかを確認し、がれきに衝突した。

実験後、ミサイル防衛局長のサミュエル・グリーブスはこう話した。「システムは設計通りに機能し、実験結果は、ミサイル防衛の一斉発射原則の有用性を示した。地上配備型ミッドコース防衛システムは、本土防衛に極めて重要である。そしてこの実験は、正真正銘の脅威に対して、我々が有効で、信頼性のある抑止力を持っていることを証明した[2]」

国防次官（政策担当）のジョン・ルードも実験後にこう評価した。「米国は、地上配備型ミサイル防衛システムに守られている[3]」

普通の人がこうした声明を読んだら、こう思うだろう。「すばらしい。ミサイル防衛は機能する。北朝鮮やロシアからのミサイル攻撃を心配しなくてもいいのだ。攻撃をしてきても、それを止められるのだ」

そうであってほしいと我々も願う。長距離ミサイルに対する米国のミサイル防衛が本当に機能するのなら、我々もグリーブスやルードの自信を共有したいものだ。だが残念ながら、これは事実ではない。「銃弾を銃弾に」当てるのは見事な科学技術の成果かもしれないが、「米国は、地上配備型ミサイル防衛システムに守られている」ことは証明しない。全くそれに近づいてはいないのである。

地上配備型ミッドコース防衛（ＧＭＤ）システムができることについて、過剰な声明を出したのは、これが初めてではない。実際、トランプ政権やオバマ政権の高官や、超党派の連邦議員のメンバーが本当のことをあなたに伝えたら、さぞかし困惑することだろう。GMDシステムが現実の脅威に対して機能するかどうかわからない。そういう脅威に対して、米国はこのシステムの実験をしたことがないからである〔太字は筆者による強調〕。

実験結果に基づいて、我々が信じるところは、こうである。現在のシステムでは、北朝鮮からの現実の攻撃や、ましてや中国やロシアからのそれを止められるとの自信を、米国大統領は持てないだろう。システムが「機能した」のは約半数の実験だけであり、それも、実験が成功するように意図的に難度を下げたものであった。最も重要なことには、ロシアや中国、そして、そう、北朝鮮が使いそうな模擬弾による実験ではなかったのだ。そして、GMDシステムは迎撃ミサイルを大気圏外で扱うので、模擬弾には極めてもろいのである（本章後半の項「なぜ弾道弾迎撃ミサイルは機能しないのか?」参照）。

だから、米会計検査院はこうした実験について、こう報告している。「運用上役に立つ〔太字は筆者〕防衛能力が存在すると証明するには不十分である」[4]

ここに何が起きているのか? 米国のミサイル防衛の歴史は、政治と防衛支出の切り札となる科学の歴史である。政治家と防衛当局者らは、ミサイル防衛は機能するとの誤った情報を米国民に伝える。それが機能しないと説明するのは複雑だ（政治的にも具合が悪い）。防衛事業者と従業員たちは強力な支持者であり、巨費がかかっているのだ。一方、この不十分な防衛を疑問視した政治家は、「米国を守りたくないのか」との攻撃に自らをさらすことになる。

「害はない。もっと悪いことに政府は無駄金を投じている」と言う人もいるかもしれないが、我々はそれに同意しない。この危機は極めて現実的だ。まず、国として効果のない迎撃ミサイルにさらに金をつぎ込むと、それが機能するものだと自分たちをより思い込ませることになる。そうする以外に、どうやってそんな巨費を投じることを正当化できようか？　だが、この過信は危険である。トランプ大統領がミサイル攻撃を迎撃できると信じれば、彼は紛争をエスカレートさせようとするかもしれない。こうして国は意図しない戦争に陥る。２０１７年10月、ＧＭＤシステムに言及して、トランプ大統領はＦＯＸニュースのショーン・ハニティにこう話した。「我々のミサイルは、空中のミサイルを97パーセントの確率で撃ち落とせる。これを2発撃てば、完全に撃ち落とせるだろう」。トランプが本当にこれを信じているのかどうか分からないが、そうだとすれば、極めて危険である。

迎撃ミサイルが防衛として機能するとトランプが信じているならば、ミサイル攻撃が米国の都市には届かないと誤解して、危機を高めていくかもしれない。あるいは、同じ誤った論理により、トランプが北朝鮮に先制攻撃をするかもしれない。米国科学者連盟非常勤シニアフェローのアンキト・パンダとマサチューセッツ工科大政治学准教授のヴィピン・ナランはこう記している。「この誤解は壊滅的な結果を伴う高価な戦争に米国を導くのに十分だ」[5]

効果のないミサイル防衛システムの第二の危険は、ロシアの指導者たちがそれが実際に効くとは信じていなくても、効かないとも言い切れないことだ。よって、ロシアは保険をかける意味で、米国がロシアのＩＣＢＭを上回るという最悪のケースに備える。すでにロシアは米国を攻撃するための新システムを開発している。その一つが、米国のミサイル防衛システムを避けて、米国を南から攻撃する長距離ミサイルである。２０１８年3月の連邦教書演説でプーチンはこのシステムについてロシア国民に誇らしく語った。

（最近機密解除された2000年ごろのCIA報告によると）米国が計画する限定的なミサイル防衛システムであっても、ロシアはその戦略的報復能力を損なうものと受け止め続けている。……ロシアが懸念するのは、戦略核戦力の低下により、先制攻撃を受けた後の残りのミサイル戦力では米国のミサイル防衛を突破できず、よって米国の攻撃を抑止する能力が衰えていることである。[6]

このCIAの報告は多くを語る。面白いことに、ロシア側は米国の先制攻撃を本当に恐れている。さらには、ロシアが明らかに心配しているのは、先制攻撃を受けたら報復用に十分な核戦力が残らないため、限定的な米国のミサイル防衛システムであってもロシアの報復ミサイルが止められてしまうことである。

この根拠のない恐れは、2つの誤った想定に基づいている。第一に、米国が挑発的な先制攻撃をすることは、ほぼありえない。これまで論じてきたように、これは選択肢にはない。理性的な米国大統領が、国家の運命をリスクにさらすことはしないという単純な理由である。

第二に、ロシアの報復ミサイルが小規模だとしても、米国のミサイル防衛が効くというのは誤りである。ロシアの科学者たちもこれを知っていると思うが、明らかに政治指導者を説得し切れていない。

こうした2つの誤解が合わさって、ロシア政府は米国の意図に疑念を持ち、核戦力削減に抵抗するのである。新ＳＴＡＲＴの場合、期間を10～15年に制限することで、この抵抗を抑えた。条約の序文は「戦略攻撃兵器と戦略防衛兵器の相互関係」を認識し、「現在の戦略防衛兵器が両国の戦略攻撃兵器の能力や効果を損なわない」としている。それでもロシアは、米国が大規模なミサイル防衛を配備したら、新ＳＴＡＲＴから離脱する可能性があるとの声明を一方的に出した。新ＳＴＡＲＴ署名に際してロシアのメドベージェフ大統領は、条約が「運用可能なのは、米国がミサイル防衛配備を量的にも質的にも抑制する限りにおいてである」と述べた。[7]

そして、２０１３年にオバマ大統領が新ＳＴＡＲＴよりも核戦力を削減する別の条約をロシアと交渉しようと持ちかけた時、ロシア側の答えは「いいえ」だった。拒否したのは、米国のミサイル防衛拡大への懸念によるものだ。現在、米政府はミサイル防衛への支持をそのままにしており、それは米国を守らないし、軍備管理合意を通してロシアの核兵器を削減するのを妨げている。

いかにしてここにたどり着いたか

１９６０年代にさかのぼると、米国の軍備管理専門家たちには、どちらかが一定のミサイル防衛を築けば、攻撃力を減らすのは難しくなることがよく分かっていた。単純明快な理由は、こうである。敵が防衛力を構築すれば、最上の答えは、より多くの優れた攻撃力を持つことである。城を考えてみればよい。（防御用の）城壁が高くなれば、（攻撃用の）はしごも高くなる。壁が厚くなれば、砲弾はより重くなる。壕が広くなれば、〔空母などの飛行甲板で艦載機を加速して発進させる〕カタパルトの幅を追加する。よりよい防御に対する答えは、常に、そして今も、よりよい攻撃である。原子力時代においても、剣は盾より強しなのだ。
よって、米ロの交渉者たちは攻撃用核兵器を制限する前に、防御を制限しなくてはならない。１９７２年のＡＢＭ条約では、それを行った。序文でこう規定する。「弾道ミサイル迎撃システムを制限する効果的措置は、戦略攻撃兵器の競争を抑え、核兵器を含む戦争勃発のリスクを抑止するための重要な要素である」[8]

ＡＢＭ条約は米ソ双方のミサイル防衛配備を（2カ所から減らして）1カ所に制限し、１００基の迎撃ミサイルで首都かＩＣＢＭ施設を守ることとした。ソ連は首都モスクワの周囲にそれを配備し、現在のロシアもそうしている（効果はなく、簡単に凌駕されるとみなされている）。米国はノースダコタ州のＩＣＢＭ施設にセーフガードと呼ばれるシステムを置いて守ることにしたが、配備して数カ月後の１９７５年10月に廃止した。連邦議会がそれは高価すぎて、信頼性もないと結論づけたからである。条約はまた、海上や空中、そして宇宙へのミサイル防衛システムの配備を禁じた。

条約は１００基の迎撃ミサイル配備を許したが、この事実こそが条約の死の種であった。両国の強力な党派が、迎撃ミサイルでもうけ続けられると信じることになった。そして条約は、よりよい防衛についての研究継続も認めた。レーガン大統領は、国家防衛は強力な考えであり、それは抑止や相互確証破壊よりも強力だと示した。

ＡＢＭ条約による「１００基の迎撃ミサイル配備を許した」妥協は、１９８３年3月にレーガン大統領が戦略防衛構想（ＳＤＩ）を始めるまで続いた。ＳＤＩは「スター・ウォーズ」計画とも風刺されたが、ソ連の核兵器を「無力化し、時代遅れにする」構想であった。米国全土を防衛し、宇宙にも兵器を配備する計画で、ＡＢＭ条約に違反するものだった。レーガンは調査や実験は条約で認められていると主張したが、ゴルバチョフは実験室の外での実験は違反とみなした。悲劇的にも、この論争が、１９８６年のアイスランド・レイキャビク首脳会談での核軍縮合意を妨げた。

10年後、エックス線レーザーや指向性エネルギー兵器、粒子ビーム兵器、宇宙配備式衝突型迎撃ミサイル、そして「ブリリアント・ペブルズ」［ＳＤＩ計画の弾道ミサイル迎撃手段の中で有望であると見られていた宇宙迎撃兵器。警戒衛星から弾道弾発射の信号を受け取って迎撃態勢に入り、複数弾道が放出される前のブースト段階で弾頭を捕捉することによっておとりか本物かを識別し、それ自身が目標に衝突して撃破するのでＭＩＲＶ弾頭に対して有効な対抗手段となる］の研究に数百億ドルを費やしたあげく、国防総省は、こうしたコンセプトはどれも機能しないとの結論を強いられた。飛来する数百の弾頭を迎え撃つ大規模防衛というアイデアは死んだ。

２０００年にビル・クリントン大統領が全米のミサイル防衛配備を検討するまでに、喫緊の脅威はロシアでなく北朝鮮になった。提案中の防衛は、地上配備型の迎撃ミサイルで１、２発の弾頭を撃ち落とすもので、数百発ではなかった。この脅威の始まりは、１９９８年に北朝鮮がテポドン１号の発射実験をしたことだった。それは、宇宙へ放つ3段ミサイルであり、日本上空を越えた。北朝鮮の危険な潜在能力に世界が目を覚まされた。ＩＣＢＭ開発のカギとなるのが複数段階を持つミサイルの発射能力だが、北朝鮮はこの熟練の技を習得していることを示した。

１９９９年の国家情報報告は、その年に北朝鮮がより能力の高いミサイルの発射実験をした可能性があり、それは政治的理由によるものではないと推測した。情報によると、３段ミサイルのテポドン

2号は米国のどこにでも核弾頭を撃ち込むことができるという。私（ビル）はクリントン大統領の求めで、対北朝鮮政策の見直しを行い、北朝鮮の核とICBM開発計画を止めようとした。韓国、日本の同僚らとともに1999年、私は自らのチームを率いて平壌を訪れ、北朝鮮高官らと交渉した。我々は様々なインセンティブ（米国による国家承認や朝鮮戦争の公式な終結を含む）を持ちかけ、核とICBM開発計画を検証可能な形で終わらせるよう求めた。彼らは非常に前向きで、最終交渉のために軍幹部をワシントンに派遣した。そして、クリントン大統領と金正日《キムジョンイル》が合意に署名することになっていたが、続くブッシュ政権が北朝鮮との対話をすべて遮断した。強い圧力によって北朝鮮の体制崩壊を狙ったものだったが、それは起こらず、北朝鮮は中規模の核戦力を構築し、弾道ミサイルで標的に撃ち込めるようになった。

米国の迎撃ミサイル技術が高度なロシアのICBMの数百発の弾頭から防御できると主張するのは、もはやお笑いぐさだが、対北朝鮮となると別の様相を呈した。ミサイル防衛推進論者たちは、北朝鮮のミサイルの脅威はずっと小さく、洗練されていないので、対処できるというのだ。

北朝鮮のミサイルの脅威が台頭し、クリントン大統領には、決定的な行動をとるよう促す政治的圧力がかかった。1999年10月のミサイル防衛技術のカギとなる実験で、迎撃ミサイルが模擬弾頭に当たった。国防総省はこれをもって、構想が機能する証拠だとした。タイミングは重要であった。クリントンは2000年の秋までに、システムを配備するかどうかの決定をすると期待されていたのである。

実験の数週間後、憂慮する科学者同盟で働いていた私（トム）は、実験は国防総省の主張通りではなかったとの情報を得た。迎撃ミサイルはいくつもの技術的エラーを重ねて、想定したコースをそれた後に、標的に当たったという。模擬弾頭ではなく、おとりの気球に破壊装置が元々埋め込まれており、システムは容易にごまかせることを示唆していた。

私がこの情報をニューヨーク・タイムズ紙に提供すると、２０００年１月14日の１面トップに「ミサイル迎撃実験は無効と反対者たちはみなす」との見出しで掲載された。[9] 記事はこうだ。「おとりは、米国のミサイル防衛システムを混乱させるために敵対国が使うかもしれない手段であった。この10月に行われた実験の場合、迎撃ミサイルの視野に大きな、明るい気球が、それより小さくて薄暗い弾頭の近くに漂っていた。批判者たちは、もしそれがなかったら、実験は成功しなかっただろうと言う」

私はタイムズ紙にこう話した。「これが示しているのは、あの気球がそこになかったら、彼らは標的に当てられなかったのだろう。幸運だった」

この記事は、国防総省は実験結果を正確に伝えていないと、国民に強く認識させた。タイムズ紙はまた、「その事実から数年後、連邦議会の調査によって、１９８４年と１９９１年の撃墜実験は、実際よりも効果的に見えるような装備が施されていたことが分かった」と報じた。タイムズ紙によると、このケースでは、迎撃手段は標的を見失ったが「マイラー（強度に富むポリエステルフィルム）製の気球を視野に収めて、それを頼りに、より小さくて冷たい弾頭が近くにあるのを見つけ、すぐにそれに向かっていって破壊した」

ここでカギとなる質問がある。迎撃ミサイルはいかにして、本当の標的は「より小さくて冷たい」と事前に知ることができるのだろうか？　国防総省がそう言ったことで、実験は非現実的なものだったことが明らかになった。迎撃ミサイルは実験前に正解を与えられていたのである。実際の攻撃では、宇宙空間にばらまかれるおとりは多数になるかもしれないし、弾頭自体がおとりに見えるようにつくられるかもしれない。真の標的が、おとりとは全く違う大きさと温度だと事前に知ることはできない。

2000年9月、こうした実験の問題もあり、クリントン大統領は、少数の北朝鮮のミサイルを迎撃する限定的なシステムを配備しないという賢明な決定をした。彼曰く、科学技術の準備態勢、軍備管理へのインパクト、システムの費用、脅威という4つの基準を基に決定したという。クリントンはまだ「配備に向かうためには……科学技術と運用効果に十分な自信が持てない」との決定をした。また、「ミサイル防衛によって標的に当たっていると思われるのに実際にはそうでないような混乱を起こす」おとりのような対抗手段、あるいは努力といったものについて、未解決の疑問があるとした。[10]

ブッシュがつぶしたABM条約

2001年9月11日、すべてが変わった。世界貿易センタービルと国防総省へのテロ攻撃で、ミサイル防衛の状況が完全に転換した。軍事計画や予算、そして以前ならもっと厳しく議論された作戦に抵抗することが、ますます難しくなった。2001年暮れ、ならずもの国家やテロリストの脅威の高まりを受けて、ジョージ・W・ブッシュ政権は、米国はABM条約から離脱すると表明した。その後まもなく、政権は未実験のミサイル防衛システムを推し進める計画を発表した。二国間でのミサイル防衛の制限は、歴史となった。

ブッシュは2002年にこう語った。「私の政権を通して、米国は市民を守るためのすべての手段をとることを明らかにしてきた。おそらく最大の脅威は、大量破壊兵器とその運搬手段で武装した敵対国家やテロリスト集団による壊滅的な危害である」[11]

ブッシュ政権は2004年、地上配備型ミッドコース防衛システムの使用を始めた。今日、そのシステムはアラスカとカリフォルニアで44基の迎撃ミサイルを構成して、北朝鮮からの長距離ミサイル攻撃に対抗しようとしている（が、できない）。国防総省の現在の計画では2023年までに64基に増やし、その後まもなく100基に到達させようとしている。これまでに400億ドル以上を費やした。[12]

国防長官ドナルド・ラムズフェルド〔当時〕は当初、そのシステムを「限定され」ているが、「ないよりまし」だとして、「科学技術の最先端にいるのなら、成功と失敗の両方から学び、知識を得ようとすることには、理解が得られるだろう」と話した。[13]

ラムズフェルドの発言は、開発中の試作品には当てはまるかもしれないが、配備済みのシステムには当てはまらない。急いで配備しようとしたブッシュ政権は、この不備だらけの科学技術に固執し、我々は今もそのコストを払っている。上院議員ディック・ダービン（民主党、イリノイ州）は2014年6月に、こう語った。「設計、工学技術、そして信頼性の問題は……適切に実験することなしに、急いで配備したことがその大きな理由だ。我々はその決定のツケを大いに払っている」[14]

ブッシュがシステムを配備してしまったことで、ミサイル防衛の議論は永遠に変わった。証明する重荷が移ったのだ。ブッシュ以前は、その重荷は配備を求める側にあり、システムが効果的で、手頃な値段で、軍備管理を損なわないことを示すことが求められた。今では、配備に反対する側が、なぜこのシステムを撤去すべきかを議論しなくてはならない。ミサイル防衛に関する官僚機構と予算は解き放たれてきた。ミサイル防衛の配備前に適切な実験をせよと主張する側にとって、効果のないシステムをブッシュが配備してしまったことは、致命的であった。将来の米ロの軍備管理の見通しにとって、実験なしの配備やそれに関連するＡＢＭ条約つぶしは、歴代大統領が行ってきた中で最も損害を与えたことだった。

そのシステムをブッシュから引き継いだオバマがそれをやめて、ＡＢＭ条約の再興を模索していれば、被害は短期間で済んだかもしれない。だが、遅すぎた。

当初、オバマはミサイル防衛を手の届く範囲に収めようとした。２００８年に大統領候補として、オバマはブッシュによる「ミサイル防衛の性急な配備」を批判している。[15] 大統領に就任すると、オバマ政権は、米国の防衛から地域防衛へ、特に欧州にシフトしようとした。だがオバマはブッシュのＧＭＤシステムを継続した。それをやめると、共和党との大きな政治闘争となって、新ＳＴＡＲＴの批准ができなくなりそうだったからだ。政権が何かに何十億ドルもつぎ込むようになれば、それは機能しないと主張するのは難しい。そうして、深刻な欠陥のあるＧＭＤシステムは超党派の支持を得て、あえて疑問視しようとする者はほとんどいなかった。

まもなく、オバマ政権は自身のミサイル防衛のレトリックに足をとられた。北朝鮮による核とミサイル実験を前に、オバマ政権は約10億ドルを投じてブッシュのミサイル防衛システムを約50パーセント拡大した。これは、ブッシュが２００４年に生煮えのまま配備した決定と同じくらい無意味であった。国防総省で兵器実験ディレクターを務めたフィリップ・コイルはこう話す。「オバマ政権がアラスカのフォートグリーリー基地に14基も追加配備する考えは、失ったカネを取り戻すために、さらにカネをつぎ込むようなものだった。機能するシステムを持つことが必要なのであって、ひどい欠陥システムを拡大する必要はない」[16]

対処しようとする脅威について、当時の統合参謀本部副議長のジェームズ・ワインフェルドは２０１４年５月、「攻撃をすれば、圧倒的な米国の反撃にあうこと」が北朝鮮には分かっているとして、北朝鮮からのミサイル攻撃を止めるのはミサイル防衛ではなく、抑止であると示唆した。[17]

ミサイル防衛は欧州へ行く

就任後まもなく、オバマ政権はロシアとの関係において主たるいらだちのもとを除去しようとした。ブッシュ政権は、イランのＩＣＢＭから米国を守るためとして、東欧に長距離迎撃ミサイルを配備する計画だった。当時、イランはＩＣＢＭを保有しておらず、ロシアはこれを自国のＩＣＢＭへの明らかな脅威だと見た。これが、ロシアの新ＳＴＡＲＴ支持の障害となった。

そのため、オバマは２００９年９月17日、ポーランドに10基の迎撃ミサイルとチェコ共和国に１基のレーダーを配備するというブッシュの計画を取りやめ、別のシステムにすると発表した。ロシアを確実に怒らせる長距離迎撃ミサイルを配備する代わりに、オバマはまず、イランのミサイル攻撃の脅威が高まれば使いやすくなる、より短距離の迎撃ミサイルを配備することにした。オバマは、新たなシステムがイランからの脅威の変化に対処し、「米軍や同盟国にとって、より強固で、賢明な、すみやかな防御となる」と述べた。[18]

この決定は共和党側の反発を招いた。下院共和党のリーダー格ジョン・ベイナー（オハイオ州）はこう言った。「ポーランドとチェコ共和国でのミサイル防衛をやめるのは、欧州の同盟国を犠牲にしながら、ロシアやイランを力づけるだけだ。世界で最も危険な体制からの脅威を無視し続けるとは、わがままな決定だ[19]」

しかし、その決定はロシア側の抑制的な称賛を引き出した。メドベージェフ大統領はこう語った。「我々の合意の履行に向けた米国大統領の責任あるアプローチを評価する。この対話を続ける用意がある[20]」。そして、オバマの欧州でのミサイル防衛の転換は、ロシア側の新START支持を得ることになったが、それ以上のものではなかった。

オバマ政権が欧州で進めたミサイル防衛計画の最初の3段階は、よりよい迎撃ミサイルを備えるものだった。しかし、第4段階に入ると、別の部類になった。ポーランドへの配備が計画されたSM－3ⅡB迎撃ミサイルは、存在しないイランの長距離ミサイルから、欧州ではなく米国を守るためのものであった。これもまた、ロシアにとっては、イランの話をだしにして、実際にはロシアのICBMを迎撃しようとするものだと映った。

2013年3月12日、国防総省の政策担当ジム・ミラーは、オバマ政権が進める欧州でのミサイル防衛計画についてスピーチし、システムの最初の3段階は軌道に乗っていると話した[21]。ところが彼は、存在しなかった（今もしない）イランのICBMから守るための第4段階には触れなかった。私（トム）からの質問に答えて、ミラーは、予算削減や技術的問題を踏まえて、第4段階を進めるか、別の選択肢を追求するかを「真剣に検討し続けている」と言った[22]。

これは大きな政策転換になるので、私（トム）はフォーリン・ポリシー誌に寄稿し、２日後の３月14日に掲載された。記事では「第４段階を取り除いて、米ロの軍備削減を進めさせる時だ」と書いた。[23] ロシアはこの第４段階について、ロシアのＩＣＢＭが米国に向かうのを迎撃するために使うつもりだと批判していた。

３月15日の早朝、忘れられない電話を受けた。軍備管理協会にいた私（トム）に、電話をとったスタッフが言った。「国防総省からあなたに電話です」。何か問題が起きるのではないかと緊張しながら電話をとると、国防長官室のスタッフは私の記事に謝意を示し、その方向で政策を進めることになったので、その日の午後に行う長官の記者会見を聴くようにと念を押した。私も謝意を伝え、もちろん聴くと伝えた。

記者会見で国防長官チャック・ヘーゲル〔当時〕は、欧州のプログラムの「再構成」によって、国防総省は欧州での段階的適応アプローチ（ＥＰＡＡ）ミサイル防衛システムの４段階の残り部分を取りやめると発表した。イランから発射される長距離ミサイルを撃ち落とす迎撃ミサイルをポーランドに配備するものだった。

これは歓迎すべきニュースだった。オバマ政権はそれまで、ＥＰＡＡの全４段階を配備すると主張していた。２０１０年12月、新ＳＴＡＲＴへの共和党支持票を固めるため、オバマ大統領は上院で、（ミサイル防衛の）全計画を進めると確約した。イランのミサイルの脅威の高まりと、それに対抗する迎撃ミサイルの科学技術の前進を想定していた。だが、米国に第４段階は必要なかったし、それはオバマが進めようとしていたロシアとのさらなる核兵器削減にとって、大きな障害となっていた。ギアを入れ替える時だった。

面白いことに、ヘーゲルは別のニュースを発表して、第４段階の中止を埋没させた。２０１７年までにアラスカに14基の地上配備型迎撃ミサイル（ＧＢＩ）を追加するための予算を計上し、北朝鮮の核とミサイルの脅威の高まりに対処するとした。また、アラスカのシステムによって、イランの長距離ミサイルにも対処できるとした。「遅れているプログラム」からＧＢＩミサイル追加に資源を振り向けることで、「遠からずイランのミサイルに対する防御を加えられるだろう」[24]。オバマ政権は、ミサイル防衛の第４段階をたどりつつ、「弱腰」と見られたくはなかったのだ。

あいにく、第４段階をやめるだけでは、ロシアは交渉の席に戻ってこなかった。ロシアは米国の防衛に、ＡＢＭ条約と似た法的拘束力のある制限を設けようとしたが、オバマ政権にはその用意がなかった。

一方、アラスカへの配備拡大は、中国にとっていらだちとなった。中国外交部の洪磊《ホンレイ》副報道局長は3月18日に北京で、「ミサイル防衛と軍事同盟の強化は敵対心を深め、何ら問題解決にならない」と報道陣に語った。

２０１５年、大きな軍備管理と不拡散の成果として、オバマ政権は（ロシア、中国、ＥＵとともに）イラン核合意の交渉にあたり、イランの核兵器開発につながるかもしれない活動の検証可能な形での一時停止にこぎつけた。しかし、トランプ政権は２０１８年、この合意を反古《ほご》にした。

今では、米国がルーマニアやポーランドに設置した迎撃ミサイル施設が、ＩＮＦ全廃条約で禁じられていた巡航ミサイルの発射用として使われるのではないかと、ロシアは懸念している。

さらには、GMDシステムのように、SM－3迎撃ミサイルは対抗措置にもろく、それに対処する実験をきちんと行っていない。

再び、欧州での米国のミサイル防衛を再検討する時である。第4段階と同じく、ポーランドでの第3段階も必要ない。イランの核計画は凍結されており（トランプの合意違反で再開する恐れもあるが）、NATOの強固な軍事力によって、イランは抑止されているはずである。

なぜ弾道弾迎撃ミサイルは機能しないのか？

現在の米国のミッドコース弾道弾迎撃ミサイルシステムは、実験成功が少なすぎるとして批判されている。たとえすべての実験が計画通りだとしても、やはり効果的な防衛にはならないだろう。ICBMに効果的に対処するのは極めて難しい。迎撃ミサイルの設計が問題なのではない。物理の法則である。

弾道ミサイルを迎撃するには、根本的に違う3種類の方法がある。宇宙空間に上昇していく間（ブースト段階）、宇宙空間を飛行している時（ミッドコース段階）、そして大気圏内に再突入する間（ターミナル段階）である。それぞれ独自の物理の法則に伴う問題がある。

ICBMはブースト段階が最も攻撃にもろい。だがブースト段階の防衛には、弾道ミサイルが見える直線上に設定しなければならない。海岸近くからミサイルが発射されるのでなければ、衛星に頼るしかない。地理的に、北朝鮮のICBMに対する海上配備型の防衛システムは可能かもしれないが、国土が広く、内陸部にミサイルを置くロシアや中国に対して、それは無理である。

レーガンのＳＤＩプログラムは、こうした地理的制約を克服するために、衛星にレーザーかエックス線兵器を搭載し、ソ連の発射場に到達させようとしたものだ。だがそれには何百もの衛星が必要で、ＩＣＢＭが発射された時に、少なくとも1基の衛星はそれを直接撃てることが求められた。その代わりに、光線兵器を衛星に搭載して、ミサイル発射場の「上空にとどまらせる」（静止軌道として知られる）こともできた。だが、その軌道は宇宙のかなたにあり、2万マイル以上離れたところからＩＣＢＭを「仕留め」られるほどの強力な光線兵器が必要である。こうした基礎的な物理的問題により、ＳＤＩ計画は導入されなかった。

大気圏内に再突入した後のターミナル段階で弾頭を攻撃するアプローチもある。だが、爆発前に迎撃するのに、たった2～3分しかない。成功させるためには、衝突現場近くに迎撃ミサイルを置かなければならない。（パトリオットのような）そうしたシステムは、イスラエルや韓国などあらゆる場所で、通常弾頭の戦術ミサイル攻撃から都市や軍隊を守るために使われている。

だが米国のように大きな国を大規模な核弾頭攻撃から守るには、何千もの迎撃ミサイルが必要であるし、大都市の内外に置かなければならない。迎撃がうまくいっても、守られた都市の近くで核爆発が起きるのは避けられない（犠牲も覚悟した「血だらけの鼻」防衛とも呼ばれる）。

1950年代、ソ連の爆撃機を地上配備型ミサイルで迎撃するターミナル防衛アプローチが追求されたことがあったが、破棄された。サンフランシスコ北部の丘を登れば、かつてそこに配備されていたナイキ・エイジャックス（ミサイル）システムのさびた残骸に出くわすだろう。空爆から国を守ろうと、むなしい取り組みをしたことを、はっきりと思い出させる。反対にソ連も、防空をあきらめてはいなかった。数千億ドルを投じて、何千ものＳＡ－２、ＳＡ－３地上配備型迎撃ミサイルをソ連全土に配備した。米空軍は、ソ連のレーダーより低い高度２００フィート〔約60メートル〕で爆撃機を飛行させるという安上がりの戦術で防空網を突破することにした。

こうした理由により、現在の米国の防衛システムは、ＩＣＢＭ弾頭が、地上数百マイルを自由飛行中のミッドコース段階で攻撃するよう設計されている。よい知らせは、現在配備中の米国のＡＢＭは、ロシアや中国、北朝鮮から発射されたいかなるＩＣＢＭであっても自由飛行中に視野に入れられることだ。悪い知らせは、ミッドコースには大気がないので、いくぶん簡単なおとりでも、弾頭のように見せることができるのである。

概念上、レーダーが反射する物質を塗ったプラスチック製の気球で、最も簡単なおとりになる。そうしたおとりは単純、安価、軽量であり、ＩＣＢＭをつくれる国であれば、少なくともその程度のおとりを数十個ずつ各ＩＣＢＭに配備しているだろう。高度なレーダーであれば、そういう単純なおとりは区別できるので、もっと進化したおとりを使うことだろう。例えば、おとり気球のような気球に実際の弾頭を搭載したり、何百もの簡単な気球を配備したりして、レーダーの認識能力を飽和状態にさせることが考えられる。この競争では、明らかに防御側より攻撃側が優位である。

現在の米国のシステムである、地上配備型ミッドコース防衛（ＧＭＤ）は、ミッドコースの間に運用している。ＩＣＢＭ攻撃から国を確実に守れると言える理由はない。それができると断言するのは、間違った信念であるだけでなく、危険である。ＩＣＢＭから国がしっかり守られているとの誤った前提に基づいて、指導者が政治活動をしてしまうことになりうる。

宇宙兵器

トランプは２０１９年のミサイル防衛見直しで、米国のミサイル防衛の目的は「米国に向かって発射されたミサイルを、いつでも、どこでも見つけて、破壊すること」だと述べた。もし米国がそういう実現不可能な能力を追い求めるなら、それは、宇宙での迎撃ミサイル配備へとつながるだろう。[25]

未来のことのように聞こえるかもしれないが、宇宙配備兵器は、古くて、そして悪いアイデアである。レーガン政権は戦略防衛構想の一環として、宇宙配備用レーザーの開発を試みたが、失敗した。ジョージ・Ｈ・Ｗ・ブッシュ政権はレーザーからブリリアント・ペブルズという兵器に切り替えたが、それも失敗すると、地上と宇宙配備の迎撃システムを組み合わせる「限定的ミサイル攻撃グローバル防衛システム」（ＧＰＡＬＳ）構想が登場した。もはや友好的な響きである。

だが、宇宙兵器への誤った誘いは、計り知れない技術的、財政的困難を隠すだけでなく、その巨大な破壊効果は言うまでもない。２００３年の米物理学会の研究によると、ミサイル発射場の上空に、たった1基の衛星搭載型迎撃ミサイルを常に配備するだけで、少なくとも１６００基の衛星のネットワークが必要である（米国の宇宙への発射能力の5～10倍にあたる）[26]。これは今日、軌道に乗って動いているすべての衛星の数とほぼ一致する。[27] 簡素なシステムでも、馬鹿げたくらい高くつく。２０１2年の全米研究評議会によると、６５０の衛星による「簡素で、限定的能力のネットワーク」を開発、製造、維持する全体のサイクルの費用は、ざっと3千億ドルかかる。[28] これは、国務省、教育、退役軍人、公共住宅と宇宙計画の年間支出よりも多い。

不十分なシステムに数千億ドルを費やすのに加えて、宇宙兵器はロシアと中国を危険な軍拡競争にとりつかせる。１９６０年代以来、競争する国々は、宇宙に兵器を置くことに対して、脆弱な基準を維持してきた。宇宙配備型迎撃ミサイルの開発は、取り返しがつかないほど先例を壊した。さらには、敵のミサイルを狙える迎撃ミサイルは、敵の衛星をもたたきつぶせる。[29]

こうした能力にもかかわらず、宇宙配備型迎撃ミサイルは純粋に防御任務にあたるとの主張は、ロシアと中国にとっては空疎に響き、独自に衛星防御用兵器の配備を強いられる。そして、宇宙戦争の引き金を引く恐れが大きく高まり、米軍（と市民社会）が依存する衛星にも重大なリスクをもたらす。軍事および民間通信を衛星に最も依存する国家として、米国は宇宙戦争に負ける可能性が最も高い。[30]

この中で避けられるものはないが、宇宙兵器の開発は、こうした危険な結果を助長する。宇宙配備型迎撃ミサイルの実態は、実行不可能で、費用をまかなえず、実に不安定化させるものだと、米国は認識すべきだ。我々は宇宙兵器を拒否して節約し、その代わりに衛星を守るべきである。

第3部 核兵器を乗り越える

第9章　なぜ核兵器を持ち続けるのか？

我々は最初の段階でこの兵器を管理できなかったことを深く後悔してきた。それができていれば、事はもっと容易であっただろうに、と自分に言い聞かせるのだ。

――マクジョージ・バンディ[1]

ニューメキシコ州の砂漠で最初の原爆が爆発してから72年が過ぎた2017年7月7日、国連で核兵器禁止条約が122カ国の賛成で採択された。条約は9月20日にニューヨーク（国連本部）で署名開放され、初日に50カ国が署名した。50カ国が批准すれば（90日後に）国際法として効力を持つ。2020年のうちに実現する可能性もある。

1945年に広島で被爆したサーロー節子は（国連本部で）こう演説した。「この条約は核兵器の終わりの始まり。核兵器の使用を生き延びた私たちにとって、この条約は希望を与えてくれる」[2]

なんと長くかかったことかと問うかもしれない。生物兵器の保有は1972年から条約で禁止されてきたし、化学兵器も1993年から国際的に禁じられてきた。その使用によって広範囲に壊滅的なである。

核兵器は今なお、国際法で禁じられていない唯一の大量破壊兵器で

核兵器禁止条約は、ジュネーブを拠点とする国際NGO「核兵器廃絶国際キャンペーン（ICAN）」が10年がかりで推進してきた結果である。条約が採択された後、ICAN事務局長のベアトリス・フィンはこう語った。「数百万人の市民を無差別に殺害することは、いかなる状況であっても、だれにも受け入れられるものではない。だが、核兵器はそのように設計されている。今日、国際社会は核兵器を拒否し、この兵器の受け入れについて、明確な基準を示した。世界中の指導者は、条約を署名・批准して、その価値と言葉を一致させる時だ[3]」

これを書いている時点〔2020年初め〕で、9つの核保有（武装）国は、いずれも条約に署名していないので、すぐに核兵器がなくなるわけではない。だが、禁止条約が採択されたのは、つまり国際的な支持の高まりは、世界の過半数の国々は核兵器を受け入れず、正当化できないとみなしていることを示すものだ。

この本のための我々とのインタビューで、フィンは、核武装国がすぐに署名しなくても条約によって「人々は核兵器の廃絶を考えるようになり、核兵器のあり方を問うだろう。核兵器保有は悪いことだという概念が強化され、保有する国はやや面目をつぶされる[4]」

これとともに、127カ国が（人道の）誓約により、「受け入れられない人道的結果とそれに伴うリスクに照らして、核兵器に汚名を着せ、これを禁止し、廃絶する」ために協力していくと署名した。[5]

これらの国々は、自国が紛争とは無関係でも、核戦争になれば自らも傷つき、その結果に対して何も

言えないことが分かっている。核兵器の使用を阻止する最善策は、地球上からそれをなくすことだと分かっているのだ。

核兵器禁止条約は、核兵器を禁止する最大で最新の動きであるが、これが初めてではない。実際、核兵器が発明されてから、それを禁止するか管理するかの国際的な努力が続けられてきた。実戦で原爆の使用を命じた最初で唯一の指導者である大統領ハリー・トルーマンは、戦後まもなく、核兵器の国際管理を考えた。レーガン、オバマ他も同様の努力をした。なぜ彼らはそれを試み、そして、なぜ失敗したのだろうか？

核兵器の廃絶は、かつてなく意味があるし、それは非核保有国だけでなく、米国やロシアなどの核保有国にとってもそうである。世界最強の通常兵力を持つ米国にとって、潜在敵が核兵器によって対等になってしまうことで、米国の安全が損なわれる。核兵器が米国にとって、唯一、ただちに存亡の危機に関わる脅威なのだ。気候変動も大きな脅威であるが、ただちに我々が存亡の危機に陥ることはない。

ブルッキングス研究所のスティーブン・ピファーはこう記す。「今日、核戦争が、米国にとって唯一、存亡危機をもたらす脅威である。核兵器のない世界では、米国は地理上の優位性を享受でき（2つの大洋やカナダとメキシコという友好的な隣国に守られて）、世界最強の通常兵力を持ち、比類なき同盟国のネットワークもある。抑止力はなくならない。米国や同盟国を脅かすかもしれない敵にとって、米国の通常兵力は、莫大なコストがかかる脅威だ[6]」

核戦争の影響は、核兵器を使った愚か者だけにとどまらないことは、他の国々も完全に分かっている。放射線や気候への影響は地球全体に広がり、核兵器使用の決定に何ら関わっていない国々にも大きな被害を与える。世界的な危機が、ごく少数の決定権者の手にあるとの感覚が、禁止条約運動の高まりとなった。みんながその恐ろしい結末を負うのなら、みんなで解決にあたるべきだ、と。

そして２０２０年7月16日、核兵器は75歳の誕生日を迎える。ありがたいことに、まだ核兵器は健在である。ヒトラーを打倒するために発明されたが、その実験は彼の死後だった。それは大日本帝国を打ち負かすために使われ、日本は民主主義国家となり、帝国主義的な野心はない。それはソ連を抑止し、冷戦に「勝つ」ために何倍にも増え、30年前にどちらも終わりを迎えた。ほとんどの米国人は長らく、キノコ雲や、放射性降下物から避難するためのシェルターや、「伏せて、隠れる」ことを忘れているけれども、核兵器は残っている。

核兵器の削減には成功してきたが、その存在は当たり前のものとなってきた。これについても、何かしなくてはならないのだが、できないでいると我々は思う。世界の兵器の数は劇的に減ってきたが、それでも驚くほど多い。そして、削減努力は停滞しているように見える。砂漠の蜃気楼のように、ゼロに近づけば近づくほど、そこに達するのは難しくなる。核保有国は口では核兵器廃絶を唱えるけれども、その行動を見れば、核兵器にしがみつき続けると決意しているようだ。実際に、世界の約90パーセントの核兵器を持つ米国とロシアは、配備中の核弾頭を新世代のものに更新する初期段階にある。

結局、核兵器がある限り、世界は核戦争の危険から逃れられない。ゴルバチョフは２０１９年にこう記している。「核抑止は、世界を守るのではなく、危険をもたらし続けている」[7]。原爆の危険を我々は知っている。〔核兵器は〕あと75年も生き残れるのだろうか？　核兵器を管理しようとしてきた過去の営みを詳しく見てみよう。なぜ失敗し、いかにして再び試みるのか。

絶好の機会の喪失――国際管理

米国が日本に原爆を投下する前にも、少数の啓蒙家たちは、次の一手を考えていた。その最先例は、原子力科学者たちが政治指導者たちを動かそうとしたもので、シカゴの物理学者でノーベル賞受賞者のジェームズ・フランクが核兵器の将来を考えるグループを結成した。後に「原子力科学者会報」を創設するユージーン・ラビノウィッチや、マンハッタン計画につながる１９３９年のアインシュタイン署名入りのルーズベルト大統領あての手紙を書いたレオ・シラードらが参加した。彼らは、無警告での日本への原爆投下ではなく、デモンストレーションを行うのがより望ましいと主張した。これによって、戦後、核兵器を国際管理できる可能性が高まるかもしれないと考えたのだ。〔フランク報告によると〕

> ロケット爆弾のように無差別的で、それよりも1千倍破壊力がある兵器を秘密裏に用意し、突然使った国が、国際合意によってそうした兵器を廃絶したいと主張しても、世界を説得するのは難しいだろう。[8]

しかし、攻撃に驚きの要素を維持するといった軍事上の検討によって、米国は無警告で広島に原爆を落とした。

フランク報告はまた、最初の原爆使用後に、国際合意による管理がそれに続かなければ、「無制限の軍拡競争へのフライングスタート」になると記した。[9]

デンマーク人物理学者ニールス・ボーアも、核エネルギーや軍拡競争の危険に対して国際協調する機会をつくるべく、原爆を使う前に米国と英国はソ連と議論すべきだとした。[10]

ボーアは1944年5月に英首相チャーチルと会ったが、チャーチルはボーアの考えに同意しなかった。そしてボーアはルーズベルトにも会った。ルーズベルトは自分とチャーチルがスターリンと話すことに同意した。チャーチルはこれに反対し続けた。いずれにせよ、1945年7月のドイツ・ポツダムでソ連側との議題に上る前に、ルーズベルトは亡くなった。

科学者たちは、この件を進め続けた。「ソ連、フランス、中国に忠告すべきは、米英の原爆はかなり進歩しており、この戦争の間に使う用意ができるかもしれないので、この開発によって国際関係がよくなるようにするため、いかに協力できるかの提案を歓迎する」[11]

この初期の努力は、米英の対ソ不信によって阻止された。科学者たちは正確にも、ソ連は3〜4年のうちに核兵器をつくれると主張したが、特にチャーチルはソ連に核の情報を与えすぎると計画が加速し、米英の優位が失われると心配した。そして、強い恐怖心が自分たちに返ってきて、とりついた。

トルーマンがポツダムにいるうちに、スターリンに最小限のことを伝えることが彼の任務だった。実際に彼はそうした。それは、ニューメキシコ州アラモゴードでの初めての原爆実験から9日後で、広島への原爆使用の11日前であった。戦時中の最強の同盟国であり、戦後は最大の競争相手になりそうな国と、米国は原爆について一切話さなかった。トルーマンはスターリンとの短いやりとりを手紙に記録している。

トルーマン「我々は尋常でない破壊力の新兵器を持っている」

スターリン「それはよかった。日本人に対して、それをうまく使うように望む[12]」

それだけだった。トルーマンはスターリンに新型の強力な兵器について話したが、それが核だとは触れもしなかった。核時代がいかなるものになるかについての対話を始めようともしなかった。

歴史家デビッド・ホロウェイは、ポツダムでトルーマンがスターリンに原爆のことを話していたとしても、いずれにせよソ連もつくっただろうと主張する。「米国の経済力と技術力の最強の象徴である原爆は、その事実によって、ソ連もやらねばならないことだった[13]」

いずれにせよ、スターリンはスパイからの情報で、米英が秘密裏に進めた原爆開発「マンハッタン計画」のことを知っていた。ロシア人科学者イーゴリ・クルチャトフの下で、熱心に原子力の研究をすでに始めていたのである。トルーマンはソ連がすでに知っている情報を共有しないことによって、米国があざむいているとのスターリンの懸念を裏づけただけだった。

チャーチルの顧問がトルーマンにこう伝えている。「一時的には秘密を我々だけにとどめておくのが賢明だが、そんなに長くは持たないだろう。戦後それを開示すれば、世界で最も破壊的な競争が始まるかもしれない……もし国際管理のための問題があるとしたら、これがそうだ[14]」

もし戦時中にスターリンとの信頼を損なうのではなく醸成するような接触の方法をとっていたら、

戦後に核エネルギーを国際管理しようとの努力が、よりよい形になったのかどうかは、だれにも分からない。しかしバンディの言うように、実際に行われた方法によって、「厳しい見通しがもっと厳しくなったかもしれない」[15]。トルーマンとチャーチルにとって、国際管理できるかどうかのカギを握るのはソ連であったのは明らかだ。原爆を二番目に持つ国があるとしたら、それはソ連だった。

トルーマンが日本への原爆投下を承認し、すべてが変わった。彼は日記にこう綴っている。「我々はこの新しい力が誤って使われないように、自らをその構成要素とし、人知の及ぶところとしなくてはならない」[16]。これに関して、彼は無残に失敗した。大統領任期の終わりごろには、米国は約1千発の核兵器を持ち、軍拡競争は全盛を迎えようとしていた。

日本との戦争が終わり、陸軍長官ヘンリー・スティムソンは、原爆についてソ連を巻き込むことを考え始めた。長官退任前の1945年9月21日、最後の出席となった閣議で、スティムソンはソ連との直接対話を主張した。それは長時間の激論となったが、多数派がソ連と原爆の秘密を共有するのは危険だとみなした。それに続く出来事は、米国政府がこの75年間ほとんど変わっていないことを示している。

陸軍と海軍は、ソ連と核の情報を共有することに反対し、それをつぶすために、ニューヨーク・タイムズ紙にリークした。「原爆の秘密をソ連と共有、閣議で議論…軍は反対」との見出しの記事は、スティムソンは国連でソ連と協議するよう訴えたが、陸軍と海軍が「提案に徹底抗戦する構え」だと記した[17]。

こうして、核をめぐる外交に軍が反対するという長年の伝統が始まった。決して幸先のよいスタートではなかった。

議論はトルーマン政権内部で続いた。国務次官ディーン・アチソンは「その発明が発展して、破壊的に使われたら、そこに勝者はおらず、文明は残らないだろう」と主張した。そして、「米国がこの発見を英国・カナダと共同で発展させたのは、ソ連にとっては、アングロ・アメリカン連合が自らに敵対している問答無用の証拠と映る」と警告し、「我々が世界の利益のために、この開発の管理者を自称しても、ソ連にとっては完全なる排除政策でしかない」と結論づけた。[18]

アチソンは、ただちにソ連に情報公開し、英国と米国の議会で議論するよう求めた。「情報公開して議論をしなくては、ソ連への情報公開を含むような政策について、米英の国民や議会は受け入れられないだろう」と警告した。

連邦議会はそうした情報共有政策を受け入れる用意がなかった。テキサス州選出の民主党議員で上院外交委員長のトム・コノリーは、ニューヨーク・タイムズ紙が特報した日にこう言った。「原爆に関しては、完全な秘密が維持されるべきだ」。昔も今も、こうした議論の典型であり、すぐに分極化し、誇張される。現実には、すでに公開している以上の原爆についての詳細をソ連に明かす必要はない。少なくとも当初はそうだった。ソ連とのそうした対話について、アチソンはこう述べている。「現時点では、すでに世界に明らかにしている以上の内容を公開する必要はない」

トルーマン大統領は原爆投下から2カ月後の1945年10月3日、核兵器を国際管理する計画を連邦議会に送付し、こう宣言した。

文明が求めているのは、できるだけ早い日にこの発見を管理する十分な取り決めに達することだ。それが破壊の道具ではなく、世界平和維持に向かって強力で強制力のある影響を持つようにするためだ。……文明の望むところは、国際協定である。できれば、原爆の使用と開発の放棄と、原子力と将来における科学情報のすべてを平和的で人道的な目的に使うよう指揮、推進することだ。そうした協定をつくるうえでの困難は大きい。しかしながら、こうした困難を克服しなくては、大惨事を招くような絶望的な軍拡競争になるだろう……。

国際問題の議論は、国連機関が機能してそれに適切に対処するまで遅らせることができない。そこで私が提案するのは、まず、この発見の同僚である英国とカナダとの議論を始め、その後、他国と協議することである。原子力の分野で、協調関係が競争に取って代わるかもしれない状況下で、効果的な協定をつくるためである。[19]

このすばらしい論理にもかかわらず、トルーマンはソ連と原爆の秘密を共有するつもりがないのは明らかだった。彼は後にこう述べている。「彼らが我々に追いつこうと思えば、我々がしたように、自分の手でやらなくてはならないだろう」[20]。軍の顧問と一致していたのは、トルーマンにとって、原爆の秘密を守ることと国際管理の追求の間には何ら葛藤がなかったことだ。

トルーマンの国連計画は、1946年3月のアチソン＝リリエンソール報告で示された。それは国際的な「原子力開発の権威」を求めた。採掘から大量生産、ウランからプルトニウム、そして濃縮工場から（実験室の規模を超える）原子炉まで、世界の核物質の管理を一手に引き受ける機関をつくることだった。その機関が核兵器を管理しながら、核エネルギーの推進をも追求する。踏み込んだ査察はできないので、核兵器の禁止は実行できそうにもない。だが、核兵器に使われる物質を国際機関が管理すれば、秘密裏に核兵器を開発できる国はなくなる、という論理だった。

その報告はまた、ソ連が独自に核兵器をつくらないと同意すれば、米国はその独占をやめ、カギとなる情報をソ連に提供することも提案していた。しかし、国際管理の詳細が固まるまでは、米国政府は核兵器を維持するつもりだった。

バルーク案

1945年10月24日にサンフランシスコで創設された国連は、この時、まだできたばかりだった。核軍縮は国連総会の最も古い念願だった。1946年1月24日に採択された決議は「国家が保有する原爆とその他すべての大量破壊兵器の廃絶」を促している。

トルーマン大統領はバルークに、原子力の国際管理案を国連に持ち込む仕事を与えた。バルークをトルーマンに推薦したのは、国務長官のジェームズ・バーンズであったが、後にその選択は「私が犯した最悪の誤りだった」と認めている。[21] 全盛期を過ぎた政治家バルークが選ばれたのは、上院や国民を安心させるためというよりも、ソ連とうまくやれることを重視したためだった。

バルークは1946年6月に国連で案を紹介したが、その年の終わりまでには葬られた。国際管理の代わりに、ソ連は核兵器の保有、製造、使用の禁止を求め、バルーク案の根幹を拒否した。違反した場合は、国連の対処案に対して、どの国も拒否権を発動できないというもので、それには戦争も含んだ。ソ連はこれを国連安全保障理事会で彼らが持つ拒否権への直接の異議申し立てとみなした。

バルークは12月、安全保障理事会で案を投票にかけ、10対0で通過したが、ソ連とポーランドが棄権した。この問題は、ソ連の支持なしには前に進まないことが明らかになった。バルークは1947年1月に辞任した。国連での協議は1947、48年も続いたが、その間、米政府とソ連政府との直接の根回し協議は行われなかった。ソ連の反対は強まるばかりだった。ソ連は原子力計画への一切の制限を受け入れなかっただろう。今になって、その理由が分かる。

広島原爆直後の1945年8月中旬、スターリンも原爆開発を決め、ソ連の科学者たちにこう言った。「諸君への唯一の要求は原爆をできる限り早く我々にもたらすことだ。それは、我々への大きな危険を取り除くだろう」[22]

原爆を独占する国際機関の設立と引き換えに、各国が独自に原爆を持つ選択肢をあきらめろというバルークの要求は、ソ連にとっては、先行する米国に追いつき、将来を確保するための最高機密計画をあきらめることを意味していた。米国の申し出は、自らの優位を保つための策略と映った。2国間の信頼が欠け、ソ連が次の標的になるというスターリンの恐怖を考えれば、核開発に進むという彼の決定は簡単かつ迅速なものであった。

米国側もソ連の外交的な提案を信頼していなかった。顧問のジョージ・ケナンは1946年、核兵器を禁止するというソ連の提案は「核兵器に関して、できるだけ早く米国を武装解除する」ためだったと記している。[23]

バンディが述べている通り、この時が人類にとって、核兵器を管理し、それに続く軍拡競争や冷戦を阻止する絶好の機会であった。それを逃したのは、次に何が起こり、それを防ぐことの価値を完全に把握する政治的想像力が欠けていたためだった。

バルーク案は失敗を運命づけられていたのかもしれないが、他にどんなアプローチがあっただろうか？　スターリンが米国に核兵器を独占させないことを我々が受け入れたとして、その数や進化に制限をかけることに彼らは同意しただろうか？　低レベルで均衡を保ち、やがて停止し、水爆の禁止に合意しただろうか？　米ソは突然、核兵器の数や実験を制限する英知を示したが、それを進化させるために心血を注いだ後だった。

国際管理をしようとの努力が失敗に終わったのは、次のような理由を考えれば、驚くことでもない。米国のソ連への不信、ソ連の米国への不信、当初からの秘密主義、秘密共有への抵抗の他、そうした共有によってソ連が核兵器を持つことへの恐れがあった。すなわち、核兵器をめぐる政治の台頭であり、政治家たちが国民に「強い」と見られたがり、「弱い」と見られるのを恐れたことだ。また、安全保障に協調してあたることに軍が反対したことや、核兵器の新規性とそれを管理する経験の不足、秘密情報が漏れると政治問題になることもあった。さらに、人間が政策になるとの認識、つまり、適切な伝達者がいなければ、そのメッセージは影響力を与えないということ。トップダウンで物事を決めたルーズベルトの急逝とトルーマンの自身の役割への新規性、そして最後に、失敗の結果がどれほどやっかいかについての想像力が、みなに欠けていたことである。

トルーマンとスターリンが最初の時点で核兵器の管理に失敗したことは、原子力の草が成長し、強く根を張ったことを意味する。それに続く10年、核兵器の数は増え、予算は拡大し、それに関わる人や仕事の数はうなぎのぼりであった。それから核兵器を管理するには、かなりの新しい力が必要になる。それは、より多くの核兵器をつくり配備する核の官僚機構が持つ強力な既得権益に打ち勝つものである。

「スーパー」

1949年8月にソ連が初の核実験を行うと、すぐに米国はさらに強力な兵器の開発へと進んだ。米国の答えは、「スーパー」として知られる水爆であった。1942年以来、米国の少数の内部の者たちには、熱核兵器が理論上は可能であることが知られていた。核分裂よりも核融合のエネルギーによって、広島原爆の1千倍の爆発力を生むのだ。

ウィンストン・チャーチルは1955年にこう語っている。「原爆と水爆の間には大きな隔たりがある。人間の営みの全体基盤が革新された。人類は、計り知れず破滅を帯びた状況に置かれたのだ」[24]

スーパーの決定の重要性は、ルーズベルトが1941年に核分裂爆弾の開発を命じたことに匹敵した。原子力委員会の諮問委員会は1949年10月に、この問題を協議した。委員会の議長はマンハッタン計画の科学技術ディレクターだったロバート・オッペンハイマーをおいて他になく、委員には科学的権威のエンリコ・フェルミやI・I・ラビ、グレン・シーボーグらが含まれた。

2日間の会合の終わりに、8人の委員は全会一致の結論に達した。

我々はみな、こうした兵器の開発は避けられるようにと望んでいる。米国が急いでこの開発を主導するのを見たくはない。現時点で、我々自身がその開発に全力を傾けるのは誤りだと全員が同意した。[25]

加えて、二人の委員、フェルミとラビは、この歯止めのない取り組みは、「そうした開発を放棄するとのソ連政府提案への対応」を条件にするべきだとした。委員の多数には「この提案は人類にとって極めて危険であり、この開発がもたらすあらゆる軍事的優越性を完全に上回ってしまい……スーパー爆弾が大量虐殺兵器になりうる」と分かった。

諮問委員会は全会一致の結論を原子力委員会に伝え、その後、3対2に割れた。リリエンソールはスーパーに反対し、既存の核兵器で対ソ連の抑止力として十分だとの見解をトルーマンに伝えた。連邦議会も考慮した。民主党は「共産主義に弱腰」であるとの圧力にさらされていた。原子力共同委員長の上院議員ブライエン・マクマホンはスーパーについての科学者たちの報告に反対して、「ソ連に先にスーパーを持たせたら、大惨事が起きるも同然だ」と言った。[26] 統合参謀本部議長のオマール・ブラッドレーもソ連に先に熱核兵器を持たせるのは「耐えられない」し、米国が「一方的に」その爆弾を開発しない決定をしても、他国が開発するのは止められないと論じた。

トルーマンは自身の国家安全保障チームにソ連がスーパーをつくれるかどうかを尋ね、全員ができると同意した。トルーマンは言った。「それなら、我々に選択肢はない。前進する」。[27] その会議は7分で終わった。リリエンソールが後に記したところでは、トルーマンは「我々がドアの中に足を踏み入れる前に、明らかに彼はどうするかを決めていた」。統合参謀本部が勝利し、翌日のニューヨーク・

タイムズ紙は「トルーマン、水爆開発を命令」とうたった。スーパーの急速な開発が米国の政策となり、トルーマンは二度とこの問題を検討しなかった。

トルーマンの決定からまもなく、アルバート・アインシュタインが国営テレビで、用意した声明を読み上げた。彼は、核開発競争の「ヒステリックな特徴」を批判し、スーパー開発の決定は「悲惨な幻想」に基づいているとして、「一歩一歩、避けられない結末に向かっている。最終的には、全滅に誘われていることがますます明確になってきた」と語った。[28]

米国初の水爆実験は1952年11月、太平洋エニウェトク環礁のエルゲラブ島で行われた。核出力はTNT火薬の爆発力に換算にして10・4メガトン（1万400キロトン）で、広島原爆の500倍以上だった。ソ連も1年以内の1953年8月12日に最初の水爆の実験をした。最大の水爆実験は、1961年にソ連が行った「ツァーリ・ボンバ（皇帝爆弾）」の50メガトンだった（ツァーリ・ボンバは実際には100メガトンの出力があったが、科学者たちがそれを引き下げた。それを運搬する航空機が爆発の影響を避けられるくらい遠くに離れられない懸念からである。それは正しく、核出力を下げた爆弾をパラシュートで落としても、航空機にはかなりの爆発被害が及んだ）。

中国は1967年に初の水爆実験を行い、その50年後の2017年には北朝鮮が水爆実験をして世界を驚かせた。水爆を開発するかどうかという初期の議論はすべて、ソ連の行動を考慮することに基づいていた。北朝鮮のように小さな、ならず者国家がそういう兵器をつくることは全く考慮されていなかった。

トルーマンは別の選択肢（それを彼が知っていたかどうかも分からないが）を真剣に検討したこと

はなかったようだ。フェルミやラビによる「この分野の兵器の開発や建設を進めないとの我々の厳粛な誓約に各国を招く」といった提案である。[29]

そうした提案は明らかにソ連向けであっただろう。そしてこれは実質的に、水爆実験をしないとの合意となり、それは遠隔地からでも検知可能であった（高出力の水爆実験は、ソ連国内に踏み込んで査察をせずとも、たやすく検知できた）。だが、このアイデアは追求されなかった。

この時期までに、核兵器を国際管理する夢は死に、米ソの相互不信は健在だった。核兵器に対する軍の「全速前進」姿勢はトルーマンらを動かし、二国間の協力を求めた科学者たちを押しのけた。今や冷戦まっただ中であり、ソ連は敵であった。バンディはこう指摘している。「トルーマンとアチソンはソ連を信用しないことを学んだ。二人とも、左翼より右翼の批評家をより多く抱えていた」[30]

諮問委員の多数は、ソ連がどうしようとも、スーパーの開発に反対だったことは注目に値する。ソ連との外交交渉が失敗しても、そしてそれは失敗しそうだったが、水爆開発を支持させられるのを望まなかったのである（だが、この可能性は試されるべきだった）。彼らにとって、スーパーは単にソ連の核分裂実験に対する正しい答えではなかっただけである。だが、前進せよとの政治的圧力は強かった。

ソ連は1948年から水爆開発を始めていたことが明らかになる。ソ連の科学者アンドレイ・サハロフによると、米国がどうしようとも、スターリンは水爆を開発しようとしていた。サハロフは回顧録にこう記している。「水爆開発をやめるとか一時停止するといった米国の動きは、狡猾で欺瞞的な策略か、愚かさや弱さの証拠だと受け止められた。いずれにせよ、ソ連の反応は同じだっただろう。

罠にはまらずに、敵の愚かさにつけ込むのだ」[31]

こうして、核兵器について政治的分極化の時期が始まった。実施中の核兵器開発に反対する人もいれば、それを制限することに反対する人もいた。スーパーの開発は続けて、実験や製造の決定は保留するといった、妥協的解決を支持する人はほとんどいなかった。トルーマンは、新兵器の開発を続けながら、ソ連と水爆実験の禁止を追求することもできたはずだった。

この論争の別の特徴は、何度も何度も目にすることになるが、核兵器推進勢力が強まり、それに反対する者は影響力を失うことである。トルーマンにとってスーパーに反対することは、開発計画を遅らせるだけでも、彼が実際にとった道に比べてより困難で、政治的リスクがあっただろう。反対すれば、軍や連邦議会の重鎮らと対峙することになり、水爆のない世界を明確に描かなくてはならなかっただろう。この論争に勝ったとしても、相当な時間と労力を費やしたであろうが、彼はそうしようとしなかった。彼が選んだ簡単な道は、今日でもそうだが、もっと核兵器をつくることであって、減らすことではなかった。

トルーマンはさらに8基のプルトニウム生産用原子炉と2カ所のウラン濃縮工場を承認し、核戦力の大規模な拡大を支持した。1953年に1千発だった米国の核兵器は、1960年までに1万8千発に増え、ピーク時の1967年には3万1千発に達した。[32]

ここに挙げたトルーマンの例と違って、大統領がいつも容易な道をとるわけではない。トルーマンが核兵器の専権をとったように、既成概念に挑戦して、核の官僚機構に立ち向かい、政治的リスクをとって、正しいことをしようとすることもできるのだ。真のリーダーシップが発揮されるのは、こういう時期においてである。核軍縮の進展に関しては、成功の主たる要件は、大統領のリーダーシップである。核兵器を求める潮流の強さを思えば、指導者たちがその流れに逆らって泳ぐ決断をするのは注目に値するし、驚くべきことだ。

ABM条約の盛衰

1960年代後半までには、ソ連のミサイル戦力は、それ以前に誇張された予測に追いつき始めた。1969年までにソ連のICBMは1千基に達し、米国のミニットマン・ミサイルには性能で劣るものの、より大きなものであった。同時に、ミサイル迎撃システムも成熟してきた。ジョンソン政権は、ソ連が弾道弾迎撃ミサイル(ABM)システムをモスクワ周辺に配備して、米国の長距離ミサイルから守ろうとしている「反駁《はんばく》できない証拠」を持っていた。政権は誤って、ソ連がそのシステムを全土に配備しようとしていると想定した。マクナマラは「一つの都市の周りだけにシステムを配備して、他の場所には置かない理由があるだろうか?」と論じた[33]。

当初、連邦議会は米国がこれに対処するのを支持した。1966年に議会が財源を与えて、陸軍はナイキ・ゼウス、後にナイキ・エックスと呼ばれるシステムを得た。だが、ジョンソン政権では大統領自身とマクナマラが、それは効果がないし、あったとしても防御にはならないとして反対し、その製造を拒否した。

にもかかわらず、統合参謀本部はABMを推進した。1966年12月、ジョンソン大統領と統合参謀本部との会議で、マクナマラは弱い立場にあった。議会がこの計画に財源を与え、統合参謀本部はそれを求めていた。マクナマラが提案したのは、政権はＡＢＭ計画を支持するが、配備の決定は「ソ連と交渉して、米ソのいずれも防御システムの配備を禁止し、攻撃戦力も制限するという合意に向けてあらゆる努力をするまで」保留するものだった。[34]

大統領はこれを良い妥協であると考え、採用した。

１９６７年６月、ベトナム戦争の苦闘のまっただ中にあったジョンソンは、ニュージャージー州グラスボロで、ソ連首相のアレクセイ・コスイギンとＡＢＭについて協議した。ＡＢＭの配備は軍拡競争をエスカレートさせるとマクナマラが説明し、「（米ソの）どちらにとっても良くない」と述べると、コスイギンは机をたたいて、こう言った。「防御は倫理的で、攻撃は非倫理的だ！」[35]。協議は終わった。

ソ連がＡＢＭ配備を決めたことで、ジョンソン政権は攻撃力を拡大して、これに対処することを決めた。最も安上がりなのが、各ミサイルに（それぞれが別の標的を狙えるような）多数の弾頭を搭載することだった。多弾頭各個目標再突入弾（ＭＩＲＶ）と呼ばれた。

だがこれも、大変危険だった。ソ連が米国についてきたら、両者が劇的に攻撃力を向上させることになる。そこで政権は、防衛を禁止する合意を探求するまでは、ＭＩＲＶを開発するが配備はしないことを決めた。マクナマラによると、「もし、そうした条約が交渉されていたら、ＭＩＲＶ計画は破棄されただろう[36]」。

我々は全土防衛を禁止する条約を得たものの、別の大きな機会を逃した。ＭＩＲＶ計画は残った。

１９６８年の選挙でホワイトハウス入りしたリチャード・ニクソンは、ジョンソン政権によるソ連との軍備管理の模索を引き継いだ。米ソの戦略兵器の大まかな均衡を維持し、低レベルで均衡を保ちながら高価な新兵器を見送ることで節約し、両国関係の不安定性を緩和するという3つの理由からである。キッシンジャーの言葉によれば、「その戦略的能力に対する潜在的脅威について、両者が神経質にならないようにする」ためであった。[37]

ジョンソンのように、ニクソン大統領もミサイル迎撃システムを支持したが、驚いたことに、連邦議会での人気を失っていた。ミサイル防衛の技術的困難により、科学者コミュニティーは懐疑的だった。政権自身も国防総省のミサイル防衛計画に重きを置いていなかった。4カ所にあるミニットマンICBMを守るために迎撃ミサイルを配備しても「10基ほどのミニットマンを救うだけで、何ら防御にならない」ことが分かったからである。[38]ミサイルが配備されそうだというニュースが入った地元は、標的にはなりたくないとして反対の声をあげた。より大きな戦略的ポイントもあった。防御は、より大きくて進化した攻撃を招くのである。ニクソンのミサイル防衛計画は（両院を民主党が握っていた）連邦議会で五分五分に割れ、副大統領のスピロ・アグニューが決定しなければならなかった。

こうした政治状況を見て、ニクソンはミサイル防衛計画をソ連との取引材料として最大限に活用することにした。米国の技術的優位を恐れるソ連の書記長レオニード・ブレジネフと新世代の指導者たちは、軍備管理を通したデタント（緊張緩和）を考え、米国とより平和的な関係を築くことにした。

1972年の戦略兵器制限交渉（SALTⅠ）合意の一環として、米ソはABM防衛をそれぞれ1カ所に制限し、全土の防衛は禁止した。これは2段階の核の健全性における大きな勝利であった。第一に、新兵器システムのミサイル迎撃装置が軍拡競争の新たな道を開く恐れを引きとめた。第二に、ミサイル迎撃装置は、防御を打ち破ろうとする攻撃兵器の軍拡競争を刺激するはずであった。

だが、ABM条約がニクソンや国家安全保障担当大統領補佐官のキッシンジャーによる啓発されたリーダーシップの例だと見るのは誤りだろう。彼らはミサイル防衛システムを配備しようとしたが、議会の支持が得られそうにないので、ソ連との取引に代えただけである。

さらには、SALTI合意は長距離ミサイルに制限を設けたが、MIRVについては管理できなかった。実際のところ、より多くの弾頭をつくろうとの誤ったインセンティブを与え、米国は1970年の1千800発から1975年には6千100発に増やした。MIRVの技術で後れをとっていたソ連も、1千600発から2千500発に増やした。

なぜニクソンとキッシンジャーはMIRVを管理しなかったのか？　キッシンジャー側近のウィリアム・ハイランドは『不倶戴天のライバル（Mortal Rivals）』（1987）で、こう記している。

SALTIの歴史全体において、MIRVを禁止しなかったのはカギとなる決定であった。ニクソンとキッシンジャーは、政権の出だしとして、また長い交渉の入口としては弱腰だと思われると考えたのだ。そして、それは政権内部や連邦議会で血みどろの戦いを引き起こすかもしれなかった。それは戦略関係を変えた真に運命を決する決定であり、米国の安全を損なうものになった。[39]

ニクソンとキッシンジャーはミサイル迎撃装置を配備しようとしたが、連邦議会の反対と、ジェラルド・C・スミス率いる米国の交渉団による賢明な外交によって、1972年にABM条約をものにした。だが、MIRVを禁止するには至らなかった。キッシンジャーは1974年にこう述べている。「振り返って言えるのは、1969年と1970年に、MIRVだらけの世界がいったいどんなものになるのかを、もっと考え抜いておくべきだった、ということだ」[40]

（皮肉なことに20年後、ジョージ・H・W・ブッシュ〈父〉大統領がロシアとのSTARTⅡに署名し、MIRVを禁止した。だが、この条約は発効しなかった。ジョージ・W・ブッシュ〈子〉大統領が2002年にABM条約から脱退したのを受けて、ロシアがSTARTⅡを拒否したからだ。その後まもなく、ロシアは新型の複数弾頭化ミサイルの製造を始めた）

MIRVこそ管理できなかったが、ABM条約は成功し、将来の兵器削減の基礎をつくった。だが、軍備管理自体がそうであるように、条約は直感に反した考えに基づいている。自身を守ろうとするよりも、核攻撃に対して自身を脆弱なままにしておく方がよいというものである。ある政治家が登場して、そうした観念に挑戦するのは時間の問題であった。

レーガンの夢の盾

レーガンにとって、相互脆弱性という考えは心地のよいものではなかった。起こりそうにないとしても、米国民はいつでもソ連の核ミサイルに攻撃されるかもしれなかった。そこで彼は二重の解決策を提案した。ソ連の攻撃を止めるミサイル防衛システムをつくると同時に、外交によって核兵器を削減しようとするものである。レーガンはこれらの目標が両立しない性質であることを理解していなかったようだ。結局、レーガンは、後者より前者に強く関与した。

そのメッセージは最初から複雑だった。レーガンは1983年3月に、「スター・ウォーズ」計画としてよく知られる戦略防衛構想（SDI）を打ち上げ、1985年の（大統領2期目の）就任演説でこう話した。「いつの日か、地球上から核兵器を廃絶したい」

1986年、レーガンはニュージャージー州グラスボロで、そこはジョンソンがコスイギンとミサイル防衛について協議した場所でもあるが、高校生に向かって語りかけた。レーガンにとって理想的なミサイル防衛は「宇宙にミサイルを通さない盾を置くのだ。屋根が雨から家族を守るように、盾が核ミサイルから我々を守るのだ」[41]。この目標は魅力的であったが、技術的には到達できないものだった。

レーガンの「スター・ウォーズ」の夢の進展は、（宇宙でのミサイル防衛を禁じた）ABM条約から政権が離脱するには至らなかったが、宇宙の盾を現実にするために必要であれば、レーガンは条約から離脱していただろう。

レーガン政権がSDIに投じたカネと時間は、ニクソンのように、ソ連との外交取引と引き換えにミサイル防衛をやめる値打ちがあったかもしれないが、そうはならなかった。

1986年10月、レイキャビクでのゴルバチョフとの首脳会談で、レーガンは長距離防衛システム実験の制限をきっぱりと拒否した。こうして1946年にトルーマンとスターリンが国際管理できなかったのに匹敵する、核兵器廃絶の歴史的機会を失った。

首脳会談で、レーガンはゴルバチョフに、「爆弾、戦場システム、巡航ミサイル、潜水艦兵器、中距離システムなどのすべての核爆発装置を廃絶する」提案をした[42]。

ゴルバチョフは同意した。

「さあ、やりましょう」。レーガン政権の国務長官ジョージ・シュルツが言った。

この軍備管理史上最も踏み込んだ提案は、国家ミサイル防衛システムに対するレーガンの誤った信念によって成されなかった。このシステムはそれから30年以上たっても実現の見通しがない。ゴルバチョフはミサイル防衛の研究は実験室にとどめるべきだとしたのに対し、レーガンはこれを拒否した。世界をより安全な場所にする絶好の機会をレーガンは逃した。

二人の指導者は、いずれも相手を核兵器で攻撃するつもりはないと明確にし、核兵器を全廃することにも問題がなかった。この外交の勢いによって、1987年に中距離核戦力（ＩＮＦ）全廃条約が成立し、1991年にはジョージ・Ｈ・Ｗ・ブッシュ大統領とゴルバチョフがＳＴＡＲＴに署名した。

だがレーガンはまた、米国の想像力におけるミサイル防衛の希望と可能性に固執していた。今思えば、核攻撃から「米国を守る」ミサイル迎撃装置を支持する衝動に抵抗するのは、政治家たちにとって難しかったのだろう。レーガンはミサイル防衛を立派なものだとみなし、人気があったが、彼の計画はなお壮大すぎて、費用がかかりすぎ、複雑すぎた。実際に、実現不可能であった。

ミサイル防衛を現実のものとしたのが、ジョージ・Ｈ・Ｗ・ブッシュ大統領と息子のジョージ・Ｗ・ブッシュであった。ほとんどの専門家が無理だと見ていたロシアからの全面攻撃に対処するためではなく、ロシアや中国から偶発的に数発のミサイルが発射されたり、北朝鮮のような、ならず者国家が攻撃してきたりする際のミサイル防衛である。そして1998年に北朝鮮が初の衛星を打ち上げると、2002年にジョージ・Ｗ・ブッシュ大統領がＡＢＭ条約から離脱する舞台が整い、そうした限定的な目的を実現する基本システムを配備した。

前章で見た通り、米国は今、長距離ミサイル迎撃システムを配備しており、それがいかに効果がなかろうとも、取り除くことは想像しにくい。よって米国が再び、ＡＢＭ条約のように迎撃ミサイルを法的拘束力で制限するのは難しいだろう。だがこれが、ロシア側が核兵器削減に進むための前提条件である。

これが、まだ我々が核兵器を持っている主な理由である。レーガンが始め、ジョージ・Ｗ・ブッシュがもたらした共和党のミサイル防衛配備キャンペーンは実質的に、ロシア側がこれ以上の戦略核兵器を削減できない下限をつくっているのである。どうにかして、その壁を除去しない限り、米ロの軍備削減はここまでであろう。

冷戦終結をつかみ損なう

冷戦終結とソ連崩壊は米国にとってまれな機会をもたらした。核兵器の削減だけでなく、ロシアとの関係を敵対からよいものへと転換する機会だ。端的に言うと、我々はそれをつかみ損ねた。30年後、米ロ関係は史上最悪である。

ソ連崩壊後の10年は、ほとんどのロシア人にとって困難な時期だった。深刻な不景気と犯罪の多発、大統領ボリス・エリツィンは困りもので、ロシア人たちは他国から、特に米国から見下されていると感じていた。ロシア人たちはそれをゴルバチョフや新しい民主主義や米国政府のせいだと非難した。米国がロシアの弱みにつけ込んでいると思っていたのである。問題の兆候は、ロシア人たちが、抑圧的だったソビエト帝国の「古き良き時代」を懐かしみ始めたことだ。

ここにNATOにとっての歴史的機会があった。ソ連を西欧から遠ざけておくためにつくられた同盟が、ロシアに扉を開いて新たなパートナーシップを築く機会である。

ソ連が率いたワルシャワ条約機構が解体し、東欧諸国はNATO加盟を考えるようになった。しかしNATOは、ロシアを疎外せずにこれを行うプランを持っていなかった。NATOはできるだけこれらの国々を新たに迎え入れたかったが、やり方を誤ると、ロシア政府と協力して核兵器の脅威を減らす歴史的機会を台無しにしかねなかった。

1990年2月9日の会合で、ジョージ・H・W・ブッシュ大統領の国務長官ジェームズ・ベーカーはゴルバチョフに、NATOは「1インチたりとも東方に」拡大しないと確約した。最近の文書によると、ゴルバチョフが受け入れたのは東西ドイツの統合だけだった(ソ連は条約でそれを拒否する法的権利があった)[43]。ゴルバチョフは、ロシアが東欧から軍を撤退した後、NATOは拡大しないと確約されていた。確約したのはベーカー、ブッシュの他、西独外相ハンス・ディートリッヒ・ゲンシャー、西独首相ヘルムート・コール、CIA長官ロバート・ゲーツ、仏大統領フランソワ・ミッテラン、英首相マーガレット・サッチャー、英外相ダグラス・ハード、英首相ジョン・メージャー、そしてNATO事務総長マンフレッド・ウェルナーであった[44]。

米国はロシアにNATO加盟を申し出る用意がなかったが、平和のためのパートナーシップ(PfP)の設立を提案した。旧ワルシャワ条約機構諸国がそれに招かれた。これはNATOのメンバーシップほどではない補助組織だが、加盟に向けた一歩となる。ロシアもPfPに招かれた。

NATOで1993年、ロシアと新たなパートナーシップを築く手助けをするため、米国防長官レス・アスピンの副長官を務めていた私（ビル）は、ロシア国防相パーベル・グラチョフと会った。長官職をアスピンから引き継いだ後の1994年には、NATOの全国防相とともに、グラチョフに敬意を表して夕食会を催した。ロシアとNATOの良好な関係構築の一環として、グラチョフはその年のNATO会合に招待されていた。

めざましい協力の時期が続いた。ロシアはPfPに加入し、グラチョフはNATO会合への出席が許された（投票権なしで）。ロシア政府は常任代表として派遣する高官を任命した。グラチョフは第一級の高官をそのポストに選び、後に私にこう語った。「私はそのキャリアのほとんどで、NATO軍への核攻撃の詳細計画づくりにあたってきた。ここNATO本部に立って、NATOの高官らと話し、合同平和維持演習を計画することになるとは夢にも思わなかった！」[45]。ロシアは米国とウクライナでのPfP演習に参加し、米国や他のNATO諸国とウクライナの軍が参加する演習を主催した。こうした平和維持活動の演習は、すぐにボスニアで行われることになった平和維持活動に向けた価値ある訓練となった。

1995年後半、NATOがボスニアに軍を配置した際、米軍の将軍が率いる活動に、ロシアは最も優れたパラシュート部隊の一つの派遣を申し出た。事を運ぶため、私は米国でグラチョフと会った。当初、彼は、ロシアの部隊はNATOの指揮官には報告できないと主張していた。それで私は彼をカンザス州のフォートライリー陸軍基地に連れていき、儀典騎馬隊の馬に乗せた後、ホイットマン空軍基地にも行って、B－2爆撃機の操縦席にも座らせた。その間中、我々はまもなくボスニアで実施するＮＡＴＯの作戦に、いかにしてロシア軍を参加させるかという難題の解決法について話し合った。グラチョフは最終的に、ＮＡＴＯの指揮官ではない米軍の指揮官の「戦術司令部」の下に軍を出すことで同意した。[46]

ボスニアでの任務の成功は、ロシアを含む拡大欧州で、いかにＮＡＴＯが効果的であるかを示した。逼迫した経済とできたての民主主義の東欧諸国のためにマーシャル・プランのようなものをつくる営みがあった。残念ながら、これは実現しなかった。

だがＰｆＰはその価値を証明し、そのメンバー諸国はＮＡＴＯへの加盟を求めている。ロシアはなおＮＡＴＯを潜在的脅威とみなしているが、かつての緩衝諸国がＮＡＴＯに加盟しようということになれば、なおさらである。私の感触では、ＮＡＴＯ拡大の機は熟していなかった。ロシアを西側の安全保障サークルに引き入れる時間がさらに必要だった。私（ビル）はそのプロセスを２～３年遅らせたかった。ロシアがさらにＮＡＴＯとともに活動する時間を与え、新興諸国がＮＡＴＯに加盟することに否定的な反応をしないようにするためだ。

そして１９９５年、ボスニア・ヘルツェゴビナ紛争をめぐる、米オハイオ州デイトンでの和平協議が合意に成功したことで、国務次官補リチャード・ホルブルックは、ポーランド、ハンガリー、チェコ共和国の他、バルト諸国をＮＡＴＯに即時招く提案をした。私は同意せず、クリントン大統領に懸念を説明した。大統領は国家安全保障会議（ＮＳＣ）を招集し、私は意見を述べた。驚いたことに、国務長官ウォーレン・クリストファーと国家安全保障担当大統領補佐官アンソニー・レイクは発言せず、副大統領アル・ゴアは即時拡大を支持した。クリントンはゴアに同意し、ポーランド、ハンガリし、チェコ共和国の即時加盟を承認したが、バルト諸国については先送りした。クリントンとゴアはロシアとの問題を何とかできると思っていたが、それは誤りだった。

この極めて重要な会議は、ロシアとの温かい関係の終わりの始まりだった。振り返って、私は自分の立場をもっと効果的に訴えられたはずだったと後悔している。NSC会議の前に、クリストファーとレイクに会って味方につけておくこともできたはずだった。会議の前に意見を説明するペーパーを用意して配っておくこともできたはずだ。その後、私は国防長官の辞任も考えたが、踏みとどまって、不信の拡大を抑えようとした。

クリントン大統領への公開書簡で、ビル・ブラッドレー、サム・ナン、ゲーリー・ハート、ポール・ニッツェ、ロバート・マクナマラら40人以上の外交政策専門家らが、NATO拡大に懸念を表明した。それには高額の費用がかかり、当時はロシアの脅威が薄れていて不要だったからである[47]。ジョージ・ケナンは1998年にこう述べた。「私が思うに、(NATO拡大は)新冷戦の始まりだった。ロシアは徐々に敵対するようになり、それが政策にも反映した。悲劇的な誤りだった」[48]

それ以降、NATOはロシアのすぐ近くにあり、加盟国は旧ソ連諸国にも及んだ。ロシアはこの拡大は脅威であり、2004年の(数十年にわたってソ連の一部だった)バルト諸国の吸収を「NATOの脅威が国境までやってきた」とみなした。事前の考慮が悲劇的に欠けていた米国とNATOは、ロシアの懸念が関係ないかのように振る舞った。

ロシアは、NATOがコソボで(国連やロシアの許可なく)行った活動や、東欧へのミサイル防衛配備、ジョージアやウクライナも吸収しそうな勢いで続くNATO拡大に、特に警戒を強めた。

２００９年にオバマが大統領に就任すると、米ロ関係を修復し、「リセットボタンを押す」ことを試みた。一時的にそれはうまくいったようだった。（一時的にプーチンから大統領職を引き継いでいた）ドミトリー・メドベージェフは米国に対して前向きな態度をとり、２０１０年には新ＳＴＡＲＴに署名した。しかしメドベージェフはその後、プーチンの復帰に伴い、辞任した。

２０１２年にプーチンが再選されると、米ロ関係は急降下した。選挙後、ロシアでは大規模な反プーチンデモがあり、プーチンはそれが米国の策略と資金援助によるものだと思っていた。新たな駐ロシア米大使マイク・マクフォールがモスクワに着くと、彼はプーチンを追い出すためにオバマに派遣されたのだと、地元メディアは報じた。

その時までに、プーチンは西側との協調をあきらめ、ロシア人のナショナリズムに訴えて「再びロシアを偉大にする」ことを決意していた。２０１４年にロシアはソチで冬季五輪を開催し、ロシアが帰ってきたと世界に宣言する印象的なショーを行った（ロシアの選手たちによる違法薬物使用が後に発覚し、ロシアは２０１８年の韓国での冬季五輪への出場禁止処分を受けた）。その後まもなく、ロシアはクリミアでの軍事行動を開始し、東ウクライナに侵攻した。ロシアは信用できないと米国人に思わせたのは、２０１６年の米大統領選挙にロシア政府が介入した疑惑によってだった。

１９９７年から現在までの米ロ関係崩壊は悲しい物語である。それは、前向きな冷戦後の求愛で始まり、核の危険低減の大きな可能性があったが、今ではほぼ崩壊している。ＮＡＴＯ拡大、ＮＡＴＯによる対セルビア作戦、そしてＮＡＴＯのミサイル防衛配備といったことすべてが重要な役割を演じた。これらをまとめてロシアは、自国とその利益に対する侵食と無礼の印だとみなした。

現在の毒々しい米ロ関係は、協力して核兵器を削減し、脅威を低減する政策や体制づくりの大きな障害になっている。核の安全保障において、ロシアとの建設的な対話をする道を見つけなければならない。

ジョージ・シュルツ、サム・ナンと私（ビル）は、ウォール・ストリート・ジャーナル紙に論考を寄せた。「抑止力では、誤った核使用や核テロから世界を守れない。米ロ間に持続的で意味のある対話がない時には、その両方が起きる恐れがますます高まる」[49]

上院が核実験禁止を拒否

地上での核実験が続けられて数年たった１９５９年、米国北部の小麦やミルクから放射性物質が見つかった。科学者や国民が懸念を強め、核実験反対の声があがった。

核実験の世界的な停止は、アイゼンハワー大統領が包括的禁止を模索して以来の、米国の中心的かつ超党派の目標である。キューバ・ミサイル危機の後、ケネディとフルシチョフは１９６３年に接近し、地上、海中、宇宙での部分的核実験禁止条約をまとめたが、地下での核実験は認めた。環境中に放出される放射線は減ったが、質的な軍拡競争を何ら止められなかった。

30年後、ビル・クリントンはすべての核実験を禁止する世界的キャンペーンを実施し、１９９６年に国連総会で包括的核実験禁止条約（ＣＴＢＴ）が採択された。しかしながら、批准プロセスにおいて障害にぶつかり、実質的な核実験禁止には至っていない。

１９９５年夏、核不拡散条約（ＮＰＴ）に加盟する１８０カ国が、条約を延長するためにニューヨークに集まった。米国と他の核保有国はNPTを無期限に（永遠に）延長したかった。しかし非核保有国は、条約第6条が義務づける核軍縮の進展が十分ではないとして懸念を示した。無期限延長を説得するための政治的な第一歩として、核保有国側は1996年までにCTBTの成立をめざすことで合意した。CTBTには、米ロ中を含む71カ国が署名しており、クリントンは、アイゼンハワーやケネディが始めた仕事をやり遂げたと思っていたかもしれない。しかし、米上院議員の間では十分にその目標が共有されていなかった。米国はまだ条約を批准していないのである。

振り返って、NPTの無期限延長は誤りであったと明記しておこう。非核保有国は条約の延長に期限を切る権利を放棄すれば、大きな核軍縮の進展に向けた影響力を失うと懸念していた。彼らは正しかった。1995年の主要な約束はCTBTを実現することであったが、まだ達成されていない。新STARTを除けば、過去25年間、軍縮にはほとんど進展がないし、後戻りしていることも多い。こうした進展の後れが、核兵器禁止条約を求める運動の盛り上がりにつながった。2020年か2021年にNPT発効50年を迎える国際会議が開かれ、条約の効果が再検討される。我々はこのイベントが核保有国と非核保有国に分裂してののしり合うものになるだろうと予測している。25年前は、核保有国が軍縮に関与することを説明し、条約延長のために非核保有国を説得しなければならなかった。今、条約は無期限であり、核保有国は実質的にNPTを無視しているので、この問題に国際的な関心を向ける大きな「てこ」のようなものを失っているのだ。

クリントン大統領はCTBTの署名に同意していたが、米軍や兵器研究所からの支持が得られるかどうかを心配していた。そのどちらかが条約に反対すれば、上院に持ち込むのはとても難しくなるからだ。もし両方とも反対すれば、批准は不可能だろう。私（ビル）は条約を支持していたので、統合参謀本部と兵器研究所を同調させる仕事を引き受けると大統領に申し出た。この中で、私は統合参謀本部議長ジョン・シャリカシュビリからの絶対必要な支持を得た。彼は献身的に他軍のトップにかけ合ってくれ、最初は抵抗していたものの、最終的には同意してくれた。それを支持する条件は、兵器研究所長らによる年次評価を実施し、核実験なしでも任務が行えるとの条項を盛ることだった。大統領はそれに同意するだろうとの自信が私にはあったので、軍は仲間に引き入れることができた。次に私は研究所長らの懸念を理解するために、彼らとの会議を開いた。年次保証は軍トップだけでなく、研究所長たちの懸念も鎮めた。そこで、彼らとの主要議題は核実験禁止の定義となった。禁止条約は低出力の核実験は認めるのか？　研究所長らは極めて低出力の核実験を実施したがっていた。それは有益であり、検知されないのでロシアもやるだろうと思っていたからだ。研究所長たちはこれが、のるかそるかの問題だと考えてはいないのだと、私は思った。

こうした内部の議論を進めていると、真に「ゼロ出力」の条約を求める大きな圧力が政府の外からやってきた。その夏、（強力なＮＧＯ連合によって編成された）３万５千を超える市民らがホワイトハウスにコンタクトして、真に包括的な核実験の禁止を求めた。メディアが注目し、民衆の圧力があることは、研究所長らとの内部の議論にとって有益であり、低出力実験を支持の条件とはしないことにした。これら２つの有力地盤が条約を支持する用意ができたので、私は上院で批准できると確信し、クリントン大統領にそう告げた。

１９９５年８月11日、クリントン大統領は、「真にゼロ出力の」実験禁止への支持を表明した。その時に条約を議会の批准にかけていたら、うまくいったはずであった。しかし、国連活動に関する理由や政権で条約批准の緊急性が低かったこともあり、条約を批准にかけるのは何年も棚上げされた。それまでに、シャリカシュビリと私は政府を離れ、我々が得た同意はぐらつき始め、軍と兵器研究所の新たな担当者は、連邦議会の有力者とともに、条約を骨抜きにしていった。

　クリントンがＣＴＢＴを上院に送付した時、私（トム）は憂慮する科学者同盟のグローバル安全保障プログラムディレクターとして働いていた。ＣＴＢＴ批准は我々の最優先事項だった。だが、上院は共和党が握っており、上院外交委員会で条約を管轄する上院議員ジェシー・ヘルムズ（共和党、ノースカロライナ州）は、ＣＴＢＴの優先順位は低く、政権が彼に１９９７年のＡＢＭ条約改定案（ミサイル防衛を戦略的なものと非戦略的なものに線引きする）と気候変動をめぐる京都議定書という２つの無関係な条約を送付した後でようやくＣＴＢＴを見ることになると言った。彼はどちらも葬ろうとしていた。言い換えると、ヘルムズは核実験禁止条約を人質にとったのだった。

　政治家は常に核兵器を政争の具としてきたが、これは全く新しい事態であった。冷戦期には、活発な議論を経て、いったん合意されれば、上院はそれを批准したものだ。しかしこれは、冷戦終結後初めて、共和党主導の上院に、民主党が持ち込んだ核に関する条約であった。[50] 共和党はもはや冷戦期のような基準のやり方にとらわれることなく、自由に政治と核の安全保障を動かすことができると思っていた。さらには、核開発競争が終わって、国民の関心は別の問題に移っていた。

　そして、クリントンの大統領生命の危機が訪れる。１９９８年1月、クリントンがモニカ・ルインスキーと不倫関係にあったという話が世界を騒がせた。下院は12月にクリントンを弾劾し、上院は１

999年2月に彼を無罪とした。共和党はクリントンを弾劾するのに67票が必要だったが足りなかった。法的な試練は終わったが、政治的打撃はあった。

クリントンが彼らの手からすり抜けたのにいらだつ共和党は、彼の議会での優先事項に狙いを定めた。1999年7月、民主党上院議員45人全員が署名した書簡をヘルムズに送り、CTBTに関する公聴会を開催し、上院へ報告して議論するよう求めた。ヘルムズがその要求を無視すると、上院議員バイロン・ドーガン（民主党、ノースダコタ州）は条約を投票にかけるまで上院の運営を止めると脅した。9月8日に彼はこう警告している。「この問題を上院のフロアに持ち込んで、我々に（CTBTを）議論する機会を与えなければ、ここは無法地帯になるだろう」[51]

ヘルムズが知っていて民主党が知らなかったのは、共和党がすでに条約をつぶすための票固めをしていたことだ。国防とエネルギーの部署をかつて率いたジェームズ・シュレシンジャーと上院議員ジョン・カイル（共和党、アリゾナ州）は水面下で、反対票集めに動いていた。彼らが必要としたのは34票だけであり、彼らはそれ以上を得た。民主党側は、CTBTが投票に付されれば、共和党側も反対を貫けないだろうと見ていた。CTBTには広範な世論の支持があり、1998年の国民世論調査によると、73パーセントの米国民が条約を支持していた。それほど人気のある合意を共和党が投票でつぶすようなリスクを冒さないだろうと、民主党側は考えたのだった。

条約をつぶせると確信したヘルムズは、2週間以内にCTBTを投票にかけることを提案した。民主党側はあさはかにも、それを受け入れた。これはホワイトハウスや民主党上院議員らをはじめとする大きな情報収集の失敗であり、私（トム）を含む政府の外のグループも、これから陥ろうとしている罠に気づきもしなかったのだ。

投票を数日後に控え、大統領クリントン、国務長官マデレーン・オルブライト、国防長官ウィリアム・コーエンは上院で条約への支持を獲得するため、精力的に動いた。私（トム）はホワイトハウスに行って、クリントンが条約支持を訴える演説を聴いた。それは、よく練られていて印象的だったが、その影響力は小さく、遅すぎた。

投票前日になると、条約がつぶされるのが明らかだった。米国の信用失墜を防ごうと、超党派の62人の上院議員らのグループが共和党指導部に書簡を送り、「次期連邦議会まで最終検討を延期することへの支持」を伝えた。上院多数派リーダーのトレント・ロット（共和党、ミシシッピ州）と少数派リーダーのトム・ダシュル（民主党、サウスダコタ州）は投票延期でまとまりかけたが、ヘルムズ、ポール・カバーデル（共和党、ジョージア州）、ジェームズ・インホフ（共和党、オクラホマ州）、ボブ・スミス（共和党、ニューハンプシャー州）といった上院議員らがロットの事務所に押しかけ、投票延期のいかなる合意も阻止すると伝えたという。[52]

1999年10月13日、米上院は賛成48、反対51でCTBTの批准承認を否決した（条約批准には67票が必要だった）。CTBTが上院で否決されるのを見るのは、私（トム）にとって最もやりきれないことの一つだった。

20年後、CTBTはなお中ぶらりんである。米国は1992年以降核兵器実験をしておらず、その必要もなさそうである。だが、米国が批准しない限り、世界の他の国々の核実験を禁止する条約は発効しない。米国は条約交渉を主導したが、自国の議会でそれを承認できなかった。これは米国のリーダーシップや国際的な信用、そして核の危機低減にとっての大きな後退である。最も洗練された核兵器を持ち、最多の核実験を行い（1千回以上）、最高のシミュレーション能力を持つ国がCTBTを承認しないのならば、なぜ他国がそうするべきだと言えようか？ ロシアの観点からすると、米国が条約を批准しなかったのは、いつか核実験を再開するかもしれないとの疑念を呼び、ロシアはそうした可能性に備えるべきだ、となるだろう。

CTBTは政治的な分断により、民主党の条約が上院を通過するのがいかに難しくなっているのかを示す、警告的な話である。

あいにく、CTBTにとって、事態は悪化しているようだ。2019年、トランプ政権はロシアが条約に違反していると批判した。国防情報局長官ロバート・アシュレイは5月29日にこう言った。「米国が信じるところでは、ロシアはおそらく『ゼロ出力』基準に一致する形で核実験の一時停止を遵守していない[53]」。政権はそれを補足する証拠を提示しておらず、ロシア側はこれを否定した。

オバマは道半ばだった

2008年の大統領選挙期間中、新たな現実に向かっているような思いに包まれた。大幅な核兵器削減に向けて超党派の支持があることを目の当たりにしたからである。共和党大統領候補の上院議員ジョン・マケイン（共和党、アリゾナ州）はこう語った。「冷戦は約20年前に終わった。世界の核兵器の数を劇的に減らすために、さらなる措置をとる時が来た[54]」

大統領就任後まもない2009年4月5日、大統領バラク・オバマはプラハでの初の外交政策演説で、こう訴えた。「核兵器のない世界の平和と安全を求める米国の責任を、今日、私は、明確に確信を持って述べる。私はナイーブではない。この目標にすぐには到達できないだろうし、おそらく私が生きているうちではない。忍耐と持続性が必要だ。だが、今、我々はまた、世界は変えられないという声を無視して、“Yes, we can.”と主張しなければならないのだ[55]」

演説は、米国と国際社会で、軍縮を進められるという大きな希望を生んだ。プラハで訴えたことなどにより、オバマは10月にノーベル平和賞を受賞することになる。①核テロの阻止と核セキュリティーの推進、②核不拡散体制の強化、③核エネルギーの平和利用の支持、④核兵器の役割低減といったオバマの関与が評価された。

オバマ政権はこうした問題の多くで現実に前進した。2010年にロシアと新STARTを結んだ。また、50人以上の世界の指導者たちを招いて4回の核保安サミットを成功させ、テロリストが核兵器や核物質にアクセスするのを阻止するための具体的措置をとった。さらに、イランと交渉して同国が核兵器を入手しないように包括的で長期間の合意を結んだ。

だが、政権は多くの分野でやり残した。一例を挙げると、オバマは上院でCTBT批准を模索すると言っていたが、真剣に取り組まなかった。また、オバマは核兵器に使われる核分裂性物質の製造を終わらせる新たな条約を模索すると言ったが、それ以上のことはしなかった。新START批准のために、熾烈な党派争いをして僅差で上回る票を獲得するため、オバマは軍備管理における当初の野心的な計画を後退させた。新STARTの後に、政権はロシアとの別の削減合意を目指していたが、米国のミサイル防衛計画に対するロシア側の懸念もあって、ロシアに反対された。ブッシュ大統領が配備したアラスカとカリフォルニアのミサイル防衛システムをオバマは拡大し、新たにロシアの玄関先である東欧にも配備した。

こうした後退に加えて、オバマ政権は米国の核戦力を再構築する過剰なプログラムを始めた。ロシアに対する強力な抑止力を維持するために必要なものを再構築する代わりに、国防総省はプロジェクトを乗っ取って、あたかも冷戦が終わっていないかのように、兵器のすべてのパーツをつくり替える計画を打ち出した。確かにオバマはプラハでこう約束した。「こうした兵器が存在する限り、米国は、敵を抑止するために、安全、確実、そして効果的な兵器を維持する」。そして、新START批准の共和党票と引き換えに、オバマは兵器の再構築と維持を約束した。だが、政権の2兆ドル（30年間で）の核計画は極端である。

さらに、新STARTを議会で承認させるために、オバマはミサイル防衛を制限しないことにも同意した。米国は拘束力のない一方的な声明を出し、米国のミサイル防衛が「ロシアとの戦力バランスに影響を与えるつもりはない」と説明しつつ、「限定的な攻撃から米国を守るために、ミサイル防衛システムの進化や配備を続ける」とした。上院で批准した連中は「できるだけ早く効果的な国家ミサイル防衛システムを配備して、限定的な弾道ミサイル攻撃（偶発的であれ、未承認であれ、意図的であれ）から米本土を守れる科学技術を可能にする」意図を繰り返した[56]。

もし2兆ドルの核近代化プログラムが新STARTの代償だったのだとしたら、条約はそこまでの価値はないだろう。新STARTは価値があるけれども、核兵器を少し削減するだけだ。過剰な再構築計画を承認し、ミサイル防衛への超党派の支持を強化すれば、次の50年間、我々は最新の危険な兵器でがんじがらめになってしまう。米テレビ局MSNBCのキャスター、レイチェル・マドーは著書『漂流　米国の軍事力を解き放つ』でこう記している。「彼らは、ICBMとB－52を次の世代も飛ばせ続けられるよう、いくらでもつぎ込むことで合意した。ミサイル製造は定着した。少なくとも、あと数十年は続くだろう[57]」

核兵器のない世界を求めたオバマの訴えは、いかにして核兵器の再生に変わってしまったのだろうか？　オバマが正しいことをしたところから始めよう。大統領就任時は核兵器をどこに持っていきたいのか、どうやってそこにたどり着くのかの明確なビジョンがあった。最初の外交政策演説で核の基本方針を並べて、核兵器が高い優先順位であることを世界に示した。野心的な基本方針を定めて、生産的なスタートを切った。

だが、そこで、上院共和党が新STARTに明白な支持を与えずに、党派的な政争の具にした。条約は71対26でかろうじて批准承認された（すべての条約は少なくとも3分の2にあたる67票が必要である）。これが共和党提案の条約であれば、簡単に批准できたであろう。そのように批准は難しく、オバマ政権は核の近代化という高いツケを払わなくてはならなかった。さらには、新START後の政権には、上院でCTBTを承認させる余力が残されていなかった。フォードとジョージ・H・W・ブッシュ政権の国家安全保障担当大統領補佐官ブレント・スコウクロフトはABCニュースでこう話した。「私はただ反対派を理解できない……根本的な国益を政争の具にし、とても恐ろしいものにしているのだから[58]」

そして新STARTの後、ロシアはさらなる削減には及び腰になった。オバマが米西海岸と欧州へのミサイル防衛を支持したことも要因だ。ロシア側の協力なしで、オバマ政権は一方的削減をしなければならなかった。オバマとしては、とりわけ2014年にロシアがクリミアを併合した後には、一方的削減はやりたくなかったのである。

新STARTの経験はより大きな問題を示す。民主党の大統領は軍備管理を支持する傾向があるが、民主党提案の軍備管理条約が上院で少なくとも67票をとるのは不可能に近い。共和党の大統領は対照的に、長年にわたって軍備管理条約を支持してきた歴史があるが、今では反対に回っている。その結果、実在する核問題におけるこの党派的な振る舞いが変わらない限り、将来の軍備管理条約が上院で批准承認されることはないであろう。

オバマの問題のいくつかは自業自得である。大統領が他の問題に対処している間に、彼の官僚機構は核の再構築をチェックできず、2兆ドルにまで膨らませてしまった。ミサイル防衛を拡大させたのは、彼自身のチームだった。人間が政策そのものである。よい政策であっても、間違ったスタッフによって頓挫させられる。国防総省、特に空軍は、核の近代化によって実際に何が必要なのかを考えるよりも、冷戦期の核戦力の現代版をつくることを選んだ。核をめぐるオバマの基本方針を実施するにあたり、自分自身のチームと彼の穏健さが最大の障害になってしまったのである。

初めての核保安サミットや新START、プラハ演説、核態勢見直し（NPR）が終わった後の2010年夏、オバマの大統領首席補佐官ラーム・エマニュエルは、核政策に時間を費やしすぎだとオバマに言った。エマニュエルがジョン・ウォルフスタールに伝えたところによると、エマニュエルは「大統領に立候補したのは医療保険改革案を議会で通すためで、我々はそれに全力で戦っている。そうしたいのであれば、核にはこんなに時間を費やせない」と大統領に話した。「それを聞いた大統領は2010年以降、核に費やす時間を減らし、医療保険改革案を議会で通過させた」という[59]。

2012年4月にウォルフスタールが政府を離れた時、核政策を手がけている者はまだいたが、それに集中して、プラハ演説の基本方針を実現しようとしている者はいなかった。一方、イラン核合意をめぐる交渉には多くの時間が割かれたものの、2015年までまとまらなかった。

オバマがよそ見をしている間に、核の基本方針は揺れた。オバマ大統領の副補佐官だったベン・ローズは「ある時点で、我々はこれについてコントロールできなくなった」と言う。「2009年には、この雪玉が山を転がることを意図していなかった。……核兵器の周りに安全なインフラを持ち、新START批准も成し遂げて、責任のある形で収めるつもりだった。だが、結局は……こんなに巨大な雪の塊になってしまった。気候変動やより差し迫った脅威がある時に、核兵器近代化を最優先にして、これほどまでの巨費を投じているのは、正気ではなく、不要であり、無駄である[60]」

さらには、オバマが核政策を変更しようとすると、核兵器を支持する軍の制服組から逐一反対された。ウォルフスタールはこう指摘する。「これは大統領に対するフェアな批判であり、彼は受け止めるべきだった。プラハの基本方針であった核兵器削減といった政策の変更となると、彼は最も野心的で急進的な手段をとろうとはしなかった。他の問題にあたっている政権関係者への影響力を維持したかったからである。たぶん、イラン（核問題）やアフガニスタンの（米軍）削減といったことだったのだろう。だが、問題が出てくるたびに、積極的に動こうとはしなかった。大統領はそういうことがあるたびに、穏便に対処しようとしたので、物事は現状維持された[61]」

トルーマンと同じくオバマは、よい意図を持って始めながら、全く違う結果に到達した。両大統領とも、一番肝心なところに目をつぶっていたのである。野放しにしておけば、核の官僚機構である国防総省の立案者や防衛産業の契約者、連邦議会の重鎮、そしてシンクタンクの後援者たちは、契約を維持してカネを回し続けるだろう。それが既成の考え方の強力な潮流である。変化をもたらそうとする大統領は、それに逆らって泳がなければならない。ウォルフスタールは言う。「現状維持を変えるのは骨が折れるし、そうするのを称賛してくれる基盤はない。大統領が間違っていると信じる既得権益勢力がいるのだ[62]」

市民運動組織「インディビジブル（Indivisible）」の共同創設者でタイム誌2019年の最も影響力のある100人の1人に選ばれたリア・グリーンバーグは、プラウシェアズ基金理事長のジョー・シリンシオーネによる2019年のインタビューでこう指摘する。オバマ時代からくみ取れる難しい教訓の一つは、選挙後、オバマ支持者たちの多くは、もう仕事が終わったと思い、家に帰ってしまった。だが、核兵器を含むオバマの考え方に反対する者たちは、動いた。今日、新大統領が就任した時に改革を進める連合体をいかにしてつくるかを考えなくてはいけない。グリーンバーグ曰く、「2009年の民主党に欠けていたのは、大きな政策を議論して動かそうと盛り上がっていた草の根の支持であった[63]」

なぜ我々はまだ核兵器を持っているのか？　75年たっても、核兵器はデフォルト設定のまま深く埋め込まれているからだ。設定を変えるには最上位からのリーダーシップが必要で、何年にもわたって、集中し持続した関心を持ち続けなければならない。核問題に関心を持たせるような民衆の圧力がない中で、大統領が取り組まねばならない問題は幅広い。そう考えると、核兵器が生き長らえているのも不思議ではない。核兵器は生き残りであり、密かに繁栄している。

核兵器とそれに関連するミサイル防衛を根こそぎにするには、意欲のある大統領が持続的に努力しなければならない。国民が大統領にそれを求めなければ、起こりそうにはない。幸いにも、また正しい核の基本方針を盛って就任する大統領が現れたら、国民の強い支持がなければ、大統領の関心は他に移ってしまうことを思い出さねばならない。大統領にとって、正しいことをやる意思だけでは不十分であり、国民がそれを要求する必要がある。

かつて、大統領エイブラハム・リンカーンはこう語った。「この時代のこの国では、国民の感情がすべてである。それがあれば、何も失敗することはない。それに反しては、何も成功できない」[64]

第10章　沈みゆく核

核兵器をめぐる物語は終わりを迎える。そして、どんな終わりになるかは、私たち次第である。核兵器の終わりか、それとも、私たちの終わりか？

——ベアトリス・フィン（2017年のノーベル平和賞受賞で）[1]

1912年4月15日、北大西洋のサウサンプトンからニューヨークに向かって航海していたタイタニック号に、ありえないことが起きた。その「不沈船」が氷山に衝突して沈没し、1500人以上が亡くなったのだ。平時における史上最悪の海難事故であった。

衝突する瞬間までは、すべてが順調だった。実際、船が「沈まない」との誤った印象が船員らの過信になって、そうでなければとらなかったような、より大きなリスクをとったのかもしれない。

同じように、75年間も核兵器と生きてきたという事実によって、私たちは油断している。「これだけ長く核兵器を持ってきて、すべてが順調だ。何が問題だというのか？」という者たちには、我々はこう言おう。「極めて大きな危険がそこにある。水面下に潜んで、見えないだけだ。近づいて、よく見ることだ」

元カリフォルニア州知事ジェリー・ブラウンは2019年にこう話した。「我々はタイタニック号の乗客のようなものだ。氷山が前方にあることに気づかないまま、豪華な食事や音楽を楽しんでいる。日々の政治活動で、人々はリスクを見失う。人類の運命がロシアンルーレットにもてあそばれている。数十億人が殺される核の応酬にはならずとも、数百万人が殺されるような、何らかの核の事件が起きる危険と可能性が高まっている」[2]

我々はブラウン知事に同意する。米国の核政策は大惨事が起きるのを待っていて、幸運がなくなるのは時間の問題だ。冷戦は終わり、米国の核政策を再考する30年があった。だが、ジョージ・H・W・ブッシュ、ビル・クリントン、ジョージ・W・ブッシュ、バラク・オバマ、そしてドナルド・トランプ政権は、冷戦から正しい教訓を学ぶことに失敗してきた。各大統領はタイタニック号の甲板のイスを並べ替えることを考えてはきたが、だれも氷山にぶつからないように針路を変えてはいない。

他のすべての戦争の道具と違って、核兵器は大統領の兵器である。最高司令官（大統領）のみが、その使用を承認できる。この権限は大統領が主導して核政策を転換し、二度とそれが使われないようにする責任を伴う。

そして他のすべての国と違って、米国は核兵器を世界からなくす最大の責任を負う。米国が核兵器を世界にもたらし、それを管理する世界のリーダーを務めてきた。米国はもう一度、核軍縮に必要な大義を取り戻さなければならない。

2020年にだれが選ばれようとも、次期米国大統領は、米国の核政策を再興する独特の機会を持つことだろう。核兵器の（実戦使用から）75周年と核不拡散条約（ＮＰＴ）の発効50周年は、現在の政策が壊れており、かなりの修復が必要なことに光を当てるだろう。

ここに見てきたように、米国の核政策の誤りは、誤った脅威に焦点を当てていることだ。ありそうにもないロシアからの先制攻撃に備えているために、核戦争に陥る恐れがなくならないのだ。奇襲先制攻撃に備えているために、もっと核戦争に陥りやすくなっている。大統領の専権や先制使用、警報下発射といった誤った政策は極めて危険であり、誤警報といった古い危険や、サイバーの脅威といった新しい危険、そして、不安定な大統領という現存する危険、それが一時的な投薬や飲みすぎのせいであったとしても、これに結びついた場合には極めて危険である。

一方、こうした目に余る問題を正すのではなく、まるで冷戦が終わっていないかのように、米国は1兆ドル以上を核兵器の再構築に費やして、問題を膨らませているのだ。安全を高め、巨費を節約するには、第二撃報復への政策転換をして、ＩＣＢＭのような先に即座に使われてしまいそうな兵器を段階的に撤去することである。

加えて、米ロは、過去30年よく機能してきた軍備管理構造をかなぐり捨てて、双方が勝てない核兵器開発競争に邁進している。我々の安全保障にとって、軍備管理構造を維持して、核兵器削減プロセスを続けることが不可欠だ。だが、核軍備管理において物議をかもしてきたミサイル防衛に触れずには、そこにたどり着けない。

冷戦の終わり近く、レーガンとゴルバチョフは、大規模な核兵器は安全保障に必要がないと気づいた。実際にはそれがあることによって、両国は存亡の危機にさらされていたのである。彼らは核兵器の増強を翻し、その廃絶さえ議論し始めた。おそらく、この二人の指導者が残した最大の遺産は、彼らがよく言うところの判断である。「核戦争に勝者はなく、それを戦ってはならない」

その主張は新たな核政策をつくるうえで、すばらしいスタート地点である。米国もロシアも相手に先制核攻撃をしないと認識すれば、技術的か政治的な誤算で核戦争が起きる危険や核兵器の数を大幅に減らせるし、他国を核兵器で脅す国もなくなるだろう。すべての核保有国はすみやかに核兵器なしでの安全保障を確保し、いずれは、保有核弾頭を全廃すべきだ。

米国は冷戦から正しい教訓を学ぶ必要がある。真の危険は、偶発的に核の大惨事を招いてしまうことにある。この危険を最小化すべく、ギアを入れ替えて、核戦力や政策を設計する必要がある。これは費用の節約になり、新たな軍拡競争を防ぎ、我々みんなをより安全にする。

幅広い国民の覚醒と支持なしには、米国の核政策の大きな変化は起きないだろう。大統領の指だけが核のボタンに触れているという専権の問題は、1980年代に核の凍結運動が起きてからのこの40年で、最も共感される核政策の問題である。

我々はみな核のタイタニック号に乗って、隠れた氷山に向かっている。惨事から逃れるには、米国は核政策を大きく変えなくてはならない。

10大勧告

より安全な世界をつくるために、我々は次の10項目の勧告をしたい。

1. 大統領の核の専権を終わらせ、「フットボール」を退役させよ

アメリカ合衆国憲法は、連邦議会にのみ宣戦布告する権利を与えている。他国を攻撃するのに核兵器を使うことは、戦争に乗り出す究極の表現である。よって、その権限は連邦議会にある。冷戦期、政策が進展する中で憲法は実質的に脇に追いやられ、大統領が核兵器を発射する専権を持つようになった。かつてはそうであったが、もはや一人の人物が地球上の生命を全滅させる絶対的な力を持つべき世界には、我々は生きてはいないのである。

核兵器使用の決定をするのは文民に限るということで、大統領の専権が導入されたことについては、我々は全面的に支持するが、それをただ一人の民間人に限定する必要はない。先制使用については、連邦議会による宣戦布告を要件とする現在の法律を支持するし、特に、大統領が核兵器を使用する前に連邦議会がそれを認めることが必要だ。先制使用には立法府と行政府が権限を共有することが求められる。

核攻撃への報復については、専権は正当化されるかもしれないが、実際の爆発によって攻撃が確認された後に限る（言い換えると、警報下発射は禁止される。次項参照）。この時点で、国家は戦争状態にあり、大統領は連邦議会の承認を求めることなしに、核兵器を発射する権限を持つだろう。この場合でも、核による報復をする前に、大統領は顧問らと相談しようとすべきである。

このように、大統領の専権は、米国（あるいは米国の拡大抑止が及ぶ同盟国）への核攻撃が確認された場合の報復に限って許されるべきだ。そうして、大統領が数分以内に急いで核兵器を発射する必要はなくなるだろう。落ち着いて報復する時間がある。米国に対して核攻撃が行われているようであ

れば、大統領は核の発射オプションの心配をするよりも、この貴重な数分間で安全な場所に避難し、文民（大統領）が軍の顧問らと通信できるようにすべきだ。軍の側近が週7日24時間、緊急対応カバンを携えてそばにいる必要はない。フットボールは退役する時である。

2．警報下発射を禁止せよ

論じてきたように、攻撃警報下で核兵器を発射する、しかし敵の攻撃を明確に確認する前にというのは、ただ危険すぎて、夢想すらできない。数分以内に核兵器を発射するのを正当化できるような現実的なシナリオは、その危険性に鑑みて、ありえない。その決定による恐るべき結末（世界の運命）や決定に与えられた時間的切迫（10分かそれ未満）を考えれば、そんなリスクはとるに値しない。加えて、大統領は不十分な情報で決定しようとするかもしれないし（ケネディのキューバ・ミサイル危機）、アルコールの影響を帯びているかもしれないし（ニクソン）、設備の不具合による誤警報に反応するかもしれないし（カーター）、サイバー攻撃による誤警報に衝動的に動く傾向があるかもしれない（トランプ）。

米国が完全に核攻撃にさらされているという確信がなければ、核兵器を発射するという賭けに出るのはリスクが高すぎる。攻撃が確認されてからでも、米国には海中の潜水艦から第二撃の攻撃力が残っている。ただ、たとえ報復であっても、我々は核戦争に突っ走ってはならない。

3. 先制使用を禁止せよ

米国が通常兵器で優位にあり、理性的な大統領が核兵器を先制使用するシナリオはありえないので、米国が核の脅しをしても信用されない。報復されるのが明らかなのに、ロシアのような核保有国に先制攻撃するのは自殺行為である。非核保有国に対して先制攻撃するのは、そうした国々を核保有に走らせ、米国は国際社会から見放される。これは50年にわたる米国の核不拡散政策に反するものだ。米国自身が非核保有国を脅すために核兵器が必要だと言いながら、どうして他国には核兵器を持つ必要はないと説得できるだろうか？　我々は早晩、核の荒野から退却すべきである。

他国が核兵器を使うのを抑止する以外に、核兵器には実践的な軍事目的がない。米国はその比類なき通常戦力でその他の脅威（生物、化学、通常兵器）を抑止し対処できる。過去には、米国の同盟国の中に、米国が先制使用政策を保持するよう促す者もいた。先制不使用政策をとっても、米国が同盟国の安全保障への関与を弱めることはないとの保証を、同盟国は求めているのである。

核戦力を調整することで、米国の先制不使用政策の信頼性が高まる。ＩＣＢＭは先制攻撃用にしか使えないので（ロシアの先制攻撃を受けると生き残れない）、段階的に撤去すべきだ。それまでは、ＩＣＢＭの弾頭とミサイルを別々に保管するなどして、検証可能な形で警戒態勢を解くべきである。米軍の戦略爆撃機部隊は爆弾を倉庫に保管して、すでに警戒解除している。米ロは、相互の近海から離れたところに限定して潜水艦を配備するなどして、潜水艦からの先制攻撃の脅威を減らす道を共同で模索できよう。

最後に、信頼性のある先制不使用政策を米国がつくれば、ロシアも追随して、即時発射態勢を解くよう促せるだろう。ロシアが先制使用と高度警戒態勢政策によって核戦争に陥る危険性は、おそらく米国より大きい。よって、ロシアを先制使用から第二撃のみの態勢に移るよう促すのは、米国の安全保障上の利益になる。

核兵器を先制使用しないことを米国の政策とする法案を我々は支持する。これは大統領の専権制限を補完する法律であり、先制使用を禁止するための「ベルトとサスペンダー」のアプローチである。先制不使用政策は、大統領令によっても実現可能だ。

4．すべてのＩＣＢＭを退役させ、核兵器の再構築を縮小せよ

ＩＣＢＭを退役させることで、米国の核政策の数々の問題が解決できる。警報下発射して「それを使うか、失うか」というプレッシャーを抑え、米国の先制不使用政策への信頼性を高め、巨費を節約してより優先順位の高いプロジェクトに振り向けられる。

先制使用以外に、ＩＣＢＭには何ら合理的な目的がない。そのほとんどはロシアの先制攻撃で破壊され、他のシナリオでも不要である。ＩＣＢＭは単に効果的な報復には不要であり、それは潜水艦搭載の兵器によって成される。「核のスポンジ」としてＩＣＢＭをとっておくのは、米国の北中西部周辺への核の危険を高めるだけだ。米国から核攻撃を退けるのではなく、それを引きつけるのは、無意味である。

１５００億ドルかけて新世代のＩＣＢＭを製造する米国の計画は税金の無駄遣いであるだけでなく、そういう兵器の配備は我々を危険にするだけである。ＩＣＢＭは、よくても予備の保険のようなもの

であり、悪ければ核の大惨事が起こるのを待つようなものである。

ＩＣＢＭとは、今後30年かけて2兆ドルを投じ、米国の核兵器を再構築、維持する大きな計画の一環である。この努力は過剰である。米国は第二撃による抑止のために必要な兵器だけをつくるべきで、それ以上のものはつくるべきではない。兵器は高額で危険だという明らかな理由による。

米国の核搭載潜水艦だけで抑止には十分であり、当面はそうであろう。だが科学技術の進歩によって、潜水艦にも新たな脅威が生じる可能性を認識しておかなくてはならない。特に、サイバー攻撃や、ドローン群による探知である。新たな潜水艦計画では、こうした脅威に対処できるような進歩に重点を置き、今後数十年にわたって生存能力を確保するべきだ。

ＩＣＢＭがなくとも、10隻の新型核搭載潜水艦部隊があれば、わが国の抑止の必要を十分すぎるほど満たすだろう。生き残った5～6隻の潜水艦の能力で、ロシア、中国、北朝鮮の国家管理の中枢やエネルギー、財産を破壊できるだろう。実際には、たった1隻の小船でも、ロシアの50の大都市にそれぞれ2発の水爆を撃ち込めるほど搭載できる。

トランプ政権は、新型の「低出力」核弾頭を潜水艦発射型トライデント・ミサイルに配備した。この危険な兵器は、ありもしない問題のための悪い解決策である。ありそうもないロシアの低出力爆弾使用を抑止するには、米国の現有勢力で事足りる。米国の抑止力に（ロシアとの）「ギャップ」はない。米国が明確に強い核抑止力を維持するのに真剣であることは、ロシアにも分かっているだろう。

トランプの計画では、ステルス能力を高めた新型爆撃機Ｂ－21の開発を求めている。我々はこの計画を支持する。米軍の通常戦力を強化するし、潜水艦に不具合が出てその能力が疑問視された時に補完できるからである。これは起きそうにはないが、爆撃機はそういう不測事態に備えた保険のような政策である。

先制使用から第二撃による報復への移行によって、指揮・管制システムは即時発射オプションから転換して、大統領にさらなる決定時間を与えられるのだ。警戒態勢下の兵器や攻撃下発射の能力は不要だ。だが、大統領を守り、最も重圧がかかる状況でも命令が出せるようなシステムは必要である。

米国は核兵器の再構築よりも、指揮・管制の近代化を優先すべきだ。大統領が発射決定を焦ることなく、1回の攻撃よりも十分な時間軸で考えられるようにすべきである。これによって、大統領がより攻撃後の状況を再評価して、慎重に残存戦力による作戦を指揮できる。

米国の将来の核兵器計画は、より小規模で確実な第二撃に移行し、その唯一の目的は核攻撃の抑止にできる。核戦争に「勝つ」という危険かつ無駄な企てに巨費を投じる必要はない。

ICBMを段階的に撤去し、より少数の潜水艦と爆撃機を建造することで、米国は少なくとも3千億ドル（年100億ドル）を節約しつつ、優れた抑止力を配備できると我々は見ている。[3]

5．新STARTを救い、さらに踏み込め

オバマ政権が交渉し、2010年に米ロが署名した新STARTは、核兵器を制限する最後の大きな合意であるが、2021年2月に期限切れとなる。米ロが合意すれば5年間の延長が可能だ。トランプ大統領は何もしないか、延長に反対するかもしれない。その場合、2021年1月に就任する新大統領は、それを検討課題として取り上げるのに数週間しかない。

トランプ大統領は複雑な新ＳＴＡＲＴ延長の努力に抵抗しそうだ。確かに、ロシアは条約が適用されていない新型核兵器を開発している。確かに、中国は条約に入っていない。こうした問題は後継の合意で模索できようが、２０２１年初めまでに考慮するには、時間が足りない。実際、新ＳＴＡＲＴ延長にこうした問題を含めよとの提案は、新ＳＴＡＲＴに反対する勢力による妨害だと思う。

新ＳＴＡＲＴを捨てるのは悲劇的な誤りであり、軍拡競争の火に油を注ぐようなものだ。新ＳＴＡＲＴは米国にとってよく機能してきたし、ロシアがこれに違反しているとの兆候はない。更新されるに値する。ロシアは米国に対して核兵器の数を制限できるし、米国もロシアが急に増強することはないとの確信を持てる。新ＳＴＡＲＴがなければ、そうした保証は消える。それはまた、核兵器についてロシアと対話する唯一残された伝達手段なのである。実に、戦略兵器削減条約の最も重要な理由の一つは、両国の生存可能性に影響を及ぼす、こうした問題で対話を維持することだ。

しかしながら、トランプ政権が条約を人質に取り、その代価として、政権が進める過剰な核近代化計画を連邦議会が支持するのは誤りだ。新ＳＴＡＲＴ延長を望むのはやまやまだが、これは支払うには値しない。

たとえ新ＳＴＡＲＴが延長されても、軍備管理の道の終わりではない。ロシアと米国は依然として、自分たちとその他の国民を全滅させられる能力を残している。我々は核兵器の削減をさらに進め、核戦争が勃発しても文明の終わりにならぬようにしなければならない。

気象研究が我々に教えるところでは、１００発程度の高出力の核弾頭が大都市で爆発すると、気候に大きな影響を与え、地球上の生命を脅かすという。このレベル以下にまで兵器削減プロセスを考えなければ、真に成功とはみなせない。

新STARTの後、オバマ大統領はロシアと後継条約について交渉し、戦略核兵器の配備を3分の1減らして、約1千発にする計画だった。これはロシアとの再交渉のスタート地点になるところであった。

この努力の一環として、トランプ大統領とウラジーミル・プーチンは共同宣言を発して、核戦争に勝者はおらず、それを戦ってはならないと再確認すべきだ。これは、米ソ両国民がリスク削減と相互の安全保障向上に向けた始まりとして前向きに受け止めた、1985年のレーガン・ゴルバチョフ声明を更新するものである。今日の共同声明は、現在の緊張にもかかわらず、世界の核兵器の90パーセント以上を持つ2カ国の指導者が、世界の破滅を防ぐために協力する責任を認めるものとして伝わることだろう。そして、他の核保有国のさらなる核のリスク低減にもつながる。そうした声明のタイミングは、米ロが軍縮に向けた過去の進展に関与することも示唆する。

米ロ関係は史上最悪レベルであり、交渉開始に向けた政治的支持を得るのは難しいことは我々もよく分かっている。だが、世界の核の危機を減らす重要性はだれの目にも明らかで、核以外の問題における政治的な計算よりまさる。他の分野では同意しなくても、米ロの指導者は核戦争を避けるために常に話し合うべきだ。

6．戦略ミサイル防衛を制限せよ

戦略ミサイル防衛に現実の制限を設けることなしに、意義のある兵器削減を続けるのは不可能に近い。米国のミサイル防衛が、米国による先制攻撃後のロシアの報復能力への脅威だとロシアがみなす限り、米国の防衛を制限することなしには、ロシアは新たな軍備削減交渉を拒否するだろう。

１９８３年以来、戦略ミサイル防衛計画に優に３千億ドルを超える費用をつぎ込んで、米国がより多くのミサイル迎撃装置を配備したり、宇宙兵器を開発したりすればするほど、ソ連（ロシア）は核戦力削減にますます抵抗し、中国も増強する。これでは、核兵器をどこまで削減できるかにおいて、必然的にブレーキをかけることになる。ロシアと中国はまた、米国が欧州や日本や韓国に、海上や地上配備型のミサイル防衛を配備することに懸念を示している。

この問題については、長距離ミサイル防衛は言われているほど効果的ではないと連邦議会を説得できよう。米国の迎撃ミサイルが効果的だという錯覚を連邦議会がしている主な理由は、現実的な脅威に基づいて実験をしていないことによる。ジョージ・Ｗ・ブッシュ政権は欠陥だらけのシステムを配備し、残念なことにそれは超党派の支持を得た。だが我々は、独立した、現実世界での対抗措置を含む実験をすることなく、それを拡大したり、追加したりすべきでない。米国の戦略ミサイル防衛システムが、そうした現実的な実験に合格するとは我々は思わない。効果的ではなく、誤った安全保障の感覚に導くようなシステムに何十億ドルもつぎ込み続けるべきではない。

我々はミサイル防衛について強い声明を出しているが、将来の米国の計画は、我々の否定的な評価に基づく必要はない。独立した技術的評価が必要だ。提案されている数多くのミサイル防衛技術を検討する独立機関に、連邦議会は資金を与えるべきだ。米国物理学会による１９８７年の報告書は指向性エネルギー（ビーム）兵器の実現可能性を検討し、ＳＤＩ計画の縮小に役立った。同学会は現在のミサイル防衛システムについても同様の研究をしており、こういう複雑な科学技術への連邦議会による監視や国民の理解を得るための後押しとなるだろう。

結局、米ロは長距離ミサイル防衛に拘束力のある制限をかける必要があるだろう。２００２年にジョージ・Ｗ・ブッシュ大統領が脱退するまで存在したＡＢＭ条約のようなものである。そうした拘束力のある制限なくして、ロシアからさらなる兵器削減への支持を得ることは想像しにくい。

7. 条約を待つな

核兵器やミサイル防衛に制限をかけるための法的拘束力のある条約を使うことを我々は支持してはいるが、残念ながら、このアプローチがうまくいくとはもはや思えない。包括的核実験禁止条約（ＣＴＢＴ）は明らかに米国の利益となるはずだったが、１９９９年に共和党主導の上院によって否決された。新ＳＴＡＲＴは民主党主導の上院でかろうじてうまくいったが、それはオバマ政権が核戦力を再構築し、ミサイル防衛を制限しないと約束して初めて可能になった。一方、共和党の大統領は長らく軍備管理を支持してきたが、今ではそれに背を向けている。その結果、上院で今後、軍備管理条約が通過する可能性は見通せない。

悲しき現実はこうである。予見できる将来において、明らかに米国の安全保障上の利益になる軍備管理措置のために、米上院で67票を獲得することはできそうにない。

だがこの問題は、上院の構成が変わるのを座って待っているには、あまりにも重要すぎるのである。軍備管理の賢明な合意に対する上院での政治的支持が存在しないのならば、次期大統領は、上院による批准が必要ない首脳同士の合意や別の手段を追求すべきだ。理想とはほど遠いが、何もしないよりはましである。

オバマによるイランとの核合意からトランプが離脱したように、政治合意は次の大統領に覆されやすいかもしれない。だが、大統領は条約からも簡単に離脱できる。トランプがＩＮＦ全廃条約から、ブッシュがＡＢＭ条約から、それぞれ離脱したようにである。条約は進歩のための唯一の道ではない。党派政治によって条約が無理であれば、他の手段を追求しなければならない。

8．北朝鮮、イランを外交的に引き込め

北朝鮮とイランの核計画を封じ込めるため、次期大統領は外交を駆使するべきだ。そうした努力は、地域的な軍拡競争を抑えるとともに、米ロがさらなる軍備削減をするためにも不可欠である。いずれにも実現可能な軍事的解決はなく、そうした行動は避けるべきである。

イランについて、次期米国大統領は、２０１５年にイランと米ロ中と欧州連合が交渉したイラン核合意に再加入するべきだ。国際査察官によると、トランプ政権が合意から離脱した２０１８年に、イランはこの合意を遵守していた。トランプの軽率な行動は、イランが核兵器を開発するのを阻止するという目的から後戻りさせただけである。次期大統領はイラン核合意に再加入し、イランとよい関係を再構築して、将来により拡大した国際的な制限を設けるための後継合意の交渉の可能性を模索すべきだ。

対照的に、北朝鮮はすでに核兵器を保有し、より困難な外交的課題を突きつけている。トランプ大

統領が北朝鮮の指導者、金正恩と直接関与する努力を我々は支持する。だが今のところ、政権に有効な交渉戦略があるようには見えない。外交プロセスのはじめに北朝鮮に核兵器を放棄するよう求めるよりも、米国は北朝鮮との根本的に新しい関係構築を模索すべきだ。北朝鮮は米国による正当な理由のない軍事行動におびえる必要がなくなり、韓国も北朝鮮による正当な理由のない軍事行動におびえることがなくなる。そのような転換した関係になるには、時間も忍耐も要するだろう。

核不拡散条約（ＮＰＴ）は２０２０年、〔発効から〕50年になる。約１９０カ国が加盟するこの条約は、核兵器を持つ国が増えるのを阻止するのに重要な役割を果たしてきた。大多数の非核保有国は国連の条約によって核兵器を廃絶することを支持してきたが、米国とロシアの核軍縮に進展が乏しく、実際に、軍備削減条約を破棄して核兵器を再構築していることに苛立っている。ロシアと米国は新ＳＴＡＲＴを延長し、ＣＴＢＴを発効させることによって、ＮＰＴプロセスに必要な支持を集められるだろう。

9．市民運動のテーマに核兵器を取り込め

第9章で見たように、新大統領が米国の核政策を転換しようとしても、彼か彼女は強い政治的逆風や変化への組織的抵抗に直面する。こうした壁を打ち破るため、新大統領は明確な行動計画を持って就任し、すみやかに導入することだ。そして、適切なスタッフを最も影響力のあるポジションに配して、その政策を実施させることだ。

オバマ大統領の場合には、選挙が終わってからも、外部組織や米国人有権者からの圧力が必要であ

った。強力な外部地盤によって大統領に約束を思い出させ、進展させられなければ政治的なコストがかかるようにすべきだろう。国民の教育が不可欠だ（我々がこの本を書いた理由だ）。ツイッターや論考、記事、ポッドキャスト、演説、会議、ユーチューブ、ドキュメンタリー、そしてメインストリームの映画などもある。目標は、市民やポップカルチャーによる核兵器の見方を変えることだ。核兵器は資産ではなく負担、実際に存亡に関わる危険だと見られる必要がある。

核凍結キャンペーンは38年前の1982年、100万人がニューヨークのセントラルパークで軍拡競争に抗議した時がピークだった。今日、そのような運動はないが、トランプ大統領当選後まもなく、別の形の市民運動が誕生し、女性の権利や移民、司法、民主主義、戦争防止、銃規制、そして環境といった問題に焦点が当たった。核軍縮にも焦点を当てられるだろう。

我々は新たな市民運動のテーマに核兵器を取り込む必要がある。Indivisible や Move On といった非常に効果的な組織がこの道を先導している。我々はできる限り、手伝う用意ができている。

10. 明確な態度を持った大統領を選べ

最後に、核戦争を避けることに注意を払い、米国の核政策を変える大統領を選ぶことに尽きる。この政策はトップから変えなければならず、大統領だけがそのプロセスを動かせる。大統領が変化を望まない限り、何も変わらないだろう。大統領候補者たちが核兵器についてどう考え、大統領に選ばれたら何をするだろうかを米国の有権者は自ら学ぶ必要がある。だから、2020年の米国大統領選挙に投票できるすべての人にお願いしたい。自分の命がそれにかかっていると考えて投票してほしい。

冷戦終結から30年が過ぎた今日、米国はなお奇襲攻撃に即座に対処するために大規模な核戦力を配備し、大統領は核戦争を始める野放しの権限を持っている。米国の核政策は時間を漂ってとどまり、1950年代から実質的に変わっていないのである。

合衆国憲法の起草者たちは、核時代がもたらす課題を予見できなかっただろうが、野放しの大統領の危険性は理解していた。核兵器とその扱いを見れば、連邦議会の権威を損ね、最高司令官に超人的な力を授けることによって、米国の民主主義や安全保障に大きな被害を与えているのだ。

大統領がだれであれ、数分以内に世界を終わらせる究極的な力を与える正当性はない。核兵器は75年を迎えるが、核のボタンをやめる以外に核の大惨事の危機を減らす手段はない。核兵器をめぐる過去の考え方を再構成することで、その未来を変える手助けができるとの希望を持って、我々はこの本を書いた。だが、結局は読者のみなさん次第である。新たな核政策を指導者にもっと進めてほしければ、国民がもっと積極的にそれに関わらなければならない。これは可能であり、以前起きたことがあるのを見てきた。両国民の圧力によって、米ロは最初の軍拡競争を終わらせた。諸国民の圧力によって、国連は世界的な核兵器禁止を採択した。そして我々は（大統領の）専権を終わらせ、新たな軍拡競争を止め、同様に安全な世界をつくるのだ。

今日、核兵器は過小評価されながら、我々の文明の存続危機を突きつけている。だれも一人ではこの現実を変えられないが、この重要な問題にふさわしい時間をかけ、関心を持って、一緒に行動できるのだ。

訳者あとがき

ウィリアム・ペリー氏に初めてお会いしたのは2015年8月、被爆地・広島で核軍縮をめぐる「賢人グループ会合」が開かれた時だった。

ペリー氏はこの時すでに87歳。「核兵器のない世界」を提唱した米国の「四賢人」の一人として世界を駆け回り、広島でもその知見と温厚な人柄に注目が集まっていた。同じく「核兵器のない世界」を訴えるバラク・オバマ氏が、現職の米国大統領として初めて、広島・長崎を訪問するかどうかも、我々日本メディアの関心事であった。

「オバマ氏は大統領任期中に広島・長崎を訪問すべきだと思いますか」

オバマ氏のメンター（師）と目されるペリー氏にインタビューする機会を得て、私は単刀直入に尋ねた。

「オバマ大統領の広島訪問について、もしアドバイスを求められたら、来るべきだと答えるだろう。しかし、謝罪するためではない。70年にわたって、幸いにも原爆は使われなかったが、危険は常にあった。だから、オバマ大統領が広島で言うべきことは『広島は核兵器の非人道性を象徴している。すべての国は二度とこれを使わないと誓い、そのための行動を起こすべきだ』ということだ」

謝罪するためではないと、オバマ氏のために予防線を張ったかのような答えに、私は納得がいかなかった。二の矢を放った。

「なぜ謝罪のためではないのですか。米国では原爆投下によって100万人の米兵が救われたとする言説が根強く、大統領の謝罪を許さないのでしょうか」

「オバマ氏の広島訪問は象徴的な意味合いを持つ。大部分の米国人や歴史家は原爆投下による日本の降伏で、米軍の日本本土侵攻作戦が避けられ、100万人の米兵とそれ以上の日本人が救われたと信じている。ここでは謝罪が問題なのではない。我々は過去ではなく未来に目を向けたい。核兵器は二度と使うべきではないというメッセージを発信する伝達手段として、大統領は広島を利用することができるだろう」

広島はただの伝達手段（vehicle）なのか。核戦争の瀬戸際を経験した賢人の、よどみのない答えを聞きながらも、私の胸にはもやもやした思いが残った。一方、広島の青少年との意見交換会では、ペリー氏は、たじたじだった。

「核兵器は悪いものだから、禁止するべきではありませんか」

「どうして米国はいつまでも核兵器を持っているのですか」

素朴な疑問に直面したペリー氏は答えるのをやめ、代わりに日本人通訳が自分の祖父から聞いた東京大空襲の体験を語る場面もあった。

2016年5月27日、オバマ大統領が広島にやってきた。取材記者として、オバマ氏の演説を間近で聴いた私は、冒頭の一節に衝撃を受けた。

「死が空から降ってきた（death fell from the sky）」

オバマ氏は被爆者に謝罪するどころか、原爆投下をまるで自然災害であるかのように語った。「米国を含む核保有国が、恐怖の論理ではなく、核兵器のない世界を追求する勇気を持つようにしよう」。オバマ氏は、広島から世界に向けて格調高く訴えたが、米国の原爆投下責任には一切触れなかった。広島は伝達手段。ペリー氏が言った通りになったと私は感じた。

ペリー氏との出会いから5年。縁あって本書の翻訳を引き受けることになった。米国の政治状況は様変わりし、オバマ氏の広島訪問は、まるで夢の中の出来事だったかのようである。後を受けたドナルド・トランプ大統領は、低出力の「使える核」を潜水艦に配備した。核兵器使用のハードルが明らかに下がっている。

核軍縮をめぐる国際環境も激変している。２０１７年には１２２の非核保有国が賛同して、国連で核兵器禁止条約が採択された。もはや核軍縮を核保有国まかせにはできないとして、本書に登場する国際ＮＧＯ「核兵器廃絶国際キャンペーン（ＩＣＡＮ）」の「顔」、広島の被爆者サーロー節子さんは、ノーベル平和賞受賞スピーチで「核兵器は必要悪でなく絶対悪」と訴えた。

核保有国や日本を含む米国の「核の傘」依存国は、２０２０年に発効50年を迎えた核不拡散条約（ＮＰＴ）体制のもとで、核兵器を国家安全保障の「必要悪」だとみなし、核軍縮を一歩ずつ進めようとする「段階的アプローチ」を唱えてきた。これに対して、核兵器は「絶対悪」であるとの烙印を押して核兵器禁止条約を推進する「人道的アプローチ」が台頭している。本書は米国の軍備管理のスペシャリストたちが、前者のアプローチに軸足を置きながらも、後者の見解も盛り込みながら論を進めているのが斬新である。米国主導でつくりあげたＮＰＴの無期限延長は誤りだったと指摘している点も興味深い。

２つのアプローチの潮流がもみあう中、「橋渡し役」を自任する日本政府の立ち位置と構想力が問われている。本書は、オバマ政権が検討した核兵器の先制不使用（「唯一の目的」）政策に日本政府が反対したことについても再考を促している。

本書の校正作業を進めていた２０２０年5月末、米西海岸（カリフォルニア州パロアルト）に暮らすペリー氏と、米東海岸（ワシントンＤ.Ｃ.郊外）に暮らすトム・コリーナ氏に、オンライン会議システムで同時に話を聞いた。

「オバマ大統領はなぜ、約束通りに核兵器のない世界を進められなかったのでしょうか」

パソコン画面の向こうで、92歳になったペリー氏のシャープな受け答えぶりは健在だった。

「（２００９年にプラハで雄弁に訴えた通り）オバマ大統領は本当に熱心に核兵器廃絶をやろうとしていたことに疑いはない。彼の頭の中では、（２０１０年にロシアのメドベージェフ大統領と結んだ）新戦略兵器削減条約（新ＳＴＡＲＴ）がその第一歩だった。残念なことだが、大統領就任から２、３年たつと、それ以上進めるのは政治的に無理だとあきらめたのだろう」

本書を翻訳していて、私自身が発見したことも二人に告げた。

「米国による日本への核攻撃（The US nuclear attacks on Japan）」（本書35ページ）との英文表現である。

日本の新聞で、こういう書き方をした記事を私は見たことがない。「核攻撃」ではなく「原爆投下」と表記するし、「米国による」と名指しする記事は少ない。米国という主語を省略し、広島・長崎への計画的な核攻撃を自然災害化しているのは、我々日本メディア自身なのだと再認識した。

そのことを伝えると、コリーナ氏が言った。

「広島・長崎から75年。戦争を終わらせるために原爆を落とすべきだったかどうかといった古い議論に屈することはない。核兵器が二度と使われないようにするために、この本を書いた。議論を前向きで生産的な方向に向かわせたい」

ペリー氏は5年前に広島で話してくれた時と同じように、米国が原爆を使用せずに日本本土侵攻作戦をしていれば、失われたであろう多数の米国人兵士や日本の市民の命に思いをはせた。

今回はその続きがあった。

「……戦争を早く終わらせるために、原爆を使うぞと（日本を）脅すとか、デモンストレーションをするとか、原爆使用に代わる選択肢を、当時の米国の政策当局者らが真剣に検討しなかったことへの批判は免れない」

そして、ペリー氏自身が戦後まもなく、若き進駐兵として日本で目の当たりにした光景を振り返りながら語った。

「私が見た限り、東京・横浜の焼夷弾による空襲被害の方が、広島の原爆被害よりもずっと大きかった。ここで得た教訓は、核兵器がひどいとか焼夷弾がひどいとかいうことではなく、戦争がひどかったということだ。そして、核兵器の実相を伝えることによって、次なる戦争を防ごうとしてきて、これまではかなりうまくいった。しかし、これも危うい。なぜ危ういのか。その危険を減らすために、我々ができることは何か。この本では、そのことを語っている」

ペリー氏とコリーナ氏の提言が、読者にとっての発見をもたらしてくれることを願う。

２０２０年６月、横浜にて

田井中雅人

解題
「核のボタン」解除は、「核軍縮のボタン」

吉田文彦
（長崎大学核兵器廃絶研究センター長）

米国の核政策に深く関わった人物は星の数ほどいることだろう。その中にあって、政策形成・実行の第一線から退いた後に核不要論をアピールするようになった重鎮も少なくない。主だった人物だけ数えても両手指では足りないくらいだ。

まずは１９９４年のこと。ハリー・トルーマン大統領からロナルド・レーガン大統領まで米国の歴代政権の核政策にさまざまな形で関わったポール・ニッツ元大統領特別補佐官が、ワシントン・ポスト紙に投稿した。核兵器使用のタブーが強まっていることや通常戦力の性能アップの結果、「通常弾頭を搭載した戦略兵器がやがて、核兵器よりもはるかに重要な抑止という使命を果たすようになるかも知れない」と指摘し、通常戦力による抑止への転換を進言した。

次は１９９６年のこと。オーストラリア政府の音頭取りで設置された「核兵器廃絶に関するキャンベラ委員会」（参加・十二カ国十七人の専門家）が、核ゼロに向けての具体的なステップをまとめた報告書を出した。参加者の一人が、ジョン・F・ケネディ政権時代の1962年に起きた「キューバ危機」の際に国防長官だったロバート・マクナマラ氏。キャンベラ委員会の内外で、核廃絶の必要性を強調した。

少し時を経た2007年のこと。ヘンリー・キッシンジャー元国務長官、ジョージ・シュルツ元国務長官、ウィリアム（ビル）・ペリー元国防長官、サム・ナン元上院軍事委員長の「四賢人」が連名で、ウォール・ストリート・ジャーナル紙に「核なき世界」への移行を提言した。これが2009年のバラク・オバマ大統領による「プラハ演説」（「核なき世界」をめざすことを宣言）の下敷きともなった。

「核の巨人」から、「非核の巨人」へと転身した重鎮たち――「辞めてから言うのでは無責任」「政策決定の権限を持っている時にこそ、核抑止からの脱却をめざしてほしかった」との冷めた目があるのは承知している。それでも、核抑止の裏も表も知り尽くした重鎮たちの、党派を超えた進言はずしりと重い。「過去の人」と頭からいぶかるのではなく、真摯に耳を傾ける必要がある。核抑止に疑問を抱く立場ならば、「非核の巨人」たちの、ある意味で人生の晩年をかけた言説を咀嚼し、「核なき世界」に向かうアイデア、政策を熟考していくことが大切だろう。現状の核抑止論を支持する専門家たちにも、重鎮たちの進言を直視してもらいたい。重鎮たちの言説に反論し、さらには論破する根拠、政策論を示してこそ、自らの考え方の妥当性に説得力を持たせられるだろう。逆にそれができなければ、説得力はチャレンジを受けることになるだろう。

＊　＊

「四賢人」の中でも今なお最も活発に、核のある世界の問題点について執筆・発信を続けているのがペリー元国防長官である。彼の自伝『核なき世界を求めて――私の履歴書』（日本経済新聞出版）によると、ビル・クリントン政権で国防長官に就任した時から、「核全廃に一歩でも近づく努力をする」と周囲に語っていた。国防長官の職を終えてから広島を訪れた時に非核世界への決意は強まり、「二度と地球上で使われるべきではない」との思いが強まった。自伝にはこうも記されている。「たとえ小さくても確かな一歩を前に踏み出さなければ、永遠にゴールに到達することはできない。だから、私は『核なき世界』を求めて歩きつづける。今日も、そして明日も……」

そして世に出されたのが、本書『核のボタン』である。「非核の巨人」としてペリー元国防長官が本書で挑んだのは、危険極まりない「冷戦の遺物」への対応策の特定だ。冷戦が終わって30年以上も経っているにもかかわらず、核による破滅リスクが私たちにのしかかっている現実についての透徹した分析と、それを踏まえた問題解決への処方箋の提示だ。

破滅リスクの根っこに横たわる問題は、今なお「核スーパーパワー」である米国とロシアが、冷戦期から現在に至るまでずっと、「警報下発射」を想定した核戦争計画を保持し続けていることにある。

では、警報下発射とはどのようなものなのか。実は以下のような、何とも危うい仕組みである。

核戦力の中でも最強と言われる、地上発射型の大陸間弾道ミサイル（ＩＣＢＭ）。米ロともこのＩＣＢＭを、高度警戒態勢に置いている。相手のＩＣＢＭが発射されたことを示す情報を早期警戒衛星などがキャッチし、最高指導者（今は共に大統領）がその警報を受けて報復の発射命令を出せば、それから数分以内に発射できる態勢を常にとっている。たとえば、「ロシアがＩＣＢＭ発射」の警報が出て、その他の分析も合わせて米国の大統領に届けられれば、ロシアのＩＣＢＭが米国のＩＣＢＭ基地付近で爆発して多くの基地を破壊する前に、すなわち分単位のごく短い時間のうちに米国大統領は報復攻撃するかどうかを決断しなければならない。

最大の問題は、発射情報の真偽を確かめる時間があまりにも短いことだ。悪くするとシステム誤作動や、情報の誤認、さらにはサイバー攻撃によって誤った発射情報が大統領に届けられ、実際にはロシアのＩＣＢＭなど発射されていないのに、きちんと情報の真偽が確認されないまま、米国のＩＣＢＭによる大規模な報復攻撃命令が出される恐れがある。ＩＣＢＭはいったん発射されれば核爆発を中止するすべはなく、誤った判断によって飛び立ったＩＣＢＭは結果的に、「米国の核先制攻撃」をもたらすことになる。それに対して相手が大量報復すれば、全面核戦争という最悪の事態に転落しかねない。本書によると、「誤警報はこれまでに何度も起きているし、これからも起こりうる。例えば、１９８０年に国家安全保障担当大統領補佐官がカーター大統領にまで本当の攻撃だと報告を上げかけたが、ぎりぎりのところで幸運にも誤警報だと判明した」。

核攻撃警報が出るような重大な局面で、核兵器使用に関する最終判断を下せるのは米国では大統領である。換言すると、核兵器の発射権限は大統領の専権事項である。軍事組織の独走を防ぐための文民統制（シビリアンコントロール）としては正しい制度には思えるが、一人の人間に権限を委ね過ぎているのではないかとの疑問が長年、提起されてきた。核戦争にゴーサインを出す「核のボタン」を押すかどうかの最終判断を、たとえ選挙で選ばれた最高指導者といえども、一人に全権委任する制度でいいのか。この古くて新しい問題は、必要あるいは十分な対応がとられないまま、先送りが繰り返されてきたのである。ドナルト・トランプ氏が大統領になってからこの疑問が改めて、しかも一気に膨らみ、大統領の専権独断への警戒論が強まっている。

だが、事は米国に限らない。ロシアもほぼ同様に警報下発射態勢をとっている。米ロの双方で、システム異常や意思決定プロセスに関わる人間の判断ミスによって「核のボタン」が押されるリスクが、常に存在するのである。

冷戦後のロシアでは、こんなニアミスがあった。1995年1月にノルウェー沖からオーロラを調べる気象観測ロケットが打ち上げられた。ロシア軍の早期警戒レーダー関連の基地は発射情報をキャッチし、ボリス・エリツィン大統領が特別回線で国防相らと緊急協議する事態にまで発展した。ロシア側は、米国の潜水艦発射ミサイルと誤認していたと伝えられている。だが、報復するかどうかの決定まであと2分というかなりぎりぎりの段階で、ロシア軍は「ロケットは無害」と判断し、誤解による核攻撃は回避された。事態がここまで進んだ背景には、ロシア政府内の連絡ミスがあった。ノルウェーは科学的調査目的のロケットだったことから、事前にロシア側に通告していた。国防省や海軍の参謀本部にこの情報は知らされていたが、ミサイル発射探知システムの一端を担うレーダー基地には伝わっていなかったのだ（1998年4月10日、朝日新聞朝刊）。

警報下発射態勢に起因する破滅リスクの回避については何重もの措置がこうじられており、現実に悲劇をもたらす確率は低いのかも知れない。警報下発射態勢のもとでもこれまで核戦争にいたる前にブレーキがかかってきたのは、リスク回避措置が効果的であることの証左だとの見解があるのも事実だ。だが、仮にそうであったとしても、過去の「実績」が未来の安全を確実に保証するものではない。警報下発射態勢が破滅に直結するリスクであるならば、ゼロ、あるいは少なくとも限りなくゼロに近い状態に一刻も早く移行するのが賢明な選択だろう。

＊　＊

だからこそではないだろうか。ペリー元国防長官は本書の中で切れ味鋭く、警報下発射態勢の不要論を展開した。

警報下発射態勢が非常に危険なのは、「早期警戒システムが間違いやすいこと」が大きな要因であり、「米国は少なくとも3回、ロシアも少なくとも2回の誤警報を経験している。そして大統領自身も間違いやすいことが分かっている。人間は間違いやすく、機械も故障する」と、強い危惧を記している。「大統領から見れば、警報下発射は誤って核戦争を始めてしまう可能性がある」ものに映っていると論じるとともに、ケネディ政権の国防長官だったマクナマラ氏が警報下発射を「狂気の沙汰」と呼び、「そこには軍事的要請などない」と断じたことも紹介している。

そしてペリー元国防長官の結論は――「大統領の専権や先制使用、警報下発射といった時代遅れの冷戦期の政策」は「極めて危険」なものであり、「そうしたものはない方が、我々は安全になるだろう」。そして、「こうした誤った政策はすべて、ロシアが先制攻撃を計画しているという想定で立案されている」ものの、「この想定には何ら根拠がない」のが実情であり、「根拠がなければ、米国の核政策の根幹の構想が崩れる」との見地から、根本的な方針転換を強く促している。

＊　＊

では警報下発射態勢に関する、具体的な方針転換とは何か。ペリー元国防長官は、多くの核抑止論者にはタブーでさえある、ICBM不要論に踏み込んでいる。

現状を見ると、「まるで冷戦が終わっていないかのように、米国は1兆ドル以上を核兵器の再構築に費やして、問題を膨らませている」。破滅リスクを回避する視点からこの現状を打破する必要があるが、ペリー元国防長官は「安全を高め、巨費を節約するには、第二撃報復への政策転換をして、ICBMのような先に即座に使われてしまいそうな兵器を段階的に撤去することである」と提言する。さらに進んで、「ICBMも警報下発射もやめて先制不使用政策をとれば、米国は第一撃ではなく、第二撃というかなり安全な立場にシフトできる」ようになることから、「他者がそれ〔核兵器〕を使用するのを抑止すること」が米国の核兵器の「唯一の目的」とする戦略に転換するよう促している。

警報下発射態勢の解除はこのように、核リスクを大幅に引き下げる効果が期待できる。だがそれに加えて、思い切った核軍縮を促す作用がある点も、ペリー元国防長官は力を込めて説いている。

ペリー氏は、警報下発射態勢を解除してICBMも段階的に撤去し、先制不使用政策を採用することを勧めているが、世界に核兵器が存在する限り、米国は核抑止力を維持すべきだとの考えにも立っている。だが同時に、核抑止力の限界も明確に指摘している。「今日、米国にとって最大の核の安全保障上の脅威は、偶発的戦争と核テロ、そして拡散である。これに関して、過剰な米軍の核戦力は何ら意味のある役割を果たせない。世界中の核物質を守り、イランと北朝鮮の核開発計画をやめさせるために、米国は強力な国際的連合をつくる必要があり、米ロの継続的な軍備削減はこうした目標達成に不可欠である」

警報下発射態勢を解除してＩＣＢＭ廃棄に向かい、米国の核兵器の「唯一の目的」を「他者がそれを使用するのを抑止すること」にとどめるならば、米国は現在の新ＳＴＡＲＴ（新戦略兵器削減条約＝核弾頭の配備上限は米ロ双方とも１５５０発）よりも、ずっと少ない数にまで減らすことができる。しかも、「最大の核の安全保障上の脅威」が、偶発的戦争と核テロ、拡散であるならば、警報下発射態勢を解除して過剰な米軍の核戦力を思い切って縮小する路線を選択することでこそ、脅威を減らす方向により効果的に踏み出していけるだろう。

ＩＣＢＭ廃棄など、まったくの夢物語と決めるつける向きもあるだろう。だがかつて米国は国家安全保障会議で、このペリー案以上に思い切った核軍縮提案を決定し、ソ連に示したことがある。１９８６年のことだ。ミハイル・ゴルバチョフ・ソ連共産党書記長がこの年の1月、段階的に核兵器を削減して２０００年にはゼロにする大胆な提案を米国に示した。時のレーガン政権は対案として6月の国家安全保障会議で、①戦略防衛構想（ＳＤＩ＝最新の科学技術を動員し、宇宙にまで迎撃システムを配備してソ連の弾道ミサイルから米国や同盟国を守る構想）が生み出すミサイル防衛システムをソ連と共有する条約を締結する用意がある、②その場合、ＳＤＩが迎撃の対象とする弾道ミサイルを全廃する条約の締結を伴うべきものとする――との対ソ提案を承認した。ソ連が警戒していたＳＤＩをソ連が一定程度容認することを前提にしてはいるものの、ＩＣＢＭだけでなく潜水艦発射型弾道ミサイル（ＳＬＢＭ）も含めた弾道ミサイルの全廃を提案したのである。冷戦の最中でさえここまでの提案ができたのである。ペリー案がまだまだ少数派であるのは事実だが、決して夢物語と一蹴すべきではない。

一方で、冷戦時代よりも複雑な要因が絡み合ってきているのも現実だ。核軍縮の問題は現在、米ロだけのテーマではなく、いかにして中国を核軍縮交渉に組み入れるかが重要になっている。そんな中で米国が核兵器を減らすと、中国は米国が弱みを見せ始めたと考え、結果的には「中国の軍拡を促す」のではないか。こうした懸念を抱く専門家がいる。ペリー氏もこの点は承知のうえであり、彼は以下のように問題を整理している。約《つづ》めて言うと、①中国の核戦力は米ロよりもはるかに小規模で、保有弾頭数は３００発未満と推定されている、②したがって、たとえば米国が１千発にまで削減しても、中国に対して３対１の優位を保持できる、③米ロが核削減すれば、軍備拡大制限を中国に求めやすくなる、④核のリスク削減に関与するよう、中国に圧力をかけられる——。

米中ロの核軍縮の必要性が指摘されながらも、その交渉の実現への糸口をなかなか見つけられない状態が続いている。そうした状況のもとでは、米国、さらにはロシアの警報下発射態勢の解除、その後の大幅な米ロ核軍縮が大きな突破口になるかも知れない。現在は警報下発射態勢をとっていない中国が米ロを後追いして同様に危険な態勢を導入する前に、米ロがまず解除し、中国の警報下発射態勢への移行を止めることは米ロ、さらには北東アジアの安全保障上にとっても得策だろう。米国が核先制不使用や「唯一の目的」の方針を採用し、それに合わせた核態勢の変更を進めれば、長年にわたって核先制不使用を宣言し続けている中国と、核リスク削減や核軍縮に向けた接点を増やせる効果も生むだろう。警報下発射態勢を前提にした「核のボタン」の解除問題はすなわち、米中ロの核軍拡競争を阻止する「核軍縮のボタン」へとつながる問題なのである。

＊　＊

振り返ってみると米ロ（米ソ）は、思い切った核軍縮を進める機会が目の前にあったにもかかわらず、その機を逸してしまったことが多々ある。その中のふたつの事例が本書にも記されている。ひとつは冷戦期、もうひとつは冷戦後の事例である。

冷戦期の事例は、1986年にレイキャビクで開かれた米ソ首脳会談である。ゴルバチョフ・ソ連共産党書記長はこの年の1月、（前述のように）段階的に核兵器を削減して2000年にはゼロにする大胆な提案を米国に示した。この案を契機に両国が追加提案を出し合い、レイキャビクではレーガン米国大統領とゴルバチョフ書記長がすべての核を廃棄することで原則合意した。しかし、レーガン大統領が主唱したSDIの扱いについて両者の意見の溝が埋まらず、正式な核廃棄合意にまではいたらなかった。「核なき世界」へと時代を動かす瀬戸際までいったが、その巨大な好機がするりと手のひらからこぼれ落ちた格好だった。

冷戦後の事例は、1997年に開かれたクリントン大統領とエリツィン大統領のヘルシンキでの首脳会談でのことだ。米ロ首脳のそばにはいつも、核兵器使用の命令を発信できる特別な電話などが入ったスーツケースを持った軍人が立っている。エリツィン大統領は心臓手術を受けた時に、このスーツケースを首相に移譲した経験を説明したあと、「我々はもう核のボタンの横にいつも指を置いておくことをやめようじゃないか。お互いに連絡をとる手段はいくらでもある。どこに我々がいるのかを周囲は分かっている。もう小さなスーツケースを持ち歩く必要はないと合意できるだろう」と持ちかけた。唐突だったのも手伝ってのことだろうが、クリントン大統領は「検討しよう」と答えたものの、具体的な交渉に入るには至らなかった。エリツィン大統領の真意は必ずしも明確ではないものの、ペリー元国防長官は「即時発射のオプションをやめようと提案したのかもしれない」との見方を示している。さらに、「これは核戦争の瀬戸際から遠のく重要な機会だったかもしれない」が、残念なことに、「クリントンの反応は鈍かった」と評している。

一見、何も変わりそうにないようにも見える、核兵器をめぐる巨大で強固な政策・権力構造——だが、政府・軍内部にひそむ破滅リスクや人道上の問題への懸念などがバネになって、ある日突然のように大きな転機が訪れることはありうる。「核なき世界」をめざす立場からすると、そこに向けて政治指導者たちに働きかけ、動きそうにない山を動かしていくことが大きな課題である。歴史的な転機と遭遇した時に、政治指導者や私たち自身がその転機を見過ごすことなく、しっかりと活かせるように、常に準備を怠らずに更新していくことが肝要だろう。

そんなことは無理では、との声も聞こえてきそうだ。なぜなら、私たちのほとんどにとって、核兵器をめぐる権力内部の動きや政策をリアルタイムで直接目にしたり、聞いたりすることは不可能に近い。だが、だからと言って、そこでの思考停止は禁物だ。政策形成・意思決定に携わっている実務者には及ばないだろうが、彼らとの情報・経験値のギャップを補う方法はいくつも存在する。その中の有力な手段のひとつが、権力の中枢で核抑止の裏も表も知り尽くした専門家たちの解説や進言から学びとることだ。とくに、自分に託された人生の時間を使って「非核の巨人」たちが発している「核なき世界」に向かうアイデア・政策提言を真摯に吟味して、自分たちに何ができるかを、それぞれの立場、それぞれの角度から熟考していく試みは、市民社会に身を置く私たちの多くにとっても実践可能なことである。

その学びの教材として、本書には実に多くの示唆が綺羅星のごとくちりばめられている。ペリー元国防長官の言葉になぜ力があるのか。締めくくりに、本書の共著者であるトム・コリーナ氏の、次の言葉を引用しておきたい。

「ビルがユニークなのは〔核の問題を〕一周して戻ってきたことである。冷戦期にはMXミサイル〔1986年配備の大型核ミサイル〕やB－2爆撃機、空中発射型巡航ミサイルといった破滅的な核兵器を支持したが、その当時でさえ、米ソ間の戦略兵器削減条約や核実験禁止を強く支持してもいた。これが、トランプ大統領が提案する新たな核兵器に反対するビルの議論に強い信頼性をもたらしている。今日では、進歩的な核政策をつくろうとする連邦議員らが彼の賢明な助言を求めてくる。なぜなら、彼はそこ〔破滅の危機〕にいたからだ。核戦争の瀬戸際に近づき、奈落の底を見て、そこから引き返す英知を持ってきたのだ」

12 Andrew Cockburn, "How to Start a Nuclear War," *Harper's Magazine*, August 2018, https://harpers.org/archive/2018/08/how-to-start-a-nuclear-war.
13 Jim Acosta and Kevin Liptak, "Sources to CNN: During Puerto Rico visit, Trump talked about using nuclear football on North Korea," CNN, March 28, 2019, https://www.cnn.com/2019/03/28/politics/donald-trump-nuclear-football-puerto-rico-north-korea/index.html.
14 Philip Rucker, "Trump to North Korean leader Kim: My 'Nuclear Button' is 'much bigger & more powerful, '" *Washington Post*, January 2, 2018, https://www.washingtonpost.com/news/post-politics/wp/2018/01/02/trump-to-north-korean-leader-kim-my-nuclear-button-is-much-bigger-more-powerful/.
15 "Concern that Trump could launch unjustified nuclear attack," *Washington Post*, January 29, 2018, https://web.archive.org/web/20180129090428/https://www.washingtonpost.com/politics/polling/concern-trump-could-launch-unjustified-nuclear/2018/01/24/d1c2b920-0034-11e8-86b9-8908743c79dd_page.html.
16 "No First Use: Summary of Public Opinion," *Rethink Media*, April 19, 2019.
17 Tom Collina, "The Most Dangerous Man in the World," *Defense One*, November 14, 2017, https://www.defenseone.com/ideas/2017/11/most-dangerous-man-world/142542.
18 US Senate, Senate Committee on Foreign Relations, "Corker Statement at Hearing on Authority to Order the Use of Nuclear Weapons,"US Senate Press Release, November 14, 2017, https://www.foreign.senate.gov/press/chair/release/corker-statement-at-hearing-on-authority-to-order-the-use-of-nuclear-weapons.
19 US Senate, Senate Committee on Foreign Relations, "Cardin Remarks at Hearing on Use of Nuclear Weapons," US Senate Press Release, November 14, 2017, https://www.foreign.senate.gov/press/ranking/release/cardin-remarks-at-hearing-on-use-of-nuclear-weapons.
20 Michael S. Rosenwald, "What if the president ordering a nuclear attack isn't sane? An Air Force major lost his job for asking," *Washington Post*, August 10, 2017, https://www.washingtonpost.com/news/retropolis/wp/2017/08/09/what-if-the-president-ordering-a-nuclear-attack-isnt-sane-a-major-lost-his-job-for-asking.
21 Interview with the authors, October 17, 2019.
22 Ben Cohen, "President Trump, North Korea and Nuclear War," *Jurist*, August 14, 2017, https://www.jurist.org/commentary/2017/08/president-trump-nuclear-war.
23 Kennette Benedict, *10 Big Nuclear Ideas for the Next President: Add Democracy to Nuclear Policy* (Washington, DC: Ploughshares Fund, 2016).
24 US Department of State, "Memorandum of Discussion at the 214th Meeting of the National Security Council, Denver, September 12, 1954," *Foreign Relations of the United States 1952–54*, vol. 14, 618, quoted in Elaine Scarry, *Thermonuclear Monarchy* (New York: W. W. Norton & Co., 2013), 38.
25 Steven Kull, Nancy Gallagher, Evan Fehsenfeld, Evan Charles Lewitus, and Emmaly Read, *Americans on Nuclear Weapons* (College Park, MD: University of Maryland, May 2019), http://www.publicconsultation.org/wp-content/uploads/2019/05/Nuclear_Weapons_Report_0519.pdf (accessed June 20, 2019).
26 US House of Representatives, Office of Representative Ted Lieu, "Rep. Lieu and Sen. Markey Reintroduce Bill to Limit President's Ability to Launch Nuclear First

Strike," US House of Representatives press release, January 29, 2019, https://lieu.house.gov/media-center/press-releases/rep-lieu-and-sen-markey-reintroduce-bill-limit-president-s-ability.
27 Senator Mark Warner, Twitter post, December 20, 2018, 5: 52p.m., https://twitter.com/MarkWarner/status/1075886699417403393.
28 Karoun Demirjian and Greg Jaffe, "'A sad day for America': Washington fears a Trump unchecked by Mattis," *Washington Post*, December 20, 2018, https://www.washington post.com/world/national-security/a-sad-day-for-america-washington-fears-a-trump-unchecked-by-mattis/2018/12/20/faef8da0-04ac-11e9-b6a9-0aa5c2fcc9e4_story.html.
29 Bruce Blair and Jon Wolfsthal, "Trump can launch nuclear weapons whenever he wants, with or without Mattis," *Washington Post*, December 23, 2018, https://www.washingtonpost.com/outlook/2018/12/23/trump-can-launch-nuclear-weapons-whenever-he-wants-with-or-without-mattis/?.
30 Nahal Toosi, "'A moment of crisis': Warren lays out foreign policy vision," *Politico*, November 29, 2018, https://www.politico.com/story/2018/11/29/elizabeth-warren-foreign-policy-1029102.
31 US Senate, Office of Senator Elizabeth Warren, "Senator Warren, Chairman Smith Unveil Legislation to Establish 'No-First-Use' Nuclear Weapons Policy," US Senate press release, January 30, 2019, https://www.warren.senate.gov/newsroom/press-releases/senator-warren-chairman-smith-unveil-legislation-to-establish-no-first-use-nuclear-weapons-policy.
32 Mary B. DeRosa and Ashley Nicolas, "The President and Nuclear Weapons: Authorities, Limits, and Process," Nuclear Threat Initiative, December 2019.
33 Alex Wellerstein, "The Kyoto Misconception: What Truman Knew, and Didn't Know, About Hiroshima," in Michael D. Gordin and G. John Ikenberry, eds., *The Age of Hiroshima* (Princeton, NJ: Princeton University Press, 2020), chapter 3.
34 William Burr, "The Atomic Bomb and the End of World War II," George Washington University, The National Security Archive, August 5, 2005, https://nsarchive2.gwu.edu/nukevault/ebb525-The-Atomic-Bomb-and-the-End-of-World-War-II/documents/082.pdf (accessed June 20, 2019).
35 Daniel Ford, *The Button: The Nuclear Trigger—Does It Work?* (London: Unwin Paperbacks, 1986), 34.
36 Burr, "The Atomic Bomb and the End of World War Ⅱ."
37 Harry Truman, "Statement by the President Reviewing Two Years of Experience with the Atomic Energy Act," Washington, DC: Harry S. Truman Library & Museum, July 24, 1948, https://www.trumanlibrary.gov/library/public-papers/164/statement-president-reviewing-two-years-experience-atomic-energy-act (accessed July 17, 2019).
38 David E. Lilienthal, *Journals of David E. Lilienthal, Volume II: The Atomic Energy Years, 1945–1950* (New York: Harper & Row, 1964), 390–91.
39 Alex Wellerstein, "The Kyoto Misconception."
40 McGeorge Bundy, *Danger and Survival: Choices about the Bomb in the First Fifty Years* (New York: Random House Inc., 2018), 384.
41 US Department of Defense, *Report on Nuclear Employment Strategy of the United*

States, June 12, 2013, https://www.globalsecurity.org/wmd/library/policy/dod/us-nuclear-employment-strategy.pdf (accessed June 20, 2019).

42 "Memorandum of a Conversation in the White House between John F. Kennedy, Per Haekkerup, and Others, December 4, 1962," cited in William Burr, "Presidential Control of Nuclear Weapons: The'Football, '" *Electronic Briefing Book* 632 (July 9, 2018), National Security Archive, https://nsarchive.gwu.edu/briefing-book/nuclear-vault/2018-07-09/presidential-control-nuclear-weapons-football.

43 Mark Hertling, "Nuclear codes: A president's awesome power," CNN, June 10, 2016, https://www.cnn.com/2016/06/09/opinions/nuclear-codes-hertling.

44 Michael Dobbs, "The Real Story of the 'Football' That Follows the President Everywhere," *The Smithsonian*, October 2014, https://www.smithsonianmag.com/history/real-story-football-follows-president-everywhere-180952779.

45 William Manchester, *The Death of a President: November 20–November 25, 1963* (New York: Harper and Row, 1967), 62–63, 261, 321.

46 Dobbs, "The Real Story of the 'Football.'"

47 Steve Fetter, Lisbeth Gronlund, and David Wright, "How to limit presidential authority to order the use of nuclear weapons," *Bulletin of the Atomic Scientists*, January 23, 2018, https://thebulletin.org/2018/01/how-to-limit-presidential-authority-to-order-the-use-of-nuclear-weapons.

48 George Bush, *All the Best, George Bush: My Life in Letters and Other Writings* (New York: Touchstone, 1999), 539, quoted in David E. Hoffman, *The Dead Hand: The Untold Story of the Cold War Arms Race and Its Dangerous Legacy* (New York: Doubleday, 2009), 383.

49 Garrett M. Graff, *Raven Rock: The Story of the U.S. Government's Secret Plan to Save Itself—While the Rest of Us Die* (New York: Simon & Schuster, 2017), 320.

50 "Bill Clinton–Boris Yeltsin Discussions of the Nuclear Football," George Washington University, The National Security Archive, July 9, 2018, https://nsarchive.gwu.edu/briefing-book/nuclear-vault/2018-07-09/presidential-control-nuclear-weapons-football (accessed June 20, 2019).

51 Ibid.

52 Blair and Wolfsthal, "Trump can launch nuclear weapons."

53 SAC, "History of Strategic Air Command, January–June 1968," vol. 1, 301, quoted in William Burr, "Nixon Administration, the 'Horror Strategy,' and the Search for Limited Nuclear Options, 1969–1972," *Journal of Cold War Studies* 7, no. 3 (Summer 2005): 4, https://doi.org/10.1162/1520397054377188 (accessed June 24, 2019).

54 *Annual Report to the Congress, FY 1990*, January 1989, 37, quoted in George Lee Butler, *Uncommon Cause: A Life at Odds with Convention, Volume II: The Transformative Years* (Denver, CO: Outskirts Press, 2016), 11.

55 Curtis E. LeMay, *America Is in Danger* (New York: Funk & Wagnalls, 1968), 82–83, quoted in Bundy, *Danger and Survival*, 321.

56 Butler, *Uncommon Cause*, 273.

57 William Burr, "Launch on Warning: The Development of US Capabilities, 1959–1979," George Washington University, The National Security Archive, April 2001, https://nsarchive2.gwu.edu/NSAEBB/NSAEBB43 (accessed June 24, 2019).

58 Butler, *Uncommon Cause*, 273.
59 "Excerpts from Bush's Remarks on National Security and Arms Policy," *New York Times*, May 24, 2000, https://www.nytimes.com/2000/05/24/us/2000-campaign-excerpts-bush-s-remarks-national-security-arms-policy.html.

【第2章】青天の霹靂

1 Stephen Ambrose, *Eisenhower, Volume II: The President* (New York: Touchstone Books, 1984), 150, quoted in McGeorge Bundy, *Danger and Survival: Choices about the Bomb in the First Fifty Years* (New York: Random House Inc., 2018), 374.
2 Robert S. McNamara, *Blundering into Disaster* (New York: Pantheon Books, 1986), 8.
3 John G. Hines, Ellis M. Mishulovich, and John F. Shull, *Soviet Intentions 1965–1985, Volume II: Soviet Post-Cold War Testimonial Evidence*, 24, 124, quoted in Svetlana Savranskaya and William Burr, *Previously Classified Interviews with Former Soviet Officials Reveal US Strategic Intelligence Failure Over Decades* (Washington, DC: George Washington University, 2009).
4 Joshua Coupe et al., "Nuclear Winter Responses to Nuclear War Between the United States and Russia in the Whole Atmosphere Community Climate Model Version 4 and the Goddard Institute for Space Studies Model-E," *Journal of Geophysical Research: Atmospheres* (2019), AGU Online Library, https://agupubs.onlinelibrary.wiley.com/doi/full/10.1029/2019JD030509#accessDenialLayout.
5 Bundy, *Danger and Survival*, 304.
6 Robert M. Gates, *From the Shadows: The Ultimate Insider's Story of Five Presidents and How They Won the Cold War* (New York: Simon & Schuster, 1996), 108.
7 George Lee Butler, *Uncommon Cause: A Life at Odds with Convention, Volume II: The Transformative Years* (Denver, CO: Outskirts Press, 2016), 408.
8 David E. Hoffman, *The Dead Hand: The Untold Story of the Cold War Arms Race and Its Dangerous Legacy* (New York: Doubleday, 2009), 475.
9 Eric Schlosser, *Command and Control* (New York: Penguin Group, 2013), 83, 84.
10 Ibid., 277.
11 McNamara, *Blundering into Disaster*, 99.
12 Bundy, *Danger and Survival*, 448.
13 Scott D. Sagan, "SIOP-62: The Nuclear War Plan Briefing to President Kennedy," *International Security* 12, no. 1 (1987): 22–51, doi: 10.2307/2538916, https://www.belfercenter.org/sites/default/files/legacy/files/CMC50/ScottSaganSIOP62TheNuclearWarPlanBriefingtoPresidentKennedyInternationalSecurity.pdf (accessed June 21, 2019).
14 Ibid.
15 Richard Dean Burns and Joseph M. Siracusa, *Historical Dictionary of the Kennedy-Johnson Era* (Lanham, MD: Scarecrow Press, 2007), 36.
16 The White House, "Memorandum of Conversation, Tuesday, July 27, 1976" (Washington, DC: Gerald R. Ford Presidential Library, July 27, 1976), https://www.fordlibrarymuseum.gov/library/document/0314/1553517.pdf (accessed June 13, 2019).

17 Moorer quoted in Meeting of the General Advisory Committee, June 8, 1971, "SALT, Nuclear Testing and Nuclear Strategy," p. 140, FOIA release, copy at National Security Archive, quoted in William Burr, "Nixon Administration, the 'Horror Strategy,' and the Search for Limited Nuclear Options, 1969–1972," *Journal of Cold War Studies* 7, no. 3 (Summer 2005): 65, https://doi.org/10.1162/1520397054377188 (accessed June 21, 2019).
18 Thomas Power, *Design for Survival* (New York: Coward-McCann, 1965), 80–81, quoted in Bundy, *Danger and Survival*, 548.
19 US Senate, Senate Committee on Armed Services, Ninety-sixth Congress, Hearing, First Session, "SALT II Treaty," part II, 779–80, quoted in Bundy, *Danger and Survival*, 548.
20 Robert S. McNamara, *The Essence of Security* (London: Hodder & Stoughton, 1968), 52–53.
21 Bundy, *Danger and Survival*, 544.
22 Hans M. Kristensen and Robert S. Norris, "Global Nuclear Weapons Inventories, 1945–2013," Taylor & Francis Online, November 27, 2015, https://thebulletin.org/2013/10/global-nuclear-weapons-inventories-1945-2013, https://www.tandfonline.com/doi/full/10.1177/0096340213501363 (accessed June 13, 2019).
23 Chalmers Roberts, *First Rough Draft: A Journalist's Journal of Our Times* (New York: Henry Holt & Company, Inc., 1973), quoted in Bundy, *Danger and Survival*, 335.
24 Joseph Alsop, "After Ike, the Deluge," *Washington Post*, October 7, 1959, A17; Stewart Alsop, "Our Gamble with Destiny," *Saturday Evening Post*, May 16, 1959, 23, 114–18; Edgar M. Bottome, *Missile Gap* (Madison, NJ: Fairleigh Dickinson University Press, 1971), 97, quoted in Bundy, *Danger and Survival*, 338.
25 John Fitzgerald Kennedy, "United States Military and Diplomatic Policies—Preparing for the Gap," Papers of John F. Kennedy, Pre-Presidential Papers, Senate Files, Speeches and the Press, Speech Files, 1953–1960. US Military Power, Senate Floor, August 14, 1958, 6. JFKSEN-0901-022 (Boston: John F. Kennedy Presidential Library and Museum), https://www.jfklibrary.org/asset-viewer/archives/JFKSEN/0901/JFKSEN-0901-022.
26 Henry Kissinger, *The Necessity for Choice* (New York: HarperCollins, 1961), 26, quoted in Bundy, *Danger and Survival*, 348.
27 Bundy, *Danger and Survival*, 348.
28 Stephen Budiansky, *Code Warriors* (New York: Alfred A. Knopf, 2016), 238–39.
29 McNamara, *Blundering into Disaste*r, 26–27.
30 Bundy, *Danger and Survival*, 342.
31 Paul H. Nitze, "Assuring Strategic Stability in an Era of Detente," *Foreign Affairs*, January 1, 1976, https://www.foreignaffairs.com/articles/united-states/1976-01-01/assuring-strategic-stability-era-d-tente.
32 "Intelligence Community Experiment in Competitive Analysis: Soviet Strategic Objectives, an Alternative View: Report of Team B," December 1976, DNSA, SE00501.
33 "Soviet Forces for Strategic Nuclear Conflict Through the Mid-1980s," NIE 11-3/8-76, December 21, 1976, vol. 1, Key Judgments and Summary, 3.

34 Hoffman, *Dead Hand*, 60.
35 McNamara, *Blundering into Disaster*, 48.
36 Ibid., 49.
37 Ibid., 137–38.
38 Ibid., 44.
39 Ibid., 271.
40 Hoffman, *Dead Hand*, 96.
41 David Holloway, *Stalin & the Bomb* (New Haven, CT: Yale University Press, 1994), 1.
42 Malyshev to Khrushchev, "Opasnosti Atomnoi Voiny I Predlozhenie Prezidenta Eizenkhauera," April 1, 1954, TsKhSA f. 5, op. 30, d. 16, pp. 38–44, quoted in ibid., 338.
43 Mohammed Heikal, *Sphinx and Commissar: The Rise and Fall of Soviet Influence in the Arab World* (London: Collins, 1978), 129, quoted in Holloway, *Stalin & The Bomb*, 339.
44 "Rech' N. S. Khrushcheva," *Pravda*, November 28, 195, 1, quoted in ibid., 343.
45 Holloway, *Stalin & The Bomb*, 344.
46 Ibid., 345.
47 Hoffman, *Dead Hand*, 475.
48 Ibid., 253.
49 Interview with the authors, May 3, 2019.
50 US Senate, Senate Committee on Armed Services, "Hearing to Receive Testimony on Nuclear Policy and Posture," Stenographic Transcript, February 28, 2019, https://www.armed-services.senate.gov/imo/media/doc/19-18_02-28-19.pdf.

【第3章】核戦争に陥る

1 Interview with the authors, July 10, 2019.
2 Madison Park, "Here's what went wrong with the Hawaii false alarm," CNN, January 31, 2018, https://www.cnn.com/2018/01/31/us/hawaii-false-alarm-investigation-findings/index.html.
3 Cynthia Lazaroff, "Dawn of a new Armageddon," *Bulletin of the Atomic Scientists*, August 6, 2018, https://thebulletin.org/2018/08/dawn-of-a-new-armageddon.
4 "Rep. Tulsi Gabbard Addresses False Hawaii Missile Alert, Calls for Accountability & Immediate Action," YouTube video, 6: 01, posted by "Congresswoman Tulsi Gabbard," January 14, 2018, https://www.youtube.com/watch?v=OoqEnpclffg&feature=youtu.be.
5 Interview with the authors, May 15, 2019.
6 David E. Hoffman, *The Dead Hand: The Untold Story of the Cold War Arms Race and Its Dangerous Legacy* (New York: Doubleday, 2009), 475.
7 Ibid., 36–37.
8 Robert S. McNamara, *Blundering into Disaster* (New York: Pantheon Books, 1986), 14.
9 Alex Wellerstein, *The Kyoto Misconception: What Truman Knew, and Didn't Know, About Hiroshima*, 2.
10 McNamara, *Blundering into Disaster*, 10.

11 George Lee Butler, *Uncommon Cause: A Life at Odds with Convention, Volume II: The Transformative Years* (Denver, CO: Outskirts Press, 2016), 409.

12 Daniel Ellsberg, *The Doomsday Machine: Confessions of a Nuclear War Planner* (New York: Bloomsbury Publishing, 2017), 210.

13 Ibid., 221.

14 James A. Winnefeld, Jr., "A Common Policy for Avoiding a Disastrous Nuclear Decision," Carnegie Endowment for International Peace, September 10, 2019, https://carnegieendowment.org/2019/09/10/commonsense-policy-for-avoiding-disastrous-nuclear-decision-pub-79799.

15 Interview with the authors, May 3, 2019.

16 Lawrence K. Altman and Todd Purdum, "In J. F. K. File, Hidden Illness, Pain and Pills," *New York Times*, November 17, 2002, https://www.nytimes.com/2002/11/17/us/in-jfk-file-hidden-illness-pain-and-pills.html.

17 Ed Pilkington, "Ronald Reagan had Alzheimer's while president, says son," *The Guardian*, January 17, 2011, https://www.theguardian.com/world/2011/jan/17/ronald-reagan-alzheimers-president-son.

18 Michael S. Rosenwald, "The US did nothing after North Korea shot down a Navy spy plane in 1969. Trump vows that won't happen again," *Washington Post*, November 7, 2017, https://www.washingtonpost.com/news/retropolis/wp/2017/11/07/north-korea-shot-down-a-u-s-spy-plane-in-1969-trump-might-be-appalled-by-the-response.

19 Anthony Summers and Robbyn Swan, "Drunk in Charge: Part Two," *The Guardian*, September 2, 2000, https://www.theguardian.com/books/extracts/story/0,6761,362959,00.html.

20 Tim Weiner, "That Time the Middle East Exploded—and Nixon Was Drunk," *Politico*, June 15, 2015, https://www.politico.com/magazine/story/2015/06/richard-nixon-watergate-drunk-yom-kippur-war-119021.

21 James M. Acton and Nick Blanchette, "The United States' Nuclear and Non-Nuclear Weapons Are Dangerously Entangled," *Foreign Policy*, November 12, 2019, https://foreignpolicy.com/2019/11/12/the-united-states-nuclear-and-non-nuclear-weapons-are-dangerously-entangled/.

22 Laicie Heeley, "Nixon's Drunken Run-Ins with the Bomb," *Inkstick*, November 13, 2017, https://inkstickmedia.com/nixons-drunken-run-ins-bomb.

23 Interview with the authors, July 10, 2019.

24 Hoffman, *Dead Hand*, 369.

25 Ellsberg, *Doomsday Machine*, 43.

26 Ibid., 44. Also found in Eric Schlosser, *Command and Control* (New York: Penguin Group, 2013), 255.

27 Richard Halloran, "Nuclear Missiles: Warning System and the Question of When to Fire," *New York Times*, May 29, 1983, https://www.nytimes.com/1983/05/29/us/nuclear-missiles-warning-system-and-the-question-of-when-to-fire.html.

28 US Department of Defense, *Letter to General Lew Allen Jr.*, by Lt. General James V. Hartinger (Washington, DC: March 14, 1980), https://nsarchive2.gwu.edu/nukevault/ebb371/docs/doc 11.pdf.

29 US Department of State, *Brezhnev Message to President on Nuclear False Attack*

Alarm, reviewed by Theodore Sellin (Washington, DC: November 13, 1985), https://nsarchive2.gwu.edu/nukevault/ebb371/docs/doc%202%2011-14-79.PDF.

30 Robert M. Gates, *From the Shadows: The Ultimate Insider's Story of Five Presidents and How They Won the Cold War* (New York: Simon & Schuster, 1996), 114. Scott D. Sagan, *The Limits of Safety: Organizations, Accidents, and Nuclear Weapons* (Princeton, NJ: Princeton University Press, 1995), 228–29, 238.

31 US Department of State, *Memorandum for the President on Nuclear False Alerts*, Zbigniew Brzezinski (Washington, DC: July 17, 1980), https://nsarchive2.gwu.edu/nukevault/ebb371/docs/doc%2018%207-12-80.pdf.

32 Ibid.

33 Report of Senator Gary Hart and Senator Barry Goldwater to the Committee on the Armed Services US Senate, *Recent False Alerts from the Nation's Missile Attack Warning System* (Washington, DC: US Government Printing Office, 1980), 13, https://babel.hathitrust.org/cgi/pt?id=uc1.31210005931942&view=1up&seq=18.

34 US General Accounting Office, *Report to the Chairman, Committee on Government Operations, House of Representatives: NORAD's Missile Warning System: What Went Wrong?* (Washington, DC: May 15, 1981), 4, https://www.gao.gov/assets/140/133240.pdf.

35 David Hoffman, "'I Had a Funny Feeling in My Gut,'" *Washington Post*, February 10, 1999, http://www.washingtonpost.com/wp-srv/inatl/longterm/coldwar/shatter021099b.htm.

36 *The Man Who Saved the World* is a film based on Petrov, https://www.imdb.com/title/tt2277106.

37 A senior Russian official told Bruce Blair that the alarm, although real, was canceled before it reached Yeltsin, who then staged his role for the media.Personal communication, July 30, 2019.

38 Union of Concerned Scientists, *Close Calls with Nuclear Weapons*, fact sheet (Cambridge, MA: April 2015), https://www.ucsusa.org/nuclear-weapons/hair-trigger-alert/close-calls#.XGmnLy2ZNQL.

39 Bruce Blair, personal communication, July 30, 2019.

40 Interview with the authors, May 15, 2019.

41 Butler, *Uncommon Cause*, 413.

【第4章】核爆弾をハッキングする

1 Interview with the authors, June 19, 2019.

2 Kim Zetter, "An Unprecedented Look at Stuxnet, the World's First Digital Weapon," *Wired*, November 3, 2014, https://www.wired.com/2014/11/countdown-to-zero-day-stuxnet.

3 William Broad, John Markoff, and David Sanger, "Israeli Test on Worm Called Crucial in Iran Nuclear Delay," *New York Times*, January 15, 2011, https://www.nytimes.com/2011/01/16/world/middleeast/16stuxnet.html.

4 Ibid.

5 David Sanger, "Obama Order Sped Up Wave of Cyberattacks Against Iran," *New York Times*, June 1, 2012, https://www.nytimes.com/2012/06/01/world/middleeast/obama-ordered-wave-of-cyberattacks-against-iran.html.

6 Institute for Science and International Security, *Stuxnet Malware and Natanz: Update of ISIS December 22, 2010*, report by David Albright, Paul Brannan, and Christina Walrond (Washington, DC: February 15, 2011), http://isis-online.org/isis-reports/detail/stuxnet-malware-and-natanz-update-of-isis-december-22-2010-reportsupa-href1/8.
7 Sanger, "Obama Order."
8 Ibid.
9 Ralph Langner, "Nitro Zeus Fact Check and Big Picture," February 22, 2016, https://www.langner.com/2016/02/nitro-zeus-fact-check-and-big-picture/.
10 Julian Barnes and Eric Schmitt, "White House Reviews Military Plans Against Iran, in Echoes of Iraq War," *New York Times*, May 13, 2019, https://www.nytimes.com/2019/05/13/world/middleeast/us-military-plans-iran.html.
11 Mark Mazzetti and David Sanger, "US Had Cyberattack Plan If Iran Nuclear Dispute Led to Conflict," *New York Times*, February 16, 2016, https://www.nytimes.com/2016/02/17/world/middleeast/us-had-cyberattack-planned-if-iran-nuclear-negotiations-failed.html.
12 Nicole Perlroth and David Sanger, "US Escalates Online Attacks on Russia's Power Grid," *New York Times*, June 15, 2019, https://www.nytimes.com/2019/06/15/us/politics/trump-cyber-russia-grid.html.
13 Julian Barnes and David Sanger, "The Urgent Search for a Cyber Silver Bullet Against Iran," *New York Times*, September 23, 2019, https://www.nytimes.com/2019/09/23/world/middleeast/iran-cyberattack-us.html.
14 Mazzetti, and Sanger, "US Had Cyberattack Plan."
15 William Broad and David Sanger, "Trump Inherits a Secret Cyberwar Against North Korean Missiles," *New York Times*, March 4, 2017, https://www.nytimes.com/2017/03/04/world/asia/north-korea-missile-program-sabotage.html.
16 US Department of Defense, Defense Science Board, *Resilient Military Systems and the Advanced Cyber Threat*, task force report (Washington, DC: US Department of Defense, January 2013), 5, https://apps.dtic.mil/dtic/tr/fulltext/u2/a569975.pdf.
17 Broad and Sanger, "Trump Inherits a Secret Cyberwar."
18 Mikhail Gorbachev, "The Madness of Nuclear Deterrence," *Wall Street Journal*, April 29, 2019, https://www.wsj.com/articles/the-madness-of-nuclear-deterrence-11556577762.
19 Department of Defense, *Resilient Military Systems*, 1.
20 *Nuclear Weapons in the New Cyber Age: Report of the Cyber-Nuclear Weapons Study Group* (Washington, DC: Nuclear Threat Initiative, September 2018), 6, https://media.nti.org/documents/Cyber_report_finalsmall.pdf.
21 Royal United Services Institute for Defence and Security Studies, *Cyber Threats and Nuclear Weapons: New Questions for Command and Control, Security and Strategy*, occasional paper, Andrew Futter (London: July 2016), 29, https://rusi.org/sites/default/files/cyber_threats_and_nuclear_combined.1.pdf; Richard J.Danzig, "Surviving on a Diet of Poisoned Fruit: Reducing the National Security Risks of America's Cyber Dependencies," Center for a New American Security, July 2014, 6, http://www.cnas.org/sites/default/files/publications-pdf/CNAS_PoisonedFruit_Danzig_0.pdf.

22 US Department of Defense, Office of the Secretary of Defense, *Nuclear Posture Review* (Washington, DC: February 2018), 57, https://media.defense.gov/2018/Feb/02/2001872886/-1/-1/1/2018-NUCLEAR-POSTURE-REVIEW-%20FINAL-REPORT.PDF.

23 Department of Defense, *Resilient Military Systems*, 1.

24 Ibid., 42.

25 *Nuclear Weapons in the New Cyber Age*, 19.

26 US Department of Defense, Strategic Command, *US Strategic Command and US Northern Command SASC Testimony*, transcript of General John Hyten as delivered on February 26, 2019 (Washington, DC: March 1, 2019), https://www.stratcom.mil/Media/Speeches/Article/1771903/us-strategic-command-and-us-northern-command-sasc-testimony.

27 Nicole Perlroth, "A Cyberattack 'the World Isn't Ready For,'" *New York Times*, June 22, 2017, https://www.nytimes.com/2017/06/22/technology/ransomware-attack-nsa-cyberweapons.html.

28 Nicole Perlroth, "As Trump and Kim Met, North Korean Hackers Hit Over 100 Targets in US and Ally Nations," *New York Times*, March 3, 2019, https://www.nytimes.com/2019/03/03/technology/north-korea-hackers-trump.html.

29 "Air Force Loses Contact with 50 ICBMs at Wyoming Base," *Nuclear Threat Initiative*, October 27, 2010, https://www.nti.org/gsn/article/air-force-loses-contact-with-50-icbms-at-wyoming-base.

30 Bruce Blair, "Could Terrorists Launch America's Nuclear Missiles?," *TIME*, November 11, 2010, http://content.time.com/time/nation/article/0,8599,2030685,00.html.

31 Bruce Blair, "Why Our Nuclear Weapons Can Be Hacked," *New York Times*, March 14, 2017, https://www.nytimes.com/2017/03/14/opinion/why-our-nuclear-weapons-can-be-hacked.html.

32 US Senate, Committee on Armed Services, *Hearing to Receive Testimony on the US Strategic Command and US Cyber Command in Review of the Defense Authorization Request for Fiscal Year 2014 & Future Years Defense Program* (Washington, DC: March 12, 2013), https://www.hsdl.org/?view&did=733855.

33 Eric Schlosser, "Neglecting Our Nukes," *Politico*, September 16, 2013, https://www.politico.com/story/2013/09/neglecting-our-nukes-096854.

34 US Government Accountability Office, *Weapon Systems Cybersecurity: DoD Just Beginning to Grapple with Scale of Vulnerabilities* (Washington, DC: October 2018), https://www.gao.gov/assets/700/694913.pdf.

35 Department of Defense Office of Inspector General, "Security Controls at DoD Facilities for Protecting Ballistic Missile Defense System Technical Information DODIG-2019-034," December 10, 2018, https://www.dodig.mil/reports.html/Article/1713611/security-controls-at-dod-facilities-for-protecting-ballistic-missile-defense-sy/.

36 William Broad and David Sanger, "New US Weapons Systems Are a Hackers' Bonanza, Investigators Find," *New York Times*, October 10, 2018, https://www.nytimes.com/2018/10/10/us/politics/hackers-pentagon-weapons-systems.html.

37 Patrick Tucker, "Hacking into Future Nuclear Weapons: The US Military's Next Worry," *Defense One*, December 29, 2016, https://www.defenseone.com/technology/2016/12/hacking-future-nuclear-weapons-us-militarys-next-worry/134237.

38 US Department of Defense, *US Strategic Command.*

39 US Department of Defense, Defense Science Board, *Task Force on Cyber Deterrence*, report (Washington, DC: US Department of Defense, February 2017), 22, https://www.acq.osd.mil/dsb/reports/2010s/dsb-cyberdeterrencereport_02-28-17_final.pdf.

40 Ibid.

41 US Department of State, *Statement by the United States in Cluster 1: Nuclear Disarmament and Security Assurances*, delivered by Robert Wood (Washington, DC: May 2, 2019), https://www.state.gov/statement-by-the-united-states-in-cluster-1-nuclear-disarmament-and-security-assurances.

42 US Department of Defense, *Nuclear Posture Review*, 38.

43 US Department of Defense, *US Strategic Command.*

44 US Department of Defense, *Task Force on Cyber Deterrence*, 17.

45 Ibid., 18.

46 Global Zero, *Global Zero Commission on Nuclear Risk Reduction: De-Alerting and Stabilizing the World's Nuclear Force Postures*, report (Washington, DC: April 2015), https://www.globalzero.org/wp-content/uploads/2018/09/global_zero_commission_on_nuclear_risk_reduction_report_0.pdf.

47 *Nuclear Weapons in the New Cyber Age: Report of the Cyber-Nuclear Weapons Study Group* (Washington, DC: Nuclear Threat Initiative, September 2018), 23, https://media.nti.org/documents/Cyber_report_finalsmall.pdf.

第2部　新たな核政策

【第5章】先制不使用

1 Andrei Sakharov, "Sakharov on Gorbachev, Bush," *Washington Post*, December 3, 1989, https://www.washingtonpost.com/archive/opinions/1989/12/03/sakharov-on-gorbachev-bush/3f425cc8-1c02-48b4-99d2-0d022683728f/?utm_term=.66fad6c227b0.

2 David Sanger, "Would Donald Trump Ever Use Nuclear Arms First? He Doesn't Seem Sure," *New York Times*, September 27, 2016, https://www.nytimes.com/2016/09/28/us/politics/donald-trump-hillary-clinton-nuclear-policy-cyber.html.

3 Sakharov, "Sakharov on Gorbachev, Bush."

4 George Lee Butler, *Uncommon Cause: A Life at Odds with Convention, Volume II: The Transformative Years* (Denver, CO: Outskirts Press, 2016), 409–10.

5 Interview with the authors, September 20, 2019.

6 Steve Fetter and Jon Wolfsthal, "No First Use and Credible Deterrence," *Journal for Peace and Nuclear Disarmament* 1, no. 1 (2018): 102–14, https://www.tandfonline.com/doi/full/10.1080/25751654.2018.1454257.

7 McGeorge Bundy, *Danger and Survival: Choices about the Bomb in the First Fifty Years* (New York: Random House Inc., 2018), 230.

8 Harry S. Truman, *Public Papers*, 1952–1953, 1124–25, quoted in Bundy, *Danger and Survival*, 234.

9 Ibid., 245.

10 Foreign Relations of the United States, 1952–1954, "Memorandum of Discussion at the 190th Meeting of the National Security Council, Thursday, March 25, 1954," *National Security Affairs, Volume II, Part 1*, Document 114, drafted by Deputy Executive Secretary Gleason on Friday, March 26, 1954 (Washington, DC: Government Printing Office, 1954), https://history.state.gov/historicaldocuments/frus1952-54v02p1/d114.

11 John Foster Dulles, *John Foster Dulles Papers*, April 7, 1954, Princeton University Library, quoted in Bundy, *Danger and Survival*, 254.

12 Dwight Eisenhower, "Atoms For Peace," speech, United Nations General Assembly, December 8, 1953, International Atomic Energy Agency, https://www.iaea.org/about/history/atoms-for-peace-speech.

13 Thomas Nichols, *No Use: Nuclear Weapons and US National Security* (Philadelphia: University of Pennsylvania Press, 2013), 91, https://books.google.com/books?id=Y_klAgAAQBAJ&pg=PA91&lpg=PA91&dq=#v=onepage&q&f=false.

14 George Kistiakowsky, *A Scientist at the White House* (Cambridge, MA: Harvard University Press, 2014), 399–400, quoted in Bundy, *Danger and Survival*, 322.

15 David Alan Rosenberg, "The Origins of Overkill, Nuclear Weapons and American Strategy, 1945–1960," in Steven E. Miller, ed., *Strategy and Nuclear Deterrence* (Princeton, NJ: Princeton University Press, 1984), 113–81, quoted in David E. Hoffman, *The Dead Hand: The Untold Story of the Cold War Arms Race and Its Dangerous Legacy* (New York: Doubleday, 2009), 16.

16 Lawrence D. Weiler, "No First Use: A History," *Bulletin of the Atomic Scientists* 39, no. 2 (1983): 28–34, https://www.tandfonline.com/doi/abs/10.1080/00963402.1983.11458948.

17 Bundy, *Danger and Survival*, 375.

18 Paul F. Diehl, ed., *Through the Straits of Armageddon* (Athens, GA: University of Georgia Press, 1987), ix, quoted in Bundy, *Danger and Survival*, 354.

19 Donald Brennan, "Strategic Alternatives," *New York Times*, May 24, 1971, 31, quoted in Hoffman, *Dead Hand*, 16.

20 Richard Rhodes, "Absolute Power," *New York Times*, March 21, 2014, https://www.nytimes.com/2014/03/23/books/review/thermonuclear-monarchy-by-elaine-scarry.html.

21 Robert S. McNamara, *Blundering into Disaster* (New York: Pantheon Books, 1986), 139.

22 John F. Kennedy, *Public Papers*, 1962, 543, quoted in Bundy, *Danger and Survival*, 322.

23 McNamara, *Blundering into Disaster*, 16, 139.

24 "NSC Meeting—February 19, 1969," National Archives, Nixon Presidential Materials Project, National Security Council Institutional Files, H-109, National Security Council (NSC) Minutes Originals, 1969, 1, quoted in William Burr, "Nixon Administration, the 'Horror Strategy,' and the Search for Limited Nuclear

Options, 1969–1972," *Journal of Cold War Studies* 7, no. 3 (Summer 2005): 34, https://doi.org/10.1162/1520397054377188 (accessed July 11, 2019).

25 Burr, "Nixon Administration," 63.

26 Ibid., 48.

27 H. R. Haldeman, *The Haldeman Diaries* (New York: G. P. Putnam's Sons, 1994), 55, quoted in Hoffman, *Dead Hand*, 19–20.

28 Daniel Ellsberg, *The Doomsday Machine: Confessions of a Nuclear War Planner* (New York: Bloomsbury Publishing, 2017), 310.

29 Nina Tannenwald, *The Nuclear Taboo: The United States and the Non-Use of Nuclear Weapons Since 1945* (Cambridge, UK: Cambridge University Press, 2008), 237.

30 Alexander M. Haig Jr., *Inner Circles: How America Changed the World: A Memoir* (New York: Warner Books, 1992), 28.

31 Martin Anderson, *Revolution: The Reagan Legacy* (New York: Harcourt Brace Jovanovich, 1988), 80–83, quoted in Hoffman, *Dead Hand*, 28.

32 Thomas C. Reed, interview, December 4, 2004, quoted in Hoffman, *Dead Hand*, 39.

33 Ibid.

34 Ronald Reagan, *An American Life* (New York: Simon & Schuster, 2011), 586, quoted in Hoffman, *Dead Hand*, 92.

35 Hugh Sidey, "The Gipper Says Goodbye as New Cast Moves Onstage," *TIME*, January 30, 1989, quoted in William Burr, "Reagan's Nuclear War Briefing Declassified," George Washington University, National Security Archive, December 22, 2016, https://nsarchive.gwu.edu/briefing-book/nuclear-vault/2016-12-22/reagans-nuclear-war-briefing-declassified (accessed July 11, 2019).

36 Bob Woodward, *Obama's Wars* (New York: Simon & Schuster, 2011), 11.

37 US Senate, Senate Committee on Foreign Relations, "The History and Lessons of START," committee hearing, testimony by James A. Baker, transcript, May 19, 2010, https://www.foreign.senate.gov/imo/media/doc/BakerTestimony100519p.pdf (accessed October 30, 2019).

38 Tannenwald, *The Nuclear Taboo*, 298.

39 This story is well told in Steve Fetter and Jon Wolfsthal, "No First Use and Credible Deterrence," *Journal for Peace and Nuclear Disarmament* 1, no. 1 (2018): 102–14, https://www.tandfonline.com/doi/full/10.1080/25751654.2018.1454257.

40 Bruce Blair and James Cartwright, "End the First-Use Policy for Nuclear Weapons," *New York Times*, August 14, 2016, https://www.nytimes.com/2016/08/15/opinion/end-the-first-use-policy-for-nuclear-weapons.html.

41 Fetter and Wolfsthal, "No First Use and Credible Deterrence."

42 Interview with the authors, May 3, 2019.

43 Joe Biden, "Remarks by the Vice President on Nuclear Security," The White House, January 11, 2017, https://obamawhitehouse.archives.gov/the-press-office/2017/01/12/remarks-vice-president-nuclear-security (accessed July 11, 2019).

44 Interview with the authors, May 3, 2019.

45 Sanger, "Would Donald Trump Ever Use Nuclear Arms First? He Doesn't Seem

Sure."

46 Anatoly Antonov, "America, You're Not Listening to Us," *Defense One*, April 7, 2019, https://www.defenseone.com/ideas/2019/04/america-youre-not-listening-us/156110.

47 Connor O'Brien, "Shultz warns Congress against low-yield nuclear weapons," *Politico*, January 25, 2018, https://www.politico.com/story/2018/01/25/nuclear-weapons-george-schultz-369450.

48 Richard Sisk, "Mattis: There Is No Such Thing as a 'Tactical' Nuke," Military.com, February 6, 2018, https://www.military.com/defensetech/2018/02/06/mattis-there-no-such-thing-tactical-nuke.html.

49 Adam Smith, "Keynote with Representative Adam Smith," keynote address with questions and answers, Carnegie International Nuclear Policy Conference 2019, Carnegie Endowment for International Peace, Washington, DC, March 12, 2019, https://carnegie endowment.org/2019/03/12/keynote-with-representative-adam-smith-pub-78883.

50 McGeorge Bundy, George Kennan, Robert McNamara, Gerard Smith, "Nuclear Weapons and the Atlantic Alliance," *Foreign Affairs*, Spring 1982, https://www.foreignaffairs.com/articles/united-states/1982-03-01/nuclear-weapons-and-atlantic-alliance.

51 Ellsberg, *Doomsday Machine*, 319–322.

52 Press Release, "Feinstein Urges President to Declare No-First-Use Nuclear Policy," August 9, 2016, https://www.feinstein.senate.gov/public/index.cfm/2016/8/feinstein-urges-president-to-declare-no-first-use-nuclear-policy.

53 Steven Kull, Nancy Gallagher, Evan Fehsenfeld, Evan Charles Lewitus, and Emmaly Read, *Americans on Nuclear Weapons* (College Park, MD: University of Maryland, May 2019), http://www.publicconsultation.org/wp-content/uploads/2019/05/Nuclear _Weapons_Report_0519.pdf (accessed June 20, 2019).

【第6章】いかに2兆ドルを費やさないか

1 Adam Smith, "The Future of US Nuclear Policy," Speaker Session, Washington, DC, Ploughshares Fund, November 14, 2018, https://www.ploughshares.org/issues-analysis/article/rep-adam-smith-future-us-nuclear-policy (accessed July 11, 2019).

2 Congressional Budget Office, *Approaches for Managing the Costs of US Nuclear Forces, 2017 to 2046, October 2017*. CBO estimates the cost at $1.2 trillion without inflation and $1.7 trillion with inflation. Since then, costs have risen and the Trump administration has added to the program. For the purposes of this discussion, we round up to $2 trillion.

3 James Miller, "The Future of US-Russia Arms Control," panel, Carnegie International Nuclear Policy Conference 2019, Carnegie Endowment for International Peace, Washington, DC, March 12, 2019, https://carnegieendowment.org/2019/03/11/future-of-u.s.-russia-arms-control-pub-78865.

4 US Department of Defense, *Report on Nuclear Employment Strategy of the United States* (Washington, DC: June 12, 2013), 5, https://www.globalsecurity.org/wmd/library/policy/dod/us-nuclear-employment-strategy.pdf.

5 Interview with the authors, May 3, 2019.

6 Interview with the authors, June 13, 2019.

7 Eugene Sevin, "The MX/Peacekeeper and SICBM: A Search for Survivable Basing," *Defense Systems Information Analysis Center (DSIAC)*, Winter 2017, https://www.dsiac.org/resources/journals/dsiac/winter-2017-volume-4-number-1/mxpeacekeeper-and-sicbm-search-survivable.

8 US Department of Defense, Strategic Command, *US Strategic Command and US Northern Command SASC Testimony*, transcript of Gen. John Hyten as delivered on February 26, 2019 (Washington, DC: March 1, 2019), https://www.stratcom.mil/Media/Speeches/Article/1771903/us-strategic-command-and-us-northern-command-sasc-testimony.

9 Transcript of remarks by Representative Adam Smith at the National Press Club, October 24, 2019, https://www.ploughshares.org/issues-analysis/article/rep-adam-smith-us-nuclear-policy.

10 George Wilson, "Fresh Challenge Voiced to Missile 'Shell Game,'" *Washington Post*, July 24, 1978, https://www.washingtonpost.com/archive/politics/1978/07/24/fresh-challenge-voiced-to-missile-shell-game/7b2f8ae3-0109-43e3-a6bd-2bc04c56f6c8.

11 US Senate, Committee on Armed Services, "Statement of James N. Mattis before the Senate Armed Services Committee," Hearing, January 27, 2015, https://www.armed-services.senate.gov/imo/media/doc/Mattis_01-27-15.pdf.

12 Aaron Mehta, "Mattis Enthusiastic on ICBMs, Tepid on Nuclear Cruise Missile," *Defense News*, January 12, 2017, https://www.defensenews.com/space/2017/01/12/mattis-enthusiastic-on -icbms-tepid-on-nuclear-cruise-missile.

13 Adam Lowther, "Making America's ICBMs Great Again," *Defense One*, January 31, 2017, https://www.defenseone.com/ideas/2017/01/making-americas-icbms-great-again/135024/?oref=d-river&&&utm_term=Editorial%20-%20Early%20Bird%20Brief.

14 US Department of Defense, Strategic Command, transcript of Gen. John Hyten.

15 McGeorge Bundy, George Kennan, Robert McNamara, and Gerard Smith, "Nuclear Weapons and the Atlantic Alliance," *Foreign Affairs*, Spring 1982, https://www.foreignaffairs.com/articles/united-states/1982-03-01/nuclear-weapons-and-atlantic-alliance.

16 Miller, "The Future of US-Russia Arms Control."

17 Anatoly Antonov, "The Future of US-Russia Arms Control," panel, Carnegie International Nuclear Policy Conference 2019, Carnegie Endowment for International Peace, Washington, DC, March 12, 2019, https://carnegieendowment.org/2019/03/11/future-of-u.s.-russia-arms-control-pub-78865.

18 Dean Rusk, *As I Saw It* (London: Penguin Publishing, 1991), 252.

19 Christopher Preble, "Can America Still Afford Its Nuclear Triad?," *The CATO Institute*, July 12, 2016, https://www.cato.org/publications/commentary/can-america-still-afford-its-nuclear-triad.

20 Benjamin Friedman, Christopher Preble, and Matt Fay, "The End of Overkill? Reassessing US Nuclear Weapons Policy," *The CATO Institute*, 2013, 9, https://object.cato.org/sites/cato.org/files/pubs/pdf/the_end_of_overkill_wp_web.pdf.

21 The Democratic Platform Committee, "The Democratic Platform—2016

Democratic National Convention," Democratic National Convention, July 8, 2016, https://democrats.org/wp-content/uploads/2018/10/2016_DNC_Platform.pdf.
22 Adam Smith, "Keynote with Representative Adam Smith," keynote address with questions and answers, Carnegie International Nuclear Policy Conference 2019, Carnegie Endowment for International Peace, Washington, DC, March 12, 2019, https://carnegieendowment.org/2019/03/12/keynote-with-representative-adam-smith-pub-78883.
23 Interview with the authors, May 3, 2019.
24 Interview with the authors, May 3, 2019.
25 Interview with the authors, May 3, 2019.
26 Colin Clark, "OMB Plan to Slice SSBN-X Won't Save Dough, DoD Says," *Breaking Defense*, November 16, 2011, http://breakingdefense.com/2011/11/omb-plan-to-slice-ssbn-x-fleet-wont-save-dough-dod-says.
27 Tom Collina and William Perry, "The US Does Not Need New Tactical Nukes," *Defense One*, April 26, 2018, https://www.defenseone.com/ideas/2018/04/us-does-not-need-new-tactical-nukes/147757.
28 Smith, "Keynote."
29 Hans Kristensen, "The Flawed Push for New Nuclear Weapons Capabilities," Federation of American Scientists, June 29, 2017, https://fas.org/blogs/security/2017/06/new-nukes.
30 Madelyn Creedon, "A Question of Dollars and Sense: Assessing the 2018 Nuclear Posture Review," Arms Control Association, March 2018, https://www.armscontrol.org/print/9279.
31 US House of Representatives, Committee on Armed Services, "House Armed Services Committee Hearing on Outside Perspective on Nuclear Deterrence, Policy and Posture," testimony by Dr. Bruce Blair, March 6, 2019.
32 Bruce Blair, Emma Claire Foley, and Jessica Sleight, *The End of Nuclear Warfighting: Moving to a Deterrence-Only Posture: An Alternative US Nuclear Posture Review* (Washington, DC: Global Zero, September 2018), 42, https://www.globalzero.org/wp-content/uploads/2018/09/ANPR-Final.pdf.
33 Bruce Blair, interview with the authors, May 15, 2019.
34 Interview with the authors, September 16, 2019.
35 Interview with the authors, May 15, 2019.
36 "Year-by-Year Data Underlying CBO's Estimate of Nuclear Costs," estimated annual spending on C3I from Congress of the US, Congressional Budget Office, January 24, 2019, https://www.cbo.gov/publication/54914.
37 "US Nuclear Excess: Understanding the Costs, Risks, and Alternatives," Arms Control Association, April 2019, https://www.armscontrol.org/reports/2019/USnuclearexcess.

【第7章】新たな軍拡競争へようこそ

1 Shervin Taheran, "Select Reactions to the INF Treaty Crisis," Arms Control Association, February 1, 2019, https://www.armscontrol.org/blog/2018/select-reactions-inf-treaty-crisis.
2 Donald Trump, "President Donald J. Trump to Withdraw the United States from the

Intermediate-Range Nuclear Forces (INF) Treaty," The White House, February 1, 2019, https://www.whitehouse.gov/briefings-statements/president-donald-j-trump-withdraw-united-states-intermediate-range-nuclear-forces-inf-treaty (accessed July 12, 2019).
3 Anton Troianovski, "Following US, Putin suspends nuclear pact and promises new weapons," *Washington Post*, February 2, 2019, https://www.washingtonpost.com/world/following-us-putin-suspends-nuclear-pact-and-promises-new-weapons/2019/02/02/8160c78e-26e3-11e9-ad53-824486280311_story.html.
4 US Department of Defense, "Report on Nuclear Employment Strategy of the United States," June 12, 2013, http://www.defense.gov/pubs/ReporttoCongressonUSNuclearEmploymentStrategy_Section491.pdf.
5 Stephen Schwartz, author of *Atomic Audit*, personal communication with the authors, April 5, 2019.
6 Office of the Director of Intelligence of the United States of America, *Director of National Intelligence Daniel Coats on Russia's Intermediate-Range Nuclear Forces (INF) Treaty Violation*, press briefing delivered by Daniel Coats, November 30, 2018, https://www.dni.gov/index.php/newsroom/speeches-interviews/item/1923-director-of-national-intelligence-daniel-coats-on-russia-s-inf-treaty-violation.
7 Matt Korda and Hans Kristensen, "Sunday's US Missile Launch, Explained," Federation of American Scientists, August 20, 2019, https://fas.org/blogs/security/2019/08/sundays-us-missile-launch-explained.
8 Sabra Ayres and David Cloud, "Putin's warning on missiles in Europe pushes US and Russia closer to new arms race," *Los Angeles Times*, February 20, 2019, https://www.latimes.com/world/europe/la-fg-russia-putin-20190220-story.html.
9 Tytti Erästö, *Between the Shield and the Sword: NATO's Overlooked Missile Defense Dilemma* (Washington, DC: Ploughshares Fund, June 2017), 14.
10 Ayres and Cloud, "Putin's warning."
11 Anatoly Antonov, "America, You're Not Listening to Us," *Defense One*, April 7, 2019, https://www.defenseone.com/ideas/2019/04/america-youre-not-listening-us/156110.
12 US Senate, Senate Committee on Armed Services, "US Strategic Command and US Northern Command SASC Testimony," testimony, stenographic transcript, March 1, 2019, https://www.stratcom.mil/Media/Speeches/Article/1771903/us-strategic-command-and-us-northern-command-sasc-testimony (accessed October 30, 2019).
13 US House of Representatives, Office of Speaker Pelosi, "Pelosi Statement on Trump Administration Withdrawal from the INF Treaty," press release, February 1, 2019, https://www.speaker.gov/newsroom/2119-2.
14 US Senate, Senate Committee on Armed Services, "Nomination—Selva," confirmation hearing, video, July 18, 2017, https://www.armed-services.senate.gov/hearings/17-07-18-nomination_—selva (accessed July 11, 2019).
15 George Shultz, "We Must Preserve This Nuclear Treaty," *New York Times*, October 25, 2018, https://www.nytimes.com/2018/10/25/opinion/george-shultz-nuclear-treaty.html.
16 Mikhail Gorbachev, "A New Nuclear Arms Race Has Begun," *New York Times*, October 25, 2018, https://www.nytimes.com/2018/10/25/opinion/mikhail-

gorbachev-inf-treaty-trump-nuclear-arms.html.

17 John Bolton and Paula DeSutter, "A Cold War Missile Treaty That's Doing Us Harm," *Wall Street Journal*, August 15, 2011, https://www.wsj.com/articles/SB10001424053111903918104576500273389091098.

18 John Bolton and John Yoo, "An Obsolete Nuclear Treaty Even Before Russia Cheated," *Wall Street Journal*, September 4, 2019, https://www.wsj.com/articles/john-bolton-and-john-yoo-an-obsolete-nuclear-treaty-even-before-russia-cheated-1410304847.

19 Jonathan Landay and David Rhode, "Exclusive: In call with Putin, Trump denounced Obama-era nuclear arms treaty—sources," *Reuters*, February 9, 2017, https://www.reuters.com/article/us-usa-trump-putin-idUSKBN15O2A5.

20 Euan McKirdy, "White House: Trump knows what START Treaty is," CNN, February 10, 2017, https://www.cnn.com/2017/02/10/politics/trump-putin-start-treaty.

21 "The Honorable John Bolton LIVE from YAF's 41st NCSC," YouTube video, posted by YAFTV, July 30, 2019, https://www.youtube.com/watch?v=MHOwCV4xFg8.

22 Julian E. Barnes and David E. Sanger, "Russia Deploys Hypersonic Weapon, Potentially Renewing Arms Race," *New York Times*, December 27, 2019, https://www.nytimes.com/2019/12/27/us/politics/russia-hypersonic-weapon.html.

23 Anatoly Antonov, "The Future of US-Russia Arms Control," panel, Carnegie International Nuclear Policy Conference 2019, Carnegie Endowment for International Peace, Washington, DC, March 12, 2019, https://carnegieendowment.org/2019/03/11/future-of-u.s.-russia-arms-control-pub-78865.

24 Mike Eckel, "US Concludes White Sea Radiation Explosion Came During Russian Nuclear-Missile Recovery," Radio Free Europe/Radio Liberty, October 12, 2019, https://www.rferl.org/a/u-s-concludes-white-sea-radiation-explosion-came-during-russian-nuclear-missile-recovery/30213494.html.

25 Antonov, "America, You're Not Listening."

26 Daryl Kimball, "New START Must Be Extended, with or without China," *National Interest*, May 27, 2019, https://nationalinterest.org/feature/new-start-must-be-extended-or-without-china-59227.

27 US Senate, Senate Committee on Foreign Relations, "The Future of Arms Control Post-Intermediate-Range Nuclear Forces Treaty," committee hearing, video, May 15, 2019, https://www.foreign.senate.gov/hearings/the-future-of-arms-control-post-intermediate-range-nuclear-forces-treaty (accessed July 11, 2019).

28 Ibid.

29 Interview with the authors, June 13, 2019.

30 US Department of Defense, Strategic Command, *US Strategic Command and US Northern Command SASC Testimony*, transcript of Gen. John Hyten as delivered on February 26, 2019 (Washington, DC: March 1, 2019), https://www.stratcom.mil/Media/Speeches/Article/1771903/us-strategic-command-and-us-northern-command-sasc-testimony.

31 Includes active and inactive warheads, strategic and tactical. Does not include thousands of retired warheads awaiting dismantlement. US Department of State, "Increasing Transparency in the US Nuclear Weapons Stockpile," fact sheet, May 3,

2010, https://fas.org/sgp/othergov/dod/stockpile.pdf.
32 Joshua Coupe et al., "Nuclear Winter Responses to Nuclear War Between the United States and Russia in the Whole Atmosphere Community Climate Model Version 4 and the Goddard Institute for Space Studies Model-E," *Journal of Geophysical Research: Atmospheres* (2019), AGU Online Library, https://agupubs.onlinelibrary.wiley.com/doi/full/10.1029/2019JD030509#accessDenialLayout.
33 Lidia Kelly, "Russia can turn US to radioactive ash—Kremlin-backed journalist," *Reuters*, March 16, 2014, https://www.reuters.com/article/ukraine-crisis-russia-kiselyov/russia-can-turn-us-to-radioactive-ash-kremlin-backed-journalist-idUSL6N0MD0P920140316.
34 "Nuclear Reductions Make the United States Safer: Section 2," October 2014, Arms Control Association, https://www.armscontrol.org/projects-reports/2014-10/section-2-nuclear-reductions-make-united-states-safer.
35 Federation of American Scientists, "Increasing Transparency in the US Nuclear Weapons Stockpile," fact sheet, May 3, 2010, https://fas.org/sgp/othergov/dod/stockpile.pdf.
36 George W. Bush, "Remarks Following Discussions with Prime Minister Tony Blair of the United Kingdom and an Exchange with Reporters," transcript, November 7, 2001, http://www.presidency.ucsb.edu/ws/index.php?pid=63649&st=nuclear&st1=reduction.
37 US Department of Defense, "Report on Nuclear Employment Strategy."
38 Thom Shanker, "Senator Urges Bigger Cuts to Nuclear Arsenal," *New York Times*, June 14, 2012, http://www.nytimes.com/2012/06/15/us/politics/senator-levin-urges-bigger-cuts-to-nuclear-arsenal.html.
39 Max Bergmann, "Colin Powell: 'Nuclear Weapons Are Useless,'" Think Progress, January 27, 2010, http://thinkprogress.org/security/2010/01/27/175869/colin-powell-nuclear-weapons-are-useless.
40 Ministry of Foreign Affairs of Japan, "Statement of the Non-Proliferation and Disarmament Initiative (NPDI), 8th Ministerial Meeting, Hiroshima," April 12, 2014, https://www.mofa.go.jp/files/000035199.pdf. The NPDI includes the countries of Australia, Canada, Chile, Germany, Japan, Mexico, the Netherlands, Nigeria, the Philippines, Poland, Turkey, and the United Arab Emirates.

【第8章】ミサイル防衛の幻想

1 Dwight Eisenhower, "Atoms for Peace," speech, United Nations General Assembly, December 8, 1953, International Atomic Energy Agency, https://www.iaea.org/about/history/atoms-for-peace-speech.
2 US Missile Defense Agency, "Homeland Missile Defense System Successfully Intercepts ICBM Target," March 25, 2019, https://www.mda.mil/news/19news0003.html.
3 US Senate, Committee on Armed Services, "To Receive Testimony on Missile Defense Policies and Programs in Review of the Defense Authorization Request for Fiscal Year 2020 and the Future Years Defense Program," stenographic transcript, April 3, 2019, https://www.armed-services.senate.gov/imo/media/doc/19-33_04-03-19.pdf.

4 David William, "There's a flaw in the homeland missile defense system. The Pentagon sees no need to fix it," *Los Angeles Times*, February 26, 2017, https://www.latimes.com/nation/la-na-missile-defense-flaw-20170226-story.html.
5 Ankit Panda and Vipin Narang, "Deadly Overconfidence: Trump Thinks Missile Defenses Work Against North Korea, and That Should Scare You," *War on the Rocks*, October 16, 2017, https://warontherocks.com/2017/10/deadly-overconfidence-trump-thinks-missile-defenses-work-against-north-korea-and-that-should-scare-you.
6 CIA Directorate of Intelligence, *Different Times, Same Playbook: Moscow's Response to US Plans for Missile Defense*, undated.
7 Tom Collina, Daryl Kimball, and ACA Research Staff, *The Case for the New Strategic Arms Reduction Treaty* (Washington, DC: Arms Control Association, 2010), https://armscontrol.org/system/files/NewSTART_Report_FINAL_Nov_30.pdf.
8 Treaty on the Limitation of Anti-Ballistic Missile Systems, https://fas.org/nuke/control/abmt/text/abm2.htm.
9 James Glanz, "Antimissile Test Viewed as Flawed by Its Opponents," *New York Times*, January 14, 2000, https://www.nytimes.com/2000/01/14/us/antimissile-test-viewed-as-flawed-by-its-opponents.html.
10 Eric Schmitt, "President Decides to Put Off Work on Missile Shield," *New York Times*, September 2, 2000, https://archive.nytimes.com/www.nytimes.com/library/world/global/090200missile-defense.html.
11 Gary L. Gregg II, "George W. Bush: Foreign Affairs," UVA Miller Center, https://millercenter.org/president/gwbush/foreign-affairs.
12 Laura Grego and David Wright, "We Can't Count on Missile Defense to Defeat Incoming Nukes," *Scientific American Magazine* 320, no. 6 (June 2019), https://www.scientificamerican.com/magazine/sa/2019/06-01/?redirect=1.
13 John King, "Bush Rolls Out Missile Defense System," CNN, December 18, 2002, http://edition.cnn.com/2002/US/12/17/bush.missile/index.html.
14 Tom Collina, "A Little Hit and a Big Miss," *Foreign Policy*, June 30, 2014, https://foreignpolicy.com/2014/06/30/a-little-hit-and-a-big-miss.
15 Barack Obama, "Arms Control Today, 2008 Presidential Q&A: President-elect Barack Obama," Arms Control Association, September 10, 2008, https://www.armscontrol.org/2008election.
16 Andrea Shalal, "US missile defense system hits target in key test," *Reuters*, June 22, 2014, https://www.reuters.com/article/us-usa-military-boeing/u-s-missile-defense-system-hits-target-in-key-test-idUSKBN0EX11Y20140622.
17 US Joint Chiefs of Staff, James Winnefeld Jr., "Adm. Winnefeld's remarks at Atlantic Council's US Missile Defense Plans and Priorities Conference," speech transcript, May 28, 2014, https://www.jcs.mil/Media/Speeches/Article/571961/adm-winnefelds-remarks-at-atlantic-councils-us-missile-defense-plans-and-priori.
18 The White House, "Remarks by the President on Strengthening Missile Defense in Europe" (Washington, DC: Office of the Press Secretary, September 17, 2009), https://obamawhitehouse.archives.gov/the-press-office/remarks-president-strengthening-missile-defense-europe.

19 Peter Baker, "White House Scraps Bush's Approach to Missile Shield," *New York Times*, September 17, 2009, https://www.nytimes.com/2009/09/18/world/europe/18shield.html.
20 Ibid.
21 Rachel Oswald, "US Looking 'Very Hard' at Future of Missile Interceptor: Pentagon," *Nuclear Threat Initiative*, March 12, 2013, https://www.nti.org/gsn/article/us-looking-very-hard-halting-development-icbm-interceptor-miller.
22 Tom Collina, "Phasing Out," *Foreign Policy*, March 14, 2013, https://foreignpolicy.com/2013/03/14/phasing-out.
23 Ibid.
24 Tom Collina, "Pentagon Shifts Gears on Missile Defense," Arms Control Association, April 2013, https://www.armscontrol.org/act/2013_04/Pentagon-Shifts-Gears-on-Missile-Defense.
25 *Trump's Dangerous Missile Defense Buildup* 11, no. 2 (Washington, DC: Arms Control Association, January 17, 2019), https://www.armscontrol.org/issue-briefs/2019-01/trumps-dangerous-missile-defense-buildup.
26 *Report of the American Physical Society Study Group on Boost-Phase Intercept Systems for National Missile Defense: Scientific and Technical Issues* (College Park, MD: American Physical Society, October 5, 2004), https://journals.aps.org/rmp/pdf/10.1103/RevModPhys.76.S1.
27 "UCS Satellite Database," Union of Concerned Scientists, https://www.ucsusa.org/nuclear-weapons/space-weapons/satellite-database#.W2Biz9hKii5 (accessed July 11, 2019).
28 National Research Council, *Making Sense of Ballistic Missile Defense: An Assessment of Concepts and Systems for US Boost-Phase Missile Defense in Comparison to Other Alternatives* (Washington, DC: The National Academies Press, 2012), https://doi.org/10.17226/13189.
29 Laura Grego, David Wright, and Stephen Young, "Space-Based Missile Defense," Union of Concerned Scientists, fact sheet, May 2011, https://www.ucsusa.org/sites/default/files/legacy/assets/documents/nwgs/space-based-md-factsheet-5-6-11.pdf (accessed July 11, 2019).
30 Tom Collina and Zack Brown, "Congress Rushes to Spend Billions on Space Weapons—Even If They Don't Work," *Defense One*, August 3, 2018, https://www.defenseone.com/ideas/2018/08/congress-billions-space-weapons/150273.

第3部　核兵器を乗り越える
【第9章】なぜ核兵器を持ち続けるのか？

1 McGeorge Bundy, *Danger and Survival: Choices about the Bomb in the First Fifty Years* (New York: Random House Inc., 2018), 130.
2 *States Agree to Ban Nuclear Weapons* (Geneva: International Campaign to Abolish Nuclear Weapons, July 7, 2017), https://www.icanw.org/states_agree_to_ban_nuclear_weapons.
3 Ibid.
4 Interview with the authors, April 30, 2019.
5 *Humanitarian Pledge: Stigmatize, prohibit and eliminate nuclear weapons*

(Geneva: International Campaign to Abolish Nuclear Weapons, 2017), http://www.icanw.org/pledge.

6 Steven Pifer, "10 years after Obama's nuclear-free vision, the US and Russia head in the opposite direction," Brookings Institute, April 4, 2019, https://www.brookings.edu/blog/order-from-chaos/2019/04/04/10-years-after-obamas-nuclear-free-vision-the-us-and-russia-head-in-the-opposite-direction.

7 Mikhail Gorbachev, "The Madness of Nuclear Deterrence," *Wall Street Journal*, April 29, 2019, https://www.wsj.com/articles/the-madness-of-nuclear-deterrence-11556577762.

8 "Report of the Committee on Political and Social Problems," Manhattan Project Metallurgical Laboratory, University of Chicago, June 11, 1945 (Franck report), quoted in Joseph Cirincione, *Bomb Scare: The History & Future of Nuclear Weapons* (New York: Columbia University Press, 2007), 16.

9 Ibid., 15.

10 Aage Bohr, "The War Years and the Prospects Raised by the Atomic Weapons," Oppenheimer, "Niels Bohr and Atomic Weapons," 6, quoted in Bundy, *Danger and Survival*, 114.

11 Science Panel's Report to the Interim Committee, June 16, 1945, http://www.atomicarchive.com/Docs/ManhattanProject/Interim.shtml.

12 Harry Truman, "Conversation on the Existence of the Bomb, July 24, 1954," letter, Nuclear Age Peace Foundation, *Foreign Relations of the United States: Conference of Berlin* 1, no. 378, http://www.nuclearfiles.org/menu/library/correspondence/truman-harry/corr_truman_1945-07-24.htm (accessed July 16, 2019).

13 Bundy, *Danger and Survival*, 25–26.

14 Smuts to Churchill, June 15, 1944, quoted in Bundy, *Danger and Survival*, 125.

15 Bundy, *Danger and Survival*, 126.

16 Harry Truman, *Off the Record* 56, *Public Papers*, 1945, 213, quoted in Bundy, *Danger and Survival*, 133.

17 *New York Times*, September 22, 1945, 3, quoted in Bundy, *Danger and Survival*, 140.

18 Acheson's memo of September 25 is in *Foreign Relations of the United States*, vol. 2 (1945): 48–50, quoted in Bundy, *Danger and Survival*, 141.

19 Truman, *Public Papers*, 1945, 379–84, quoted in Bundy, *Danger and Survival*, 142–43.

20 Public Papers of the Presidents of the United States: Harry S. Truman, 1945, Volume 1, 164.

21 Oscar Anderson and Richard Hewlett, *The New World, 1939/1946: A History of the United States Atomic Energy Commission*, vol. 1 (University Park, PA: Pennsylvania State University Press, 1962), 555, quoted in Bundy, *Danger and Survival*, 162.

22 David Holloway, *Entering the Nuclear Arms Race*, 183, quoted in Bundy, *Danger and Survival*, 177.

23 *Foreign Relations of the United States*, vol. 1, 1946, 861–65, quoted in Bundy, *Danger and Survival*, 185.

24 Parliament of Great Britain, "Churchill's speech of March 1, 1955," *Hansard's*

Parliamentary Debates (House of Commons), 5th series, 537, quoted in Bundy, *Danger and Survival*, 198.

25 Herbert York, *The Advisors* (Stanford, CA: Stanford University Press, 1989), 155–56, quoted in Bundy, *Danger and Survival*, 208.

26 Brien McMahon, "Letter to President Truman, 1949," in *Foreign Relations of the United States*, vol. 1, 30–31, quoted in Bundy, *Danger and Survival*, 211.

27 David Lilienthal, *The Journals*, vol. 2, 632–33, quoted in Bundy, *Danger and Survival*, 213.

28 Eric Schlosser, *Command and Control* (New York: Penguin Group, 2013), 124.

29 York, *The Advisors*, 155–56, quoted in Bundy, *Danger and Survival*, 214.

30 Bundy, *Danger and Survival*, 217.

31 Andrei Sakharov, *Memoirs*, translated from the Russian by Richard Lourie (New York: Knopf, 1990).

32 David Alan Rosenberg, "The Origins of Overkill, Nuclear Weapons and American Strategy, 1945–1960," 23, quoted in Bundy, *Danger and Survival*, 231.

33 Robert S. McNamara, *Blundering into Disaster* (New York: Pantheon Books, 1986), 55.

34 Ibid., 56.

35 Ibid., 57.

36 Ibid., 58.

37 Henry Kissinger, "Memorandum for the President: Analysis of Strategic Arms Limitation Proposals," George Washington University, The National Security Archives, May 23, 1969, https://nsarchive2.gwu.edu/NSAEBB/NSAEBB60/abm01.pdf (accessed July 17, 2019).

38 William Burr, "The Secret History of the ABM Treaty, 1969–1972," George Washington University, The National Security Archives, November 8, 2001, https://nsarchive2.gwu.edu/NSAEBB/NSAEBB60 (accessed July 17, 2019).

39 Michael Krepon, "Retrospectives on MIRVing in the First Nuclear Age," *Arms Control Wonk*, April 5, 2016, https://www.armscontrolwonk.com/archive/1201264/retrospectives-on-mirving-in-the-first-nuclear-age.

40 Walter Isaacson, *Kissinger: A Biography* (New York: Simon & Schuster, 2005), 325.

41 Ronald Reagan, *Presidential Documents*, June 23, 1986, 839, quoted in Bundy, *Danger and Survival*, 572.

42 Philip Taubman, *The Partnership: Five Cold Warriors and Their Quest to Ban The Bomb* (New York: Harper, 2012).

43 "Record of Conversation between Mikhail Gorbachev and James Baker," George Washington University, The National Security Archives, February 9, 1990, https://nsarchive2.gwu.edu/dc.html?doc=4325680-Document-06-Record-of-conversation-between (accessed July 17, 2019).

44 David Majumdar, "Newly Declassified Documents: Gorbachev Told NATO Wouldn't Move Past East German Border," *The National Interest*, December 12, 2017, https://nationalinterest.org/blog/the-buzz/newly-declassified-documents-gorbachev-told-nato-wouldnt-23629.

45 William Perry, *My Journey at the Nuclear Brink* (Stanford, CA: Stanford University

Press, 2015), 118.

46 Ibid., 123.

47 Zoltan Barany, *The Future of NATO Expansion: Four Case Studies* (Cambridge, UK: Cambridge University Press, 2003).

48 Thomas Friedman, "World Affairs; Now a Word from X," *New York Times*, May 2, 1998, quoted in Perry, *My Journey*, 147.

49 George Shultz, William Perry, and Sam Nunn, "The Threat of Nuclear War Is Still with Us," *Wall Street Journal*, April 10, 2019, https://www.wsj.com/articles/the-threat-of-nuclear-war-is-still-with-us-11554936842?.

50 The Senate passed the START II Treaty in January 1996, but this treaty was signed by President George H. W. Bush and never went into force. Russia withdrew from START II after President George W. Bush withdrew from the ABM Treaty in 2002.

51 "Senate Rejects Comprehensive Test Ban Treaty; Clinton Vows to Continue Moratorium," Arms Control Association, July 1999, https://www.armscontrol.org/act/1999_09-10/ctbso99.

52 "Nuclear Testing and Comprehensive Test Ban Treaty (CTBT) Timeline," Arms Control Association, June 2019, https://www.armscontrol.org/factsheets/Nuclear-Testing-and-Comprehensive-Test-Ban-Treaty-CTBT-Timeline (accessed July 17, 2019).

53 Cristina Maza, "Trump Administration Accusations That Russia Violated Nuclear Treaty Are a 'Cover Up,' Moscow Claims," *Newsweek*, June 17, 2019, https://www.newsweek.com/russia-trump-u-s-nuclear-treaty-tests-1444352.

54 John McCain, "Speech in Denver, 2008," *New York Times*, May 27, 2008, transcript of John McCain's University of Denver speech, https://www.nytimes.com/2008/05/27/us/politics/27text-mccain.html.

55 The White House, Office of the Press Secretary, "Fact Sheet: The Prague Nuclear Agenda," January 11, 2017, https://obamawhitehouse.archives.gov/the-press-office/2017/01/11/fact-sheet-prague-nuclear-agenda (accessed July 17, 2019).

56 US Senate, Committee on Foreign Relations, "New START Treaty: Resolution of Advice and Consent to Ratification," ratification document, 2011, https://www.foreign.senate.gov/imo/media/doc/SFRC%20New%20START%20Resolution%20FINAL.pdf.

57 Rachel Maddow, *Drift: The Unmooring of American Military Power* (New York: Broadway Books, 2012), 239.

58 Tom Collina, "Senate Approves New START," Arms Control Association, January 2, 2011, https://www.armscontrol.org/act/2011_01-02/NewSTART.

59 Interview with the authors, May 3, 2019.

60 Interview with Ben Rhodes, June 17, 2019, "Press the Button: Episode 10," podcast audio, *Press the Button*, Ploughshares Fund, edited for clarity with permission, https://soundcloud.com/user-954653529/ben-rhodes-former-deputy-national-security-advisor-joins-joe-cirincione-in-conversation.

61 Interview with the authors, May 3, 2019.

62 Interview with the authors, May 3, 2019.

63 Interview with Leah Greenberg, April 29, 2019, "Press the Button: Episode 03," podcast audio, *Press the Button*, Ploughshares Fund, edited for clarity with

permission, https://soundcloud.com/user-954653529/leah-greenberg-indivisible-co-founder-one-of-times-100-most-influential-people-of-2019.

64 Abraham Lincoln quote can be found here: https://www.goodreads.com/quotes/489251-in-this-age-in-this-country-public-sentiment-is-everything.

【第10章】沈みゆく核

1 Beatrice Fihn, "Nobel Lecture given by the Nobel Peace Prize Laureate 2017, ICAN, delivered by Beatrice Fihn and Setsuko Thurlow, Oslo, December 10, 2017," International Campaign to Abolish Nuclear Weapons, http://www.icanw.org/campaign-news/ican-receives-2017-nobel-peace-prize.

2 "Brown Returns to Public Eye, Issues Dire Warning at Doomsday Clock Announcement," CBS: San Francisco/Bay Area, January 24, 2019, https://sanfrancisco.cbslocal.com/2019/01/24/former-gov-jerry-brown-doomsday-clock-two-minutes-til-midnight.

3 *US Nuclear Excess: Understanding the Costs, Risks, and Alternatives: Executive Summary* (Washington, DC: Arms Control Association, April 2019), https://www.armscontrol.org/reports/2019/USnuclearexcess.

原注

URLは原書のママ

【序章】「あなたの番です、大統領」

1 This scenario is loosely based on an episode of *Madam Secretary*, "Night Watch," directed by Rob Greenlea, written by Barbara Hall, CBS, May 20, 2018.

第1部　誤った脅威
【第1章】大統領の兵器

1 Jeff Daniels, "A group of scientists is trying to limit Trump's nuclear authority," CNBC, January 24, 2018, https://www.cnbc.com/2018/01/24/scientists-seek-to-limit-trumps-power-in-ordering-a-nuclear-strike.html.
2 Mallory Shellbourne, "Trump: Receiving nuclear codes a 'very sobering moment,'" *The Hill*, January 25, 2017, https://thehill.com/homenews/administration/316225-trump-receiving-nuclear-codes-a-very-sobering-moment.
3 Nick Allen, David Lawler, and Ruth Sherlock, "Donald Trump 'asked why US couldn't use nuclear weapons if he becomes president,'" *The Telegraph*, August 3, 2016, https://www.telegraph.co.uk/news/2016/08/03/donald-trump-asked-why-us-cant-use-nuclear-weapons-if-he-becomes.
4 Julian Borger, "Ex-intelligence chief: Trump's access to nuclear codes is 'pretty damn scary,'" *The Guardian*, August 23, 2017, https://www.theguardian.com/us-news/2017/aug/23/ex-intelligence-chief-trumps-access-to-nuclear-codes-is-pretty-damn-scary.
5 Scott Horsley, "NPR/Ipsos Poll: Half of Americans Don't Trust Trump on North Korea," *Morning Edition*, NPR, September 18, 2017, https://www.npr.org/2017/09/18/551095795/npr-ipsos-poll-most-americans-dont-trust-trump-on-north-korea.
6 Michael Beschloss, *Presidents of War* (New York: Crown Publishing Group, 2018), viii.
7 Interview with Ben Rhodes, June 17, 2019, "Press the Button: Episode 10," podcast audio, *Press the Button*, Ploughshares Fund, edited for clarity with permission, https://soundcloud.com/user-954653529/ben-rhodes-former-deputy-national-security-advisor-joins-joe-cirincione-in-conversation.
8 Interview with the authors, June19, 2019.
9 Garrett M. Graff, "The Madman and the Bomb," *Politico*, August 11, 2017, https://www.politico.com/magazine/story/2017/08/11/donald-trump-nuclear-weapons-richard-nixon-215478.
10 Lawrence K. Altman and Todd Purdum, "In J. F. K. File, Hidden Illness, Pain and Pills," *New York Times*, November 17, 2002, https://www.nytimes.com/2002/11/17/us/in-jfk-file-hidden-illness-pain-and-pills.html.
11 Ed Pilkington, "Ronald Reagan had Alzheimer's while president, says son," *The Guardian*, January 17, 2011, https://www.theguardian.com/world/2011/jan/17/ronald-reagan-alzheimers-president-son.

著者

ウィリアム・J・ペリー　William J. Perry

1927年生まれ。カーター政権で国防次官（研究・エンジニアリング担当）、クリントン政権で国防長官（1994～97年）を歴任し、現在の米国の核戦力となっている戦略核システムの開発を統括した。新たな相殺戦略を考案し、ステルス、スマート兵器、ＧＰＳなどの科学技術の時代を切り開いて、現代の戦争の様相を変えた。2007年、ジョージ・シュルツ、サム・ナン、ヘンリー・キッシンジャーとともに、ウォール・ストリート・ジャーナル紙で「核兵器のない世界」についての革新的な論考を発表。緊急かつ実質的な段階を踏んで、核の危機を低減するよう訴えた。2015年の回顧録『核戦争の瀬戸際で』では、核の危機を低減するための個人的な取り組みを振り返った。こうした危機について米国民を教育するためのウィリアム・J・ペリープロジェクトを創設した。スタンフォード大学名誉教授。５人の父であり、８人の祖父であり、４人の曽祖父でもある。核兵器の脅威を減らすという目標のため、世界を駆け回り続けている。

トム・Ｚ・コリーナ　Tom Z. Collina

1966年生まれ。プラウシェアズ基金の政策ディレクター。ワシントンで30年にわたり、核兵器やミサイル防衛、不拡散問題に民間の立場で携わってきた。軍備管理協会、科学国際安全保障研究所、憂慮する科学者同盟でも上席研究員を務める。米国の核実験停止や非効率なミサイル防衛計画の制限、核不拡散条約の延長、新ＳＴＡＲＴ条約の上院批准確保に直接関わった。ニューヨーク・タイムズ紙やＣＮＮ、ＮＰＲなどのメディアに頻繁に寄稿、出演している。上院外交委員会で証言したり、連邦議員スタッフらに定期的にブリーフィングしたりもしている。コーネル大学で国際関係論の学位を取得。メリーランド州タコマパークで、妻と３人の子ども、犬と暮らす。事務所を出たら、核戦争のことは考えないようにしている。これが初の著書となる。

訳者

田井中雅人　たいなか・まさと

朝日新聞記者。1968年、京都市生まれ。早稲田大学政治経済学部卒業、朝日新聞社入社。福山・横浜・横須賀支局、ヘラルド朝日編集部、外報部、カイロ特派員、国際報道部デスク、米ハーバード大学客員研究員（フルブライト・ジャーナリスト）、核と人類取材センターなど。著書に『核に縛られる日本』、共著に『漂流するトモダチ　アメリカの被ばく裁判』、共訳書に『核兵器をめぐる５つの神話』など。

監修者

吉田文彦　よしだ・ふみひこ

長崎大学核兵器廃絶研究センター長（教授）。1955年、京都市生まれ。東京大学文学部卒業、朝日新聞社入社。2000年から論説委員、論説副主幹。その後、国際基督教大学（ICU）客員教授、米国のカーネギー国際平和財団客員研究員など。主な著書に、『核解体』『証言 核抑止の世紀』『核のアメリカ』。大阪大学にて博士号（国際公共政策）取得。

核《かく》のボタン

新《あら》たな核開発競争《かくかいはつきょうそう》とトルーマンからトランプまでの大統領権力《だいとうりょうけんりょく》

2020年7月30日　第1刷発行

著　　者　ウィリアム・J・ペリー
　　　　　トム・Z・コリーナ
訳　　者　田井中雅人
監 修 者　吉田文彦
発 行 者　三宮博信
発 行 所　朝日新聞出版
　　　　　〒104-8011　東京都中央区築地5-3-2
　　　　　電話　03-5541-8832（編集）
　　　　　　　　03-5540-7793（販売）
印刷製本　株式会社 加藤文明社

Published in Japan by Asahi Shimbun Publications Inc.

ISBN978-4-02-251694-7
定価はカバーに表示してあります。

落丁・乱丁の場合は弊社業務部（電話03-5540-7800）へご連絡ください。
送料弊社負担にてお取り替えいたします。